Corrado Conforti · Linda Cusimano

Linea diretta 2

Ein Italienischkurs für Fortgeschrittene

Max Hueber Verlag

Wir danken für die Beratung, die sprachliche Durchsicht und die Erprobung im Unterricht:
Dr. Daniela Pecchioli, Lektorin an der Universität Regensburg, VHS-Kursleiterin
Dr. Luciana Ziglio, Lehrbeauftragte am Institut C.I.A.L der Universität Trient

Linea diretta 1 und **2** führen zum VHS-Zertifikat Italienisch

Verlagsredaktion: Giovanna Rizzo

Das Werk und seine Teile sind urheberrechtlich geschützt.
Jede Verwertung in anderen als den gesetzlich zugelassenen
Fällen bedarf deshalb der vorherigen schriftlichen
Einwilligung des Verlages.

| 3. 2. 1. | Die letzten Ziffern |
| 2000 1999 98 97 96 | bezeichnen Zahl und Jahr des Druckes. |

Alle Drucke dieser Auflage können, da unverändert,
nebeneinander benutzt werden.
1. Auflage
© 1996 Max Hueber Verlag, D-85737 Ismaning
Umschlaggestaltung: Zembsch' Werkstatt, München
Zeichnungen: Monika Kasel, Düsseldorf (außer S. 37, 108, 119, 149, 179)
Gestaltung und Herstellung: Caroline Sieveking, München
Satz und Lithographie: Royal Media Publishing, Ottobrunn
Druck und Bindung: Vincenzo Bona s.r.l., Turin
Printed in Italy
ISBN 3–19–005175–5

Inhalt

| Ricominciamo! | S. 9 |

Hörtext:
Intervista ad un italiano in Germania

Lesetext:
Pier Vittorio Tondelli, *Camere separate*

Kommunikative Ziele
Auskünfte über sich geben (Herkunft, Familie, Beruf); Auskünfte über den Gesprächspartner erfragen; über Fremdsprachenkenntnisse sprechen; Vorliebe äußern; Lebensumstände schildern; die Gesichtszüge einer Person beschreiben

Grammatische Strukturen
unregelmäßige Pluralformen (Erweiterung)

| LEZIONE 1 | Tutte a te capitano! | S. 13 |

Hörtext:
Tutte a te capitano!

Lesetext:
Una lettera

Kommunikative Ziele
erzählen, was geschehen ist; Gründe angeben; das Äußere einer Person beschreiben; vergleichen

Grammatische Strukturen
andarsene; der Gebrauch des **passato prossimo** und des **imperfetto**; **stare per** + Infinitiv; **Komparativ** (*più ... di ..., più ... che ..., tanto ... quanto ...*); einige **Konjunktionen** (*allora, così, quando, mentre*)

| LEZIONE 2 | Volevo chiederLe una cortesia | S. 26 |

Hörtext:
Volevo chiederLe una cortesia

Lesetexte:
Sette giorni in barca sul delta del Po
Da Ferrara 200 chilometri
Un'escursione tra orsi e cervi
Stefano Benni, *Alle pensioni riminesi*

Kommunikative Ziele
eine Bitte äußern; eine Absicht erklären; um einen Rat bitten; einen Rat geben; einen Ort beschreiben; über die geographische Lage eines Ortes sprechen

Grammatische Strukturen
die **si-Konstruktion** bei reflexiven Verben; das **imperfetto** zum Ausdruck einer höflichen Bitte und einer Absicht; **certo ... però ...**; **Gerundium** in konditionalen Nebensätzen; **qualcosa di** + Adjektiv, **qualcosa da** + Verb

| LEZIONE 3 | Vuole lasciare un messaggio? | S. 39 |

Hörtexte:

Vuole lasciare un messaggio?
Una telefonata fra amici

Lesetexte:

Una lettera commerciale
Andrea De Carlo, *Uccelli da gabbia e da voliera*

Kommunikative Ziele
am Telefon nach jmdm. fragen; darauf reagieren; Unwissenheit ausdrücken; einen Termin am Telefon und per Brief vereinbaren; eine Nachricht hinterlassen und annehmen; versprechen, etwas zu tun; über Vorhaben sprechen

Grammatische Strukturen
die **Relativpronomen** (*il quale, la quale, i quali, le quali*); das **Futur I**; der **reale Bedingungssatz** (*se* + Präsens oder Futur)

| LEZIONE 4 | Sarà che sono un po' pignolo | S. 51 |

Hörtexte:

Sarà che sono un po' pignolo
Intervista a R. Simone

Lesetexte:

Gabriele Romagnoli, *Telefonate a Simone*
Vorrei qualcosa da leggere

Kommunikative Ziele
um etwas bitten und es begründen; Vorbehalte äußern; Zweifel andeuten; seine Meinung ausdrücken; eine Meinung einschränken; einer Bitte Nachdruck verleihen; sich bedanken; versprechen, etwas zu tun

Grammatische Strukturen
kombinierte Pronomen (*me lo, te lo, glielo* ...); das **Futur I** zum Ausdruck einer Vermutung und um etwas zu versprechen; das **Suffix** -*accio*

| LEZIONE 5 | Com'è successo? | S. 63 |

Hörtexte:

Com'è successo?
Onda verde

Lesetext:

In bici sull'autostrada: «Ero in ritardo»
In città pedalando

Kommunikative Ziele
erzählen, was geschehen ist; um Erläuterung bitten; sich rechtfertigen; Gründe angeben; eine Vermutung äußern; etwas vorschlagen

Grammatische Strukturen
das **trapassato prossimo**; das **Gerundium + Objektpronomen**; die **Körperteile**; das Verb **dovere** als Ausdruck einer Vermutung; die **Passivform** mit *essere* und mit *venire*

| **LEZIONE 6** | **Non so che dirLe!** | **S. 77** |

Hörtext:

Non so che dirLe!

Lesetexte:

Non ci fanno giocare
Luciano De Crescenzo, *Così parlò Bellavista*

Kommunikative Ziele
um einen Gefallen bitten; sich beschweren; etwas bedauern; sich entschuldigen und um Verständnis bitten; versprechen, etwas zu tun; sich bedanken

Grammatische Strukturen
der **congiuntivo presente** und **passato** nach Verben und Ausdrücken des Wunsches, der persönlichen Meinung, der Ungewißheit, der Aufforderung, der Befürchtung, der Notwendigkeit und nach unpersönlichen Ausdrücken; **non è che + congiuntivo**; Nebensätze mit **che + congiuntivo** und **di + Infinitiv**

| **LEZIONE 7** | **Mio figlio come al solito** | **S. 86** |

Hörtext:

Mio figlio come al solito

Lesetexte:

Si baciano in classe, sospesi dal preside
In vacanza? No, vado a lavorare!

Kommunikative Ziele
das Verhalten anderer kritisieren; Ärger ausdrücken; seine Meinung vertreten und begründen; eine Meinung zurückweisen

Grammatische Strukturen
mentre und **durante**; der **Konditional II**; **ci** (= **con lui**); der **congiuntivo** unregelmäßiger Verben; **Final-** und **Kausalsätze** mit **perché**; das Verb **cavarsela**

| **LEZIONE 8** | **Ma perché non prendi l'autobus?** | **S. 104** |

Hörtext:

Ma perché non prendi l'autobus?

Lesetexte:

«Se vinco cambio l'auto»
Firenze, auto 'razionate'

Kommunikative Ziele
jmdm. einen Rat geben; seine Meinung vertreten und begründen; Ärger äußern; Gegenargumente vorbringen; eine Voraussetzung und deren Konsequenz ausdrücken

Grammatische Strukturen
coloro che, quelli che, chi; der **potentielle Bedingungssatz** (*se* + congiuntivo imperfetto + Konditional I); die **Bildung** des **congiuntivo imperfetto**; **Relativsätze** mit **congiuntivo**; **dopo + Infinitiv Perfekt**

| LEZIONE 9 | Ancora segui le diete? | S. 116 |

Hörtext:

Ancora segui le diete?

Lesetexte:

La cucina delle stelle
Piccolo galateo della salute
La colazione del manager

Kommunikative Ziele
einen Vorschlag ablehnen und dies begründen; eine Absicht erklären und begründen; seine Meinung äußern

Grammatische Strukturen
avere bisogno di ...; das **Futur II**; **mica** ... ; der **Konditional II** zur Bezeichnung der Nachzeitigkeit; **Vergleichssätze** (... *tanto ... quanto* ...)

| LEZIONE 10 | L'importante è che si sposi! | S. 127 |

Hörtexte:

L'importante è che si sposi!
Intervista a D. Maraini

Lesetexte:

Quanto costa sposarsi
Susanna Tamaro, *Va' dove ti porta il cuore*

Kommunikative Ziele
um einen Rat bitten; das Verhalten anderer kritisieren; Enttäuschung ausdrücken; Behauptungen entkräften

Grammatische Strukturen
das **Passiv** zum Ausdruck einer Notwendigkeit (*andare* + Partizip Perfekt); **l'importante è che** + **congiuntivo**; das **passato remoto**; das **Gerundium** der Vergangenheit

| LEZIONE 11 | C'è stato un furto | S. 139 |

Hörtexte:

C'è stato un furto
La Ballata del Cerutti

Lesetexte:

Bimbo digiuna e i ladri gli restituiscono il cagnolino
Come difendersi dai ladri
Patrizio, mago dello scippo a 11 anni.
Al dito sfoggia un anello con brillante.

Kommunikative Ziele
berichten, was jemand erzählt hat; Informationen erfragen/geben; Sorge ausdrücken

Grammatische Strukturen
die **Zeitenfolge** in Sätzen mit congiuntivo; **Adjektive** auf **-bile**; die **negative Vorsilbe in-**; **prima che** + **congiuntivo imperfetto**; **come se** + **congiuntivo imperfetto**

LEZIONE 12	**Ma sei sempre raffreddata?**	**S. 152**

Hörtext:

Ma sei sempre raffreddata?

Lesetexte:

Dino Buzzati, *Il medico ideale*
L'altra medicina
Guerra allo stress

Kommunikative Ziele: über Gesundheitsprobleme berichten; jmdm. Alternativvorschläge machen; Zweifel, Notwendigkeit und Befürchtungen zum Ausdruck bringen

Grammatische Strukturen: **mai che + congiuntivo; mai + Infinitiv;** die **Zeitenfolge** in Sätzen mit congiuntivo (*non vorrei che* + congiuntivo imperfetto); **ho bisogno di … che + congiuntivo;** der **potentielle Bedingungssatz** (*se* + congiuntivo imperfetto + Futur)

LEZIONE 13	**Se me l'avessi detto prima …**	**S. 165**

Hörtexte:

Se me l'avessi detto prima …
Pareri sulla TV

Lesetexte:

Gabriele Romagnoli, *Non fermate Tardelli*
Carlo Goldoni, *La Locandiera*

Kommunikative Ziele: Bedauern ausdrücken; seine Meinung äußern; widersprechen; Hypothesen aufstellen; das Verhalten anderer kritisieren; etwas vorschlagen

Grammatische Strukturen: der **irreale Bedingungssatz**; **benché + congiuntivo**; **Lokalpartikel ci** in Verbindung mit direktem Objektpronomen

LEZIONE 14	**Ma è roba da matti!**	**S. 178**

Hörtext:

Ma è roba da matti!

Lesetexte:

Fumano nel vagone e il treno si ferma
Ciascuno paghi per la sua parte
Dieci regole d'oro per un comportamento educato
Giuseppe Tomasi Di Lampedusa, *Il Gattopardo*

Kommunikative Ziele: sich entschuldigen; etwas im Affekt berichten; Äußerungen Dritter wiedergeben; Überraschung und Erstaunen ausdrücken; das Verhalten anderer kritisieren; Meinungen bekräftigen

Grammatische Strukturen: die **indirekte Rede / Frage; c'è mancato poco che + congiuntivo**

| **LEZIONE 15** | **Come si dice computer in italiano?** | **S. 192** |

Hörtexte:

Come si dice computer in italiano?
Intervista a R. Simone

Lesetexte:

L'Italiano lingua straniera
Pitagora e il burocratese
Totò, *Si fosse n'aucciello*

Kommunikative Ziele   sich über die Sprache unterhalten; seine Meinung ausdrücken; widersprechen und dies begründen

Grammatische Strukturen   **Pronomen** (Wiederholung)

| **GRAMMATIKÜBERSICHT** | **S. 201** |

| **LEKTIONSWORTSCHATZ** | **S. 222** |

| **ALPHABETISCHES WÖRTERVERZEICHNIS** | **S. 254** |

SYMBOLERKLÄRUNG:

🎞 Text auf Cassette

 Text auf CD Nummer 1, Haltepunkt 32

ABKÜRZUNGEN:

Adj.	Adjektiv	f.	feminin	jmdn.	jemanden	Plur.	Plural
Adv.	Adverb	franc.	francese	m.	maskulin	qc.	qualcosa
agg.	aggettivo	ital.	italienisch	Pers.	Person	qn.	qualcuno
avv.	avverbio	jmdm.	jemandem	p. es.	per esempio	Sing.	Singular

Ricominciamo!

ASCOLTO

Andrea Boscagli da alcuni anni si è trasferito in Germania.

a. Ascoltate l'intervista e poi consultatevi con un compagno.

b. Mentre riascoltate l'intervista, provate a formulare almeno sette domande su Andrea. Per esempio:

Da quanto tempo abita a Monaco Andrea?

c. Adesso giocate con un secondo compagno. Fatevi a turno le domande che avete preparato. Attenzione: una domanda già fatta da uno studente non può essere ripetuta dall'altro!

E ADESSO TOCCA A VOI!

Conoscete uno straniero che vive nel vostro paese? Conoscete qualcuno che vive all'estero? Presentatelo ai vostri compagni o scrivete una breve biografia su questa persona.

(3) LETTURA

Questo brano è tratto da *Camere separate* (1989) di Pier Vittorio Tondelli (Correggio 1955–1991). All'inizio del romanzo Leo, il protagonista, durante un viaggio in aereo, riflette su se stesso e sul suo modo di vivere.
Leggete il testo e poi rispondete alle domande.

Un giorno, non molto distante nel tempo, lui si è trovato improvvisamente a specchiare il suo viso contro l'oblò di un piccolo aereo in volo fra Parigi e Monaco di Baviera.
(…) l'immagine che vedeva contro quello sfondo acceso era
5 semplicemente il viso di una persona non più tanto giovane, con pochi capelli fini in testa, gli occhi gonfi, le labbra turgide e un po' cascanti (…)
Solo qualche mese fa ha compiuto trentadue anni. È ben consapevole di non avere un'età comunemente definita matura
10 o addirittura anziana. Ma sa di non essere più giovane. I suoi compagni di università si sono per la maggior parte sposati, hanno figli, una casa, una professione più o meno ben retribuita. Quando li incontra, le rare volte in cui torna nella casa dei suoi genitori, nella casa in cui è nato e da cui è fuggito con il
15 pretesto degli studi universitari, li vede sempre più distanti da sé. Immersi in problemi che non sono i suoi. Sia i vecchi amici, sia lui, pagano le tasse, fanno le vacanze estive, devono pensare all'assicurazione dell'automobile. Ma quando si trovano occasionalmente a parlarne lui capisce che si tratta di incom-
20 benze del tutto differenti (…) lui si sente sempre più solo, o meglio, sempre più diverso. Ha una disponibilità di tempo che gli altri non hanno. E questo è già diversità. Svolge una professione artistica che anche i suoi cosiddetti colleghi svolgono ognuno in un modo differente. Anche questo accresce la sua
25 diversità. Non è radicato in nessuna città. Non ha famiglia, non ha figli, non ha una propria casa riconoscibile come il "focolare domestico". Una diversità ancora. Ma soprattutto non ha un compagno, è scapolo, è solo.

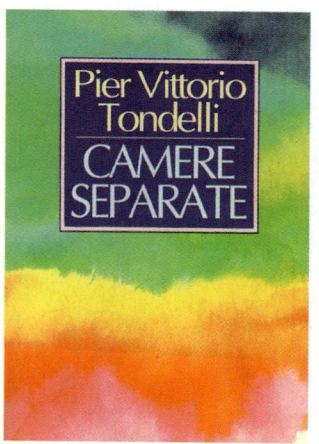

a. Che cosa ha in comune Leo con i suoi amici?

b. In che cosa si differenzia Leo dai suoi amici?

4 ESERCIZIO

a. Cercate nel testo le parole o le espressioni (in ordine di apparizione) che corrispondono alle seguenti.

lontano _____

sa bene _____

ben pagata _____

compiti _____

completamente _____

non sposato _____

b. Cercate nel testo il plurale delle seguenti parole e trascrivetelo premettendo l'articolo.

l'occhio _____

il labbro _____

lo studio _____

il problema _____

il collega _____

I capelli possono essere: lisci, ricci, ondulati, neri, biondi, castani, rossi, bianchi, brizzolati. (Chi non ha capelli è calvo.)
La fronte può essere: alta, bassa …
Gli occhi possono essere: chiari, scuri, azzurri, neri, verdi …
Le labbra possono essere: sottili, carnose.

ESERCIZIO

Ha i capelli corti, la fronte alta, gli occhi chiari, le labbra sottili, il collo lungo. Chi è?
Adesso descrivete gli altri.

 ## E ADESSO TOCCA A VOI!

Che cosa vi accomuna ai vostri amici nel vostro modo di vivere e nelle vostre abitudini? In che cosa siete diversi? Scrivete un piccolo resoconto o parlatene con un compagno.

Tutte a te capitano!

QUESTIONARIO

Guido racconta una disavventura di qualche giorno prima.

a. Che cosa aveva in tasca Guido quando è entrato dal gioielliere?

    un portasigarette ☐
    un mazzo di chiavi ☐
    un coltello ☐
    un accendino ☐

b. Guido dal gioielliere voleva far riparare

    l'orologio. ☐
    la catenina. ☐
    l'anello. ☐

c. Come ha capito Guido che nel negozio c'era un rivelatore di metalli?

    Perché si è accesa una luce. ☐
    Perché ha sentito una sirena. ☐
    Perché ha sentito suonare una campana. ☐

d. Quando Guido ha voluto mostrare quello che aveva in tasca, il gioielliere

    ha chiamato la polizia. ☐
    ha preso una pistola. ☐
    è scappato. ☐

e. Quando tutto si è chiarito, Guido e il gioielliere sono andati in un

_____ per _____ .

LEZIONE 1

DIALOGO

■ Allora, Guido, com'era quella storia che stavi raccontando ieri?
● Quale? Quella del gioielliere?
■ Sì, perché io me ne sono andata proprio mentre la raccontavi.
● Sì, niente, è successo che la mia catenina, sai, quella che ho sempre al collo …
■ Quella con la madonnina?
● Esattamente quella. Si è rotta e allora io sono andato da un gioielliere per farla riparare. E sai com'è adesso? I gioiellieri, come le banche, hanno una doppia porta.
■ Certo.
● Allora io ho suonato e il gioielliere m'ha aperto la prima porta. Io sono entrato, la prima porta si è chiusa e io stavo per aprire la seconda porta, quando improvvisamente una campana, un campanello, ha cominciato a suonare.

> Io **me ne sono andata** proprio mentre tu la **raccontavi**.

ESERCIZIO

Ripetete il dialogo secondo il modello.

> storia – tu raccontare – del gioielliere – io andarmene
>
> ☐ Allora, com'era *quella storia* che *stavi raccontando*?
> ○ Quale? *Quella del gioielliere*?
> ☐ Sì, io *me ne sono andata* proprio mentre *tu la raccontavi*.

a. trasmissione radiofonica – tu ascoltare – sui giovani – io andarmene
b. documentario – voi guardare – sulla Sardegna – noi uscire
c. dolce – Maria e Giulia preparare – con le noci – noi andarcene
d. programma – tu guardare – su Telemontecarlo – io andare via
e. barzelletta – Sandra raccontare – dei due carabinieri – io rispondere al telefono

(4)   **ESERCIZIO**

Chi ripara cosa? Unite i sostantivi della prima colonna ai mestieri della seconda.

a. armadio　　　　　　calzolaio
b. orologio　　　　　　gioielliere
c. televisore　　　　　liutaio
d. anello　　　　　　　ottico
e. occhiali　　　　　　meccanico
f. macchina　　　　　falegname
g. scarpe　　　　　　 orologiaio
h. violino　　　　　　 tecnico

> La catenina **si è rotta** e io **sono andato** dal gioielliere per farla riparare.

(5)   **ESERCIZIO**

Fate dei dialoghi secondo il modello.

> catenina – con la madonnina – gioielliere
> ○ È successo che la mia catenina …
> □ Quella con la madonnina?
> ○ Esattamente quella. Si è rotta e allora io sono andato da un gioielliere per farla riparare.

a. orologio – d'oro – orologiaio
b. radio – nera – tecnico
c. orecchini – con i coralli – gioielliere
d. occhiali da sole – di metallo – ottico
e. scrivania – di noce – falegname
f. chitarra – a 12 corde – liutaio
g. stivaletti – da cow-boy – calzolaio

LEZIONE 1

> **Stavo per** aprire la seconda porta
> **quando** una campana **ha cominciato** a suonare.

6 ESERCIZIO

Fate delle frasi con *stare per* e *quando*.

   a. uscire – scoppiare un temporale
   b. mettersi a tavola – suonare il telefono
   c. mettersi a letto – bambino cominciare a piangere
   d. parcheggiare la macchina – (io) vedere arrivare un vigile
   e. aprire la porta – (io) sentire un rumore dall'interno
   f. accendere il televisore – andare via la corrente

7 DIALOGO

● Oh, tra l'altro io quel giorno non ero vestito molto bene perché avevo un giaccone blu da marinaio con il collo alzato …
■ Ah, ah …
● Avevo la barba lunga …
■ Ohi, ohi!
● I capelli non proprio puliti, sporchi, se vuoi; e poi tra l'altro ero anche con gli occhiali da sole sul naso.
■ Oh, no!
● Allora naturalmente è chiaro che quello ha pensato …
■ Ti ha preso per un rapinatore!

> Non **ero** vestito molto bene.
> **Avevo** un giaccone blu da marinaio.

(8) ### ESERCIZIO

Ecco una foto della festa di Ferragosto nel club di vacanze dove Sandro, Marina, Anna e Fausto hanno trascorso due settimane. Sandro, il primo da sinistra, quella sera aveva un paio di bermuda a righe, una maglietta gialla, un cappello di paglia e gli occhiali da sole sul naso. Descrivete adesso gli altri.

(9) ### E ADESSO TOCCA A VOI!

Chiedete ad un vostro compagno qual era il suo aspetto fisico l'ultimo Natale, il giorno di S. Silvestro, il primo giorno di lavoro, o in altre occasioni.

LEZIONE 1

10

DETTATO

- T'ha _____ _____?
- Sì, dopo sì, ma sai ___ ___ _____, voglio dire, ___ ___ spaventato, ___ ___ spaventato quanto me, insomma.
- Certo, è vero.
- Eh, niente. A quel punto ___ _____, ma ___ ___ _____ con la pistola in mano e io ___ ___ ___: «Guardi, ___ _____ metta via _____ pistola _____ Lei mi fa morire di paura.» E niente, sai, _____ lì. Io ___ _____ come un lenzuolo, ___ ___ più bianco di me, e io gli ho detto: «_____, andiamo ___ ___, prendiamoci _____!» E così tutti e due, più morti che vivi per lo spavento, _____ _____ ___ ___, ci siamo _____ un cognac, e poi insomma niente, la storia ___ _____ lì. Alla fine c'era _____ da ridere. Però la paura, _____, la paura …
- Madonna, Guido, _____ insomma, tutte a te capitano!
- _____ ___ ___. Incredibile!

Io ero bianco come un lenzuolo, lui era **più** bianco **di me**.
Io ero spaventato, lui era spaventato **quanto me**.
Tutti e due **più** morti **che** vivi siamo andati al bar.

11 ESERCIZIO

Completate le frasi con i colori necessari.

a. Dopo una settimana al mare, Hans è diventato _____ come un gambero.

b. Da bambino ero timidissimo. Se qualcuno mi parlava, diventavo subito _____ come un papavero.

c. Carla sta molto male, poverina. L'ho vista ieri ed era _____ come un limone.

d. Quest'anno, invece che a Rimini, sono andato in vacanza in Scozia. Quando ho rivisto i miei amici, loro erano _____ come il carbone, io invece ero _____ come una mozzarella.

12 ESERCIZIO

Fate delle frasi secondo il modello.

> io – lui – bianco come un lenzuolo
> Io ero bianco come un lenzuolo, lui era più bianco di me.
> Io ero bianco come un lenzuolo, lui era bianco quanto me.

a. io – tu – stanco morto
b. lui – io – bagnato come un pulcino
c. io – lei – innamorato cotto
d. loro – noi – ubriaco fradicio
e. lui – tu – rosso come un peperone
f. lui – lei – magro come un chiodo
g. lui – loro – testardo come un mulo

LEZIONE 1

 ESERCIZIO

Rispondete secondo il modello.

> ○ Guarda che bella ragazza! (appariscente)
> △ Mah, secondo me è più appariscente che bella.

a. Quella tua amica è davvero intelligente! (furba)
b. Quel bambino è proprio stupido! (svogliato)
c. Non ho mai visto nessuno ordinato come Mario. (pignolo)
d. Bisogna dire che Roberto è davvero coraggioso. (imprudente)
e. Simpatico quel tuo amico! (brillante)
f. Questo vestito è molto elegante. (vistoso)
g. Maria è un amore, però è così timida! (riservata)

 ESERCIZIO

Lesen Sie nochmals die Dialoge sowie das Diktat und entscheiden Sie dann, welche der folgenden Ausdrücke man gebraucht,

> e allora …   e così …
> è successo che …
> tra l'altro …   niente …

○ um eine Erzählung / einen Bericht zu beginnen: _____

○ um eine Erzählung / einen Bericht weiterzuführen: _____

○ um Informationen hinzuzufügen, über die man vorher nicht gesprochen hat: _____

○ um etwas zu bagatellisieren: _____

○ um den Ausgang einer Erzählung / eines Berichtes einzuleiten: _____

 E ADESSO TOCCA A VOI!

Raccontate a un compagno un fatto divertente, drammatico o imbarazzante che vi è capitato o che è capitato a qualcuno che conoscete.

LETTURA

3 agosto 1995

Cara Enrica
nella tua ultima lettera mi scrivi delle disavventure che ti sono capitate quando sei arrivata a Londra. Ti assicuro comunque che non sei la sola a cui succedono certe cose e anzi, per consolarti, voglio adesso raccontarti quello che m'è successo proprio l'altro ieri.

Dunque, devi sapere che Margherita doveva partire per il campeggio e che io dovevo accompagnarla alla stazione con la macchina. Quando finalmente siamo partite, la piccola si è accorta di aver lasciato a casa la borsa con il biglietto e i soldi. Così siamo dovute tornare indietro. Io ho parcheggiato in seconda fila e tutte e due ci siamo precipitate su. Quando siamo tornate giù però mi aspettava una bella sorpresa: una multa per divieto di sosta. Il vigile era ancora lì e inutilmente io ho cercato di spiegargli la situazione. Niente da fare. Tra l'altro, mentre io lo pregavo di togliermi la multa, mia figlia non faceva che lamentarsi perché aveva paura di perdere il treno. Alla fine siamo partite e, siccome eravamo già un pochino in ritardo, io, per fare prima, sono voluta passare per il centro; ma a piazza Venezia tutto era bloccato; impossibile andare avanti e sai perché? Doveva passare il Presidente della Repubblica. Niente da fare quindi. Abbiamo dovuto aspettare (per fortuna non troppo) finché non è passato. Per farla breve l'ho accompagnata alla stazione e, quando siamo arrivate, mancavano meno di cinque minuti alla partenza del treno. Tornando a casa volevo fare un po' di spesa, ma a un certo punto il motore si è spento e la macchina non si è mossa più. Meno male che da quelle parti c'era un meccanico. Gli ho lasciato la macchina, sono andata alla fermata dell'autobus, ma, quando stavo per prenderlo, mi sono accorta di aver lasciato la borsetta in macchina. Non avevo niente con me, né il portafoglio né le chiavi di casa; così sono dovuta tornare in fretta e furia dal meccanico e sono arrivata proprio nel momento in cui stava chiudendo l'officina. Insomma, grazie a Dio, sono riuscita almeno a riavere la borsetta, ma non ti dico alla fine in che condizioni ero!

Be' che ne dici? Continui a sostenere che capitano tutte a te? E allora io che dovrei dire? Comunque finché i guai sono solo questi, possiamo riderci sopra. Sta' su con la vita e scrivimi ancora.

Un abbraccio
Marcella

LEZIONE 1

 ESERCIZIO

Leggete le seguenti frasi e indicate in quali di esse sono presenti:
due azioni contemporanee ( ) un'intenzione ( )
una conseguenza ( ) una decisione presa ( )

a. Margherita doveva partire per il campeggio e io dovevo accompagnarla alla stazione.
b. Margherita si è accorta di aver lasciato a casa la borsa. Così siamo dovute tornare indietro.
c. Mentre io lo pregavo di togliermi la multa, mia figlia non faceva che lamentarsi.
d. Tornando a casa volevo fare un po' di spesa.

 ESERCIZIO

Passato prossimo o imperfetto? Completate le frasi.

a. Mentre (io-aspettare) _____ il tram, (vedere) _____ passare il presidente.

b. Mentre (io-aspettare) _____ l'autobus, (guardare) _____ le vetrine dei negozi.

c. Mentre i bambini (giocare) _____, la mamma (cucinare) _____.

d. Mentre i bambini (giocare) _____, la mamma li (chiamare) _____.

e. Mentre Luisa (leggere) _____ il giornale, Franco (guardare) _____ la TV.

f. Luigi (addormentarsi) _____ mentre (guardare) _____ un film alla TV.

E ADESSO TOCCA A VOI!

Con l'aiuto delle seguenti annotazioni, immaginate la lettera che Enrica può aver scritto da Londra a Marcella.

○ prendere l'aereo
○ fare scalo a Milano
○ partire in ritardo da Milano per lo sciopero
○ arrivare tardi a Londra
○ prendere un taxi
○ il tassista non conoscere la strada dell'albergo
○ chiedere a un collega
○ camera rumorosa
○ voler cambiare la camera ma essere impossibile
○ avere fame
○ essere tardi per andare al ristorante
○ dovere mangiare qualcosa in albergo
○ cucina pessima
○ tornare in camera e volere guardare la tv
○ non riuscire a capire niente …
○ la notte non riuscire a dormire

LEZIONE 1

TEST

I. Completate con le parole mancanti.

a. Guido stava ____ aprire la porta, quando all'improvviso un allarme ha cominciato a _____.

b. Guido non ____ vestito molto bene: aveva un giaccone ____ marinaio, gli occhiali ____ sole e la barba lunga.

c. Quando Guido è entrato ____ negozio, il gioielliere aveva ancora la pistola ____ mano.

d. Guido era bianco _____ un lenzuolo, il gioielliere era più bianco ____ lui e così tutti ____ due, più morti ____ vivi ____ lo spavento, sono andati al bar e hanno preso un cognac.

II. Completate con le preposizioni.

a. Due settimane fa ho cominciato ____ studiare lo spagnolo.

b. Maria e Sara non sembrano madre e figlia. Quando le vedi insieme le prendi ____ sorelle.

c. Va bene anche questo ristorante. Io sto morendo ____ fame.

d. Nel frigo non c'è niente ____ mangiare, c'è solo ____ bere.

e. Oggi ho preso già due multe ____ divieto di sosta.

f. Ho cercato ____ riparare la macchina, ma non ci sono riuscito.

g. Ho paura ____ non trovare parcheggio in centro.

h. Mi sono accorto ____ essere uscito senza soldi e così sono dovuto tornare a casa.

III. Passato prossimo o imperfetto?

Margherita (dovere) _____ partire per il campeggio e sua madre (volere) _____ accompagnarla alla stazione. Quando (loro-partire) _____ con la macchina, Margherita (accorgersi) _____ di aver lasciato a casa la borsa e così (loro-dovere) _____ tornare indietro. (Essere) _____ tardi e la mamma, per fare prima, (volere) _____ passare per il centro; ma a piazza Venezia tutto (essere) _____ bloccato perché (dovere) _____ passare il Presidente della Repubblica. Finalmente il Presidente (passare) _____ e Marcella (riuscire) _____ ad arrivare alla stazione cinque minuti prima della partenza del treno.

LEZIONE 2

Volevo chiederLe una cortesia

(1) **LETTURA**

Sette giorni in barca sul delta del Po

Come in Francia e in Germania, anche in Italia è possibile la vacanza navigando sul fiume. Ci ha pensato Navarchus, società che gestisce la Darsena fluviale di Ferrara, la più grande d'Europa. (...)

Per guidare la barca non è necessaria la patente nautica e si può scegliere fra 15 itinerari: dal Parco del delta del Po alla riviera del Brenta, alla laguna veneta.

L'imbarcazione, facile da manovrare e, se occorre, riscaldabile, ospita fino a 6 persone ed è formata da soggiorno, zona notte, cucina e servizi, terrazzo-solarium. (...)

Il viaggio dura una settimana. Si prende possesso della barca alle 16 del sabato per consegnarla alle 9 del sabato dopo. (...)

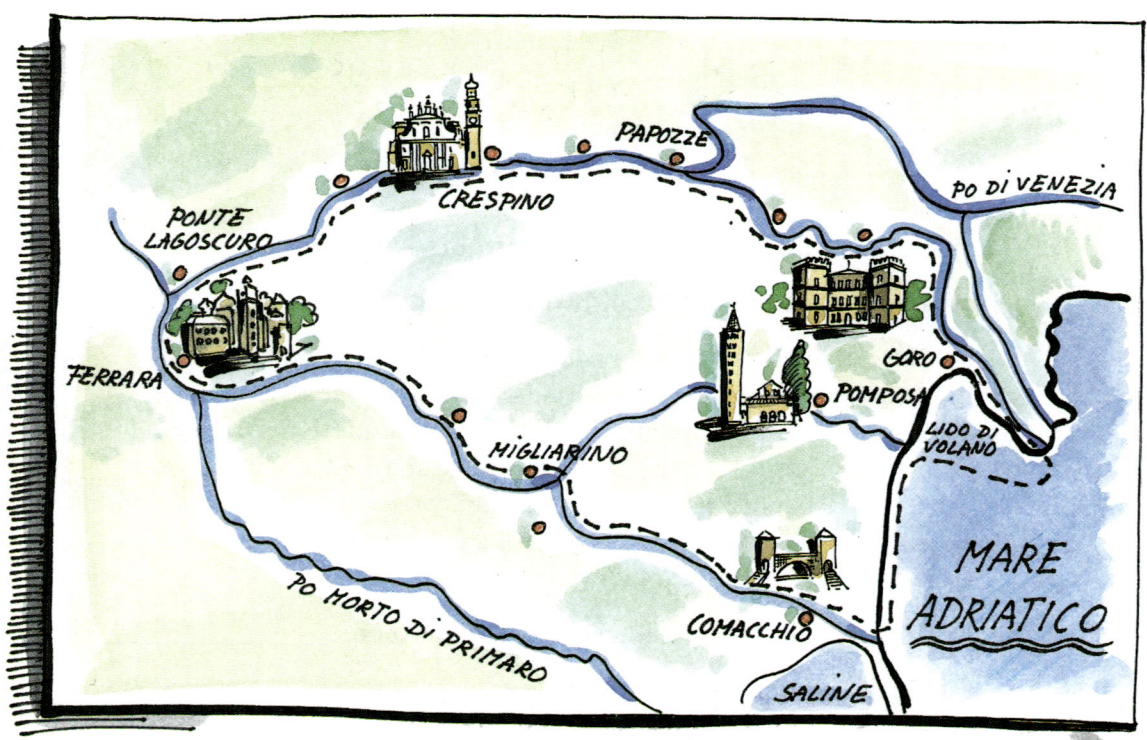

Da Ferrara 200 chilometri

Da Ferrara a Ferrara, via Porto Garibaldi, un anello navigabile lungo 200 km: è uno degli itinerari proposti da Navarchus.

Dalla città estense ci si immette nel Po attraverso la conca di Pontelagoscuro. Poco dopo si incontrano Polesella (...) e Crespino, centro agricolo di probabile origine romana.

Dopo Villanova Marchesana, Papozze e Ariano nel Polesine, ecco Mesola, celebre per il suo castello e per il «Boscone». Si prosegue lungo il Po di Goro fino all'omonimo centro peschereccio. Giunti alla Bocca del Po di Goro, si raggiunge il Lido di Volano, quindi gli altri Lidi ferraresi.

Qui si entra nel porto canale per circa 2 chilometri fino alla darsena. Se si vuole visitare Comacchio (i suoi canali e i suoi monumenti lo meritano), l'approdo migliore è il porticciolo dei Cappuccini. Lasciata Comacchio, si arriva a Ostellato, da dove ci si immette nel canale artificiale che passa sotto il ponte nuovo della superstrada Ferrara-Lidi ferraresi e si arriva a Migliarino. Dopo circa un'ora di navigazione si arriva in prossimità della piccola darsena di Final di Rero.

A due chilometri l'ultima conca di Valpagliaro. Ferrara è a 25 chilometri.

(da *Gente money*, 5/5/94)

E adesso completate la cartina con i luoghi nominati nel testo.

LEZIONE 2

> arrivare → si arriva
> immettersi → ci si immette

2 **ESERCIZIO**

a. Completate ora il seguente testo con le forme impersonali.

Un itinerario intorno al lago di Garda.

Il lago di Garda è molto frequentato sia dagli italiani che dagli stranieri. In estate i turisti affollano le piccole spiagge e i campeggi. Gli alberghi sono pieni di gente desiderosa di prendere il sole, fare il bagno o il surf. Ma il lago di Garda non offre solo questo: intorno al lago ci sono paesi pittoreschi, c'è una vegetazione tipicamente mediterranea con olivi, vigneti, cipressi, c'è il contrasto fra le acque del lago e le rocce delle montagne.

Se (avere) _____ due giorni liberi e (volere) _____ vedere il lago con un occhio diverso, (potere) _____ seguire questo itinerario. È lungo 134 chilometri e inizia a Salò. Per arrivare qui (prendere) _____ l'autostrada Milano–Venezia e (uscire) _____ al casello di Desenzano. Da qui (immettersi) _____ nella strada statale n° 572. A Salò (potere) _____ visitare il duomo tardo-gotico e fare una passeggiata nella città. Poi (proseguire) _____ per Gardone, dove c'è un interessante giardino botanico. Dopo alcuni chilometri (fermarsi) _____ a Maderno dove c'è la chiesa romanica di S. Andrea.

Se (volere) _____ , a Limone (potere) _____ fare una sosta sul lungolago che è molto pittoresco. A Riva del Garda poi (potere) _____ visitare il Museo Civico. (Continuare) _____ quindi per Malcesine da dove (prendere) _____ la funivia e (salire) _____ fino a 1790 metri di altitudine. Da qui (godere) _____ un panorama bellissimo.

b. Servendovi della cartina e delle indicazioni riportate, provate adesso a continuare a descrivere l'itinerario fino a raggiungere di nuovo il casello autostradale di Desenzano.

Torri del Benaco
castello trecentesco – case caratteristiche
chiesa della SS. Trinità (affreschi del '400)

S. Vigilio
luogo caratteristico e romantico

Garda
borgo antico – passeggiata sul lungolago

Bardolino
case caratteristiche – chiesetta di S. Zeno
chiesa romanica di S. Severo – enoteca

Lazise
mura medioevali – Castello Scaligero

Peschiera
fortificazioni costruite dai Veneziani

Sirmione
Rocca Scaligera – Grotte di Catullo

Desenzano
villa romana – porticciolo – dipinto del Tiepolo nella chiesa parrocchiale

(3) **E ADESSO TOCCA A VOI!**

Descrivete un itinerario che conoscete e che consigliereste di seguire.

LEZIONE 2

  QUESTIONARIO

La signora Maroni sta passando qualche giorno di vacanza in Abruzzo e si intrattiene con il suo vicino, il signor De Luca.

a. Per quanto tempo ha preso in affitto la villetta la signora Maroni?
_____

b. Con chi sta trascorrendo le sue vacanze?
_____

c. Quali di questi luoghi il signor De Luca consiglia di visitare alla signora Maroni?

Alba Fucens	☐	L'Aquila	☐	Rivisondoli	☐
Alfedena	☐	Pescasseroli	☐	Scanno	☐
Castel di Sangro	☐	Pescocostanzo	☐	Sulmona	☐

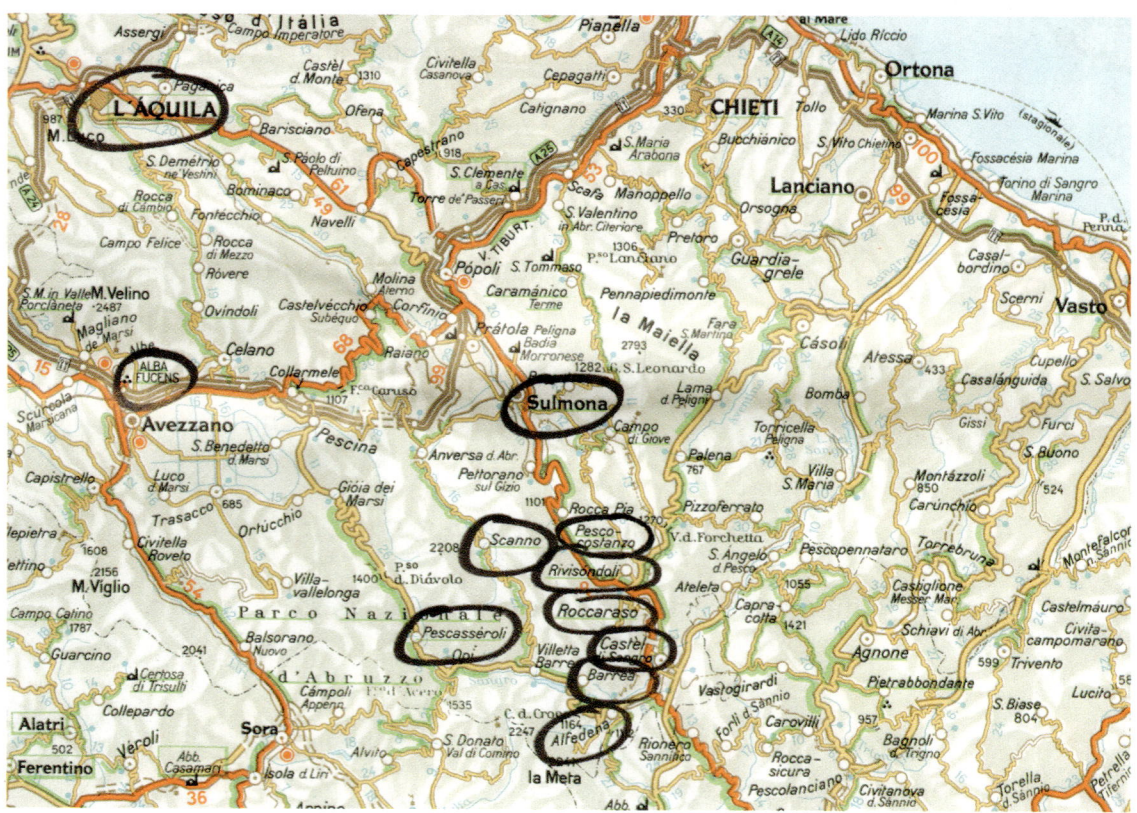

DIALOGO

- Senta, io volevo chiederLe una cortesia.
- Mi dica.
- Certo passeggiare fa molto bene e ci piace tantissimo, volevamo però fare anche qualche gita, vedere qualcos'altro.
- Sì, ma qui c'è soltanto l'imbarazzo della scelta.
- Sì, mi dica un po' dov'è che si potrebbe andare.
- Mah, volendo cominciare con la natura si può fare qualche puntatina nei dintorni.

Senta, io volevo chiederLe una cortesia.

ESERCIZIO

Che cosa dite…

a un collega se non sapete come comportarvi con un superiore?
a un amico con cui avreste voglia di passare una serata?
a un vicino il giorno dopo una festa a casa vostra?
a una persona da cui volete sapere qualcosa?
a un amico se non conoscete nessuno a cui lasciare il vostro gatto?

	chiedere un favore
Senta,	fare una proposta
io volevo …	chiedere un consiglio
Senti,	chiedere scusa per il rumore di ieri
	domandare un cosa

31

LEZIONE 2

> Certo passeggiare ci piace tantissimo,
> volevamo però fare anche qualche gita.

7   **ESERCIZIO**

Fate delle frasi a piacere secondo il modello.

> Certo la sua macchina è proprio bella, però
> - *consuma moltissimo.*
> - *se si rompe è difficile trovare i pezzi di ricambio.*
> - *c'è posto solo per due persone.*

Certo …

a. Roma è caotica, però _____.

b. la Costa Smeralda è cara, però _____.

c. visitare i musei è interessante, però _____.

d. il russo è una lingua affascinante, però _____.

e. il riso integrale è più sano, però _____.

f. prendere il sole mi piace, però _____.

g. passare le vacanze con gli amici è divertente, però _____.

h. qui in montagna fa freddo, però _____.

| Volendo / Se si vuole | cominciare con la natura, | si può vedere … |
| Volendo / Se volete | | potete vedere … |

ESERCIZIO

8

Conoscete l'Italia? Completate le frasi con il gerundio o con *se* + il presente indicativo del verbo indicato e con i nomi dei posti elencati qui sotto.

Caserta

Castel del Monte

Parma

Bolsena

Monreale

Spoleto

a. (Passare) _____ per l'Umbria, Le consiglio di visitare _____.

b. (Andare) _____ a Palermo, vi consiglio di fare un salto a _____.

c. (Attraversare) _____ l'Emilia, fai una tappa a _____.

d. (Volere) _____ visitare anche il Lazio, vale la pena di fare una sosta a _____.

e. (Potere) _____ passare qualche giorno in Campania, oltre a Napoli, dovete assolutamente vedere _____.

f. (Essere) _____ in Puglia, approfitti dell'occasione per visitare _____.

33

LEZIONE 2

9   LETTURA

Un'escursione tra orsi e cervi

Chi cerca tranquillità e natura intatta in Abruzzo le troverà. Foreste immense, animali rari, compresa la recuperata lince, valli profonde, altipiani, ampi spazi di solitudine e silenzi. Tutto ben dotato di strutture ricettive. La zona interna montuosa, in provincia dell'Aquila, Teramo, Chieti e in parte di Pescara, offre una trentina di stazioni sciistiche aperte da dicembre. Centinaia di impianti di risalita, sciovie, funivie, tra cui quella di Campo Imperatore, una delle più moderne d'Europa, capace di trasportare settecento passeggeri l'ora.

Le più numerose sono dislocate nell'Aquilano, a Roccaraso, Pescocostanzo, Rivisondoli, Campo di Giove, Tagliacozzo, Scanno, Campo Felice, Rocca di Mezzo e Rocca di Cambio. Ricche di confortevoli alberghi di ogni categoria, pensioni, ristoranti, piscine. Cittadine di antica e preziosa architettura offrono al turista natura, storia e divertimenti, come ippodromi o piste per fuoristrada e cross.

Il Parco nazionale d'Abruzzo è una riserva di 40 mila ettari di boschi e montagne dove la natura è protetta. Qui oltre un milione di visitatori l'anno, italiani e stranieri, sciano, visitano il parco e i centri faunistici, le oasi per animali protetti, i negozi di artigianato locale e i monumenti. Sul lago di Barrea, nel Parco, è possibile osservare gli animali selvatici che si avvicinano all'acqua per l'abbeveraggio serale. Luogo appartato e di selvaggia bellezza è il Salto Lo Schioppo presso Morino, in valle Roveto. La regione è carsica, molto ricca d'acqua: sorgenti, salti, cascate, laghetti. Luoghi in cui il turista può trovare ciò che oggi è il bene più prezioso: una natura schietta, solitaria e pulita. In realtà molti altri sono i posti montani che meriterebbero di essere citati e visitati. Quello che veramente serve, al di là di ogni suggerimento, è prendere in mano la carta geografica e partire alla scoperta di questa regione. Ognuno troverà il «proprio Abruzzo».

(da *il Giornale*, 2/7/94, ridotto)

Elencate le informazioni fornite dal testo riguardo alla geografia, alla fauna e alle strutture ricettive della regione.

10   E ADESSO TOCCA A VOI!

a. In base a quali criteri scegliete il posto in cui andare in vacanza?
b. Parlate di una regione dove siete stati e che vi è piaciuta particolarmente.

11 DETTATO

- Se _____ _____ qualcosa di più culturale …
- Sì, difatti.
- Eh, sì, allora ____ ____ _____ _____ di origine romana, Alba Fucens, _____ ad Avezzano, ben conservata. L' _____ riportata alla luce _____ _____ _____ ____.
- Alba Fucens, ___ _____.
- Sì, con _____ ___ foro e un anfiteatro _____ praticabili. E poi a L'Aquila c'è _____ qualcosa di bello da vedere, ____ _____ la _____ barocca di San Bernardino e _____ ____ Santa Maria di Collemaggio.

> Se vogliono **qualcosa di** più **culturale**, allora c'è una bellissima città di origine romana.
>
> A L'Aquila c'è **qualcosa di bello da vedere**.

12 ESERCIZIO

Fate dei dialoghi secondo il modello.

> Se vuole – divertente – libro di Achille Campanile
> ○ Se vuole qualcosa di più divertente …
> □ Sì, difatti.
> ○ Allora c'è questo libro di Achille Campanile.

a. Se vuoi – secco – Soave del Garda
b. Se preferisce – elegante – abito di Valentino
c. Se preferisce – saporito – prosciutto di Parma
d. Se vuole vedere – sportivo – giacca a quadri
e. Se preferite – classico – esecuzione di Abbado
f. Se desidera – economico – impermeabile in fibra sintetica

LEZIONE 2

 ESERCIZIO

Ascoltate ancora una volta il dialogo (4) fra la signora Maroni e il signor De Luca e scrivete le espressioni che la signora Maroni usa per

○ rivolgersi la prima volta al vicino: _____

○ presentarsi: _____

○ avere informazioni sulla sua provenienza: _____

○ farsi dare un consiglio su possibili escursioni: _____

○ ringraziare e concludere la conversazione: _____

 E ADESSO TOCCA A VOI!

A Lei è in vacanza per la prima volta a Vieste, nel Gargano. Volendo fare delle escursioni nei dintorni si rivolge a un abitante del luogo.

B Lei abita a Vieste. Un turista Le si avvicina per avere delle informazioni. Osservi la piantina e le foto qui riprodotte e gli consigli alcune possibili escursioni.

Troia

Monte S. Angelo

Trani

Foresta Umbra

LETTURA

Stefano Benni, giornalista e scrittore, è nato a Bologna nel 1947. Nel 1981 ha pubblicato presso Feltrinelli il volume *Prima o poi l'amore arriva* da cui è tratta questa poesia.

Alle pensioni riminesi

Evviva le pensioni
umili baluardi
diga di miliardi
contro le recessioni
5 evviva le pensioni
che tedeschi a milioni
fan dormire contenti
salvando la bilancia
dei pagamenti

10 Dalla finestra c'è il panorama
di due tedeschi in pigiama
a mezzogiorno cozzano le forchette
contro il granito delle cotolette
a sera, si cammina inquadrati
15 per conquistare due coni gelati
a notte, si senton sibilare
come aerei in picchiata le zanzare
dalla finestra viene un odore sensuale
di fritto misto e fogna di canale
20 e nella notte adriatica e stellata
dice l'amato all'amata ustionata
«sei mia? sei come la Romagna
della nota canzone?»
e frenando la passione
25 la bacia con cautela
se no si spela.

a. A quali frasi della poesia si riferiscono questi disegni?
b. Quali rumori si possono sentire a Rimini? Quali odori si possono sentire?

E ADESSO TOCCA A VOI!

a. Siete già stati a Rimini o in una località balneare turistica? Come vi siete trovati?
b. La descrizione di Benni vi sembra molto esagerata?

LEZIONE 2

17   **TEST**

I. Completate con i verbi alla forma impersonale.

Ecco il programma di oggi.
(Incontrarsi) _____ alle 9.00 davanti a S. Pietro.
(Visitare) _____ la basilica e (salire) _____ sulla cupola.
(Uscire) _____ e (dirigersi) _____ verso Piazza Navona attraversando ponte S.Angelo. A piazza Navona (fermarsi) _____ ad ammirare la fontana dei Quattro Fiumi e la facciata della chiesa di S. Agnese. (Andare) _____ poi a Piazza Farnese, attraversando Campo de' Fiori, dove (visitare) _____ il pittoresco mercato. A Piazza Farnese (ammirare) _____ la facciata dell'omonimo Palazzo e la chiesetta di S. Brigida. Alle 12.30 (mangiare) _____ in un tipico ristorante della zona e (ritornare) _____ in albergo dove (riposarsi) _____ fino alle 16.00, ora in cui (rincontrarsi) _____ alla reception per visitare poi la zona dei Fori Imperiali.

II. Inserite nelle frasi i seguenti verbi coniugandoli al gerundio.

    (avere)   (fare)   (partire)   (volere)   (arrivare)

    a. _____ un giorno in più a disposizione, dovete assolutamente visitare anche Lanciano.

    b. _____ a L'Aquila verso l'una, vi consiglio di pranzare alla trattoria Scannapera.

    c. _____ passare qualche giorno nel Parco Nazionale d'Abruzzo, ci si può fermare a Barrea.

    d. _____ da Roma si arriva a L'Aquila in circa due ore.

    e. _____ sosta a Sulmona, puoi fare una passeggiata fino alla Fonte d'Amore.

Vuole lasciare un messaggio?

LEZIONE 3

QUESTIONARIO

Antonio Lipari telefona alla Infotec.

a. L'ingegner Ferri è
- in riunione. ☐
- in ferie. ☐
- fuori sede. ☐

b. Il signor Lipari ha fissato con l'ingegnere un appuntamento
- per lunedì prossimo. ☐
- per giovedì prossimo. ☐
- per la prossima settimana. ☐

c. La segretaria
- è ☐
- non è ☐

al corrente dell'appuntamento.

d. Il signor Lipari sarà a Verona
- da lunedì a mercoledì. ☐
- fino a giovedì. ☐
- per l'intera settimana prossima. ☐

e. Il signor Lipari ha tempo per incontrare il signor Ferri
- lunedì e martedì pomeriggio. ☐
- martedì pomeriggio e mercoledì mattina. ☐
- martedì mattina e mercoledì pomeriggio. ☐

f. La segretaria dice al signor Lipari di ritelefonare
- lunedì mattina. ☐
- lunedì pomeriggio. ☐

LEZIONE 3

DIALOGO

▲ Infotec, buongiorno.
■ Buongiorno. Per cortesia, vorrei parlare con l'ingegner Ferri.
▲ L'ingegner Ferri è fuori sede. Vuole lasciare un messaggio?
■ Eh no, guardi, dovrei parlare personalmente con lui.
▲ Le passo la sua segretaria, la signorina Puglisi.
■ Ah, d'accordo.
▲ Attenda un attimo.

ESERCIZIO

Infotec, buongiorno

Buongiorno. Per cortesia vorrei parlare con *l'ingegner Ferri*.

L'ingegner Ferri è fuori sede. Vuole lasciare un messaggio?

Ripetete il dialogo con le seguenti variazioni.

> dottor / dottoressa Bertone
> professor / professoressa Martini
> avvocato Sacchi
> signor / signora De Paolis

fuori stanza	
in riunione	
a pranzo	lasciar detto qualcosa
in viaggio	richiamare più tardi
in ferie	parlare con la sua segretaria
non è in ufficio	
non c'è	
sta parlando al telefono	attendere in linea

(4) LETTURA

Verona, 20/9/19..

Spett. Secura,
Vi ringraziamo per la celerità con la quale ci avete inviato il catalogo relativo ai Vostri prodotti.

Poiché abbiamo intenzione di installare prossimamente un sistema di allarme nella nostra sede di Verona, Vi preghiamo di metterVi in contatto con noi per concordare un incontro con uno dei Vostri tecnici.

Restando in attesa di un cortese riscontro, Vi porgiamo i nostri più distinti saluti.

R. Ferri
(Roberto Ferri)

Vi ringraziamo per la celerità con | la quale / cui | ci avete inviato il Vostro catalogo.

(5) ESERCIZIO

Trasformate le frasi sostituendo *cui* con *il quale, la quale, i quali, le quali* secondo il modello.

> È una città *in cui* vivo volentieri.
> È una città *nella quale* vivo volentieri.

a. È un programma con cui ti consiglio di lavorare.
b. È una persona di cui mi fido ciecamente.
c. Sono dipendenti su cui posso sempre contare.
d. È un reparto in cui non lavoro volentieri.
e. Sono persone a cui puoi sempre rivolgerti.
f. È la società per cui ho lavorato tre anni.
g. È un avvocato da cui mi sono fatto consigliare più volte.
h. Lì ci sono dei libri tra cui forse puoi trovare quello che cerchi.

LEZIONE 3

6 **E ADESSO TOCCA A VOI!**

Avete richiesto delle informazioni su un corso di lingue alla scuola DILIT di Roma e vi hanno spedito il relativo dépliant. I corsi offerti dalla scuola durano quattro settimane. Voi però avete soltanto due settimane di tempo.
Spedite un fax in cui

- ○ ringraziate per il dépliant
- ○ esponete il vostro problema
- ○ chiedete il prezzo di un eventuale corso di due settimane
- ○ vi informate sulle possibilità di alloggio a Roma
- ○ vi congedate

7 **DETTATO**

■ Ma Lei non _____ i _____ impegni, ____ ____ la sua agenda …

● Ecco, che io sappia, _____ sarà impegnatissimo _____ ___ _____.

■ Beh, allora guardi, la mia _____ ___ _____: io sarò _____ il 14 _____, martedì, e il 15 _____, _____.

● Un attimo, … sì. Eh, guardi, _____ _____ così: _____ riferire _____ appena lo vedrò e ___ ___ ___ _____ un recapito telefonico, Le faremo sapere già ____ _____ di _____.

■ Guardi, io alloggerò all' _____ Colomba d'Oro, _____ Lei _____ _____ lì e, se non mi _____, può lasciare un messaggio alla ricezione.

● ___ _____, senz'altro.

■ E ___ _____ _____ proverò anch'io a ritelefonare, se mi sarà possibile.

essere	→	sarò
provare	→	proverò
alloggiare	→	alloggerò
fare	→	farò
vedere	→	vedrò

Che io sappia	
A quanto ne so io	l'ingegnere **sarà** impegnatissimo
Per quel che ne so	tutta la settimana.
A quanto mi risulta	

8 ESERCIZIO

Ripetete il dialogo secondo il modello.

> conoscere i suoi impegni
> ingegnere – essere impegnatissimo tutta la settimana
>
> ☐ Ma Lei non conosce i suoi impegni …
> ○ Ecco, che io sappia, l'ingegnere sarà impegnatissimo tutta la settimana …

a. avere la sua agenda
dottore – restare fuori tutta la settimana

b. conoscere i suoi impegni
avvocato – rientrare lunedì sera

c. essere al corrente della sua partenza per Napoli
professoressa – partire la prossima settimana

d. essere informato/-a della data del suo ritorno
dottoressa – riprendere servizio all'inizio del mese

e. essere a conoscenza della data del suo rientro
architetto – non tornare prima della fine del mese

LEZIONE 3

> Se mi lascia un recapito telefonico, Le faremo sapere.
>   (richiesta)   (promessa)

9 ESERCIZIO

Completate le frasi con i verbi al futuro.

> chiamare – dare – fare – spedire – telefonare

a. Se mi dà il Suo indirizzo, Le _____ una raccomandata.

b. Se mi dice dove La posso rintracciare, Le _____ più tardi.

c. Se ci chiama domani, Le _____ una risposta.

d. Se mi lascia il Suo numero di telefono, La _____.

e. Se ci comunica a che ora La possiamo chiamare, Le _____ sapere.

> Se non mi trova, può lasciare un messaggio.
>   (eventualità)   (richiesta / suggerimento)

10 ESERCIZIO

Unite le frasi della prima colonna a quelle della seconda.

a. Se non sono in ufficio		fare le fotocopie in copisteria.
b. Se l'avvocato è in ferie,		chiamarmi a casa.
c. Se la fotocopiatrice non funziona,	può	richiamare più tardi.
d. Se l'interno 35 non risponde,		chiamare il 37.
e. Se non risponde nessuno,		rivolgersi al suo sostituto.

> Proverò anch'io a telefonare, se mi sarà possibile.
> (promessa sottoposta a condizione)

(11) ESERCIZIO

Coniugate i verbi al futuro.

a. Se (riuscire) _____ a liberarmi, (fare) _____ un salto da te.

b. (Io-darvi) _____ un colpo di telefono, se (trovare) _____ un attimo libero.

c. Se la riunione (finire) _____ prima del previsto, (io-cercare) _____ di raggiungervi al ristorante.

d. (Io-riprovare) _____ a telefonarLe più tardi, se (riuscire) _____ a sapere qualcosa.

e. Se non (io-dovere) _____ restare in ufficio, (passare) _____ a prendervi.

(12) E ADESSO TOCCA A VOI!

A Lei lavora presso la segreteria della facoltà di lettere dell'Università di Padova. La professoressa Renzi, da cui Lei dipende, è a Urbino per un congresso e tornerà fra una settimana. Al suo ritorno avrà molto da fare perché sarà impegnata con gli esami e con il consiglio di facoltà.

B Lei è uno studente / una studentessa di Torino che studia lettere e che vuole cambiare sede universitaria. La prossima settimana sarà a Padova e desidererebbe fissare un appuntamento con la professoressa per decidere se studiare in quella università. Telefona alla facoltà di lettere e risponde la segretaria.

LEZIONE 3

LETTURA

Questo brano è tratto da *Uccelli da gabbia e da voliera* (1982) di Andrea De Carlo (Milano, 1952). Per il protagonista del libro, Fiodor, inizia il primo giorno di lavoro.

Di mattina Lowell mi guida lungo i corridoi della MultiCo. Ogni tanto si ferma su una porta, bussa e apre, mi indica con la mano, dice «Il dottor Barna». Parla italiano con un brutto accento, ma riesce a farsi capire benissimo. I tipi che lui mi presenta si alzano, mi stringono la mano, restano a guardarmi senza saper cosa dire finché non torniamo fuori nel corridoio. Nemmeno io so cosa dire; più che altro mi lascio condurre in giro, stringo mani e sorrido come meglio mi riesce.

Alla fine Lowell mi mostra una stanza con grande finestra, con grande scrivania e due telefoni di colore diverso; con tavolo e macchina da scrivere per dattilografa personale. Mi dice «Questo può essere il tuo ufficio per ora, se ti va bene». Una segretaria lo raggiunge, gli porge un paio di fogli da firmare. Lui firma; mi dice «Pensi che ti vada bene?»

Gli dico «Eh». Guardo il soffitto; guardo i telefoni sulla scrivania.

Lui mi spiega che il mio lavoro consiste per ora nell'esaminare una serie di rapporti provenienti da varie parti del mondo, raffrontarli con dati disponibili a Milano e stendere un resoconto complessivo da mandare a New York.

Gli dico «Non mi sembra un gran lavoro». Gli guardo i polsini della camicia.

Lui mi guarda con occhi imbarazzati; dice «Non è vero. È importante, invece». Si gira verso un'altra segretaria sulla porta che cerca di richiamare la sua attenzione, le fa cenno di aspettare. Mi dice «Davvero, Fiodor». Me lo immagino al telefono, che riceve istruzioni da Leo, definite nei dettagli.

Mi dice quale sarà il mio stipendio, e questo mi impressiona abbastanza, perché è venti volte quanto guadagnavo a Santa Barbara con la musica. Si fa portare un paio di fascicoli, li studia un attimo vicino alla finestra; li apre sulla scrivania, me li illustra con grande cura. Mi dice «Buon lavoro»; se ne va.

Alzo la cornetta del primo telefono, del secondo telefono. Mi siedo, provo lo schienale regolabile, mi allungo all'indietro. Punto i piedi, faccio ruotare la sedia a sinistra; a destra. Vado al tavolo della dattilografa, accendo la macchina da scrivere, batto qualche tasto solo per sentire il ticchettio. Vado alla finestra, guardo fuori. Mi viene da ridere; rido.

Andrea De Carlo
Uccelli da gabbia e da voliera

Einaudi

(14) ESERCIZIO

Mettete i seguenti momenti del racconto in ordine cronologico.

- **a.** Lowell firma alcuni fogli.
- **b.** Una segretaria richiama l'attenzione di Lowel.
- **c.** Lowell lascia Fiodor da solo.
- **d.** Lowell non si mostra d'accordo con Fiodor.
- **e.** Fiodor è sorpreso del suo stipendio.
- **f.** Lowell mostra a Fiodor il suo ufficio.
- **g.** Lowell presenta Fiodor ai colleghi.

(15) ESERCIZIO

In che cosa consiste il lavoro del/dell'/della...?

astronomo	creare oggetti d'oro
calzolaio	tradurre da una lingua all'altra
colf	spolverare e pulire
infermiere	riparare i motori
interpreta	dirigere il traffico
meccanico	assistere gli ammalati
orefice	riparare le scarpe
postino	consegnare la posta
vigile	osservare le stelle

(16) E ADESSO TOCCA A VOI!

- **a.** Provate a descrivere brevemente il vostro posto di lavoro e le azioni che svolgete durante il lavoro.
- **b.** Raccontate il vostro primo giorno di lavoro, di scuola etc.

LEZIONE 3

ASCOLTO

Franco, arrivato a Modena per lavoro, sta parlando al telefono con una sua ex compagna di scuola che abita a Correggio, una cittadina a pochi chilometri da Carpi.
Ascoltate il dialogo e segnate con una crocetta le informazioni esatte.

a. Patrizia lavorava prima in
- un ministero. ☐
- una scuola. ☐
- un ufficio postale. ☐

b. Adesso Patrizia lavora in
- un pastificio. ☐
- un maglificio. ☐
- un mobilificio. ☐

c. Nell'ufficio commerciale della sua ditta è responsabile per

l'Europa
- orientale. ☐
- occidentale. ☐
- centrale. ☐
- settentrionale. ☐
- meridionale. ☐

d. Quali sono i vantaggi del nuovo lavoro?
- L'orario di lavoro flessibile. ☐
- L'orario di lavoro fisso. ☐
- Un ottimo stipendio. ☐
- Un'atmosfera vitale. ☐
- Un lavoro vario. ☐
- Lunghi periodi di ferie. ☐
- La possibilità di lavorare a casa. ☐

e. Quante ore lavora al giorno? _____

f. Che cosa non le piaceva del lavoro precedente?

_____

18 ## E ADESSO TOCCA A VOI!

a. Segnate con una crocetta il numero che corrisponde al vostro punto di vista.
1 = sono d'accordo
2 = sono d'accordo in parte
3 = non sono affatto d'accordo

	1	2	3
Il lavoro viene prima di tutto.	○	○	○
Una donna con un figlio piccolo dovrebbe smettere di lavorare.	○	○	○
Un lavoro intellettuale è sempre meglio di uno manuale.	○	○	○
Se qualcuno non trova lavoro è perché non lo cerca abbastanza.	○	○	○
Oggi non si lavora più come una volta.	○	○	○
40 ore di lavoro alla settimana sono troppe.	○	○	○
È meglio lavorare per lo Stato che per un privato.	○	○	○
Gli uomini e le donne non sempre possono fare gli stessi lavori.	○	○	○
È meglio un lavoro monotono e ben pagato che uno interessante e pagato male.	○	○	○

b. Confrontate adesso con un compagno e motivate le vostre opinioni.

LEZIONE 3

19 **TEST**

I. Completate le frasi con il futuro.

  a. Quando (io – sapere) _____ qualcosa, Le (telefonare) _____.

  b. La prossima settimana la professoressa (essere) _____ impegnatissima.

  c. A Verona (noi-alloggiare) _____ all'hotel Colomba d'Oro.

  d. L'ingegnere (tornare) _____ a Milano la prossima settimana, ma non (riprendere) _____ servizio prima della fine del mese.

  e. Non so ancora in che cosa (consistere) _____ il mio lavoro.

II. Completate con le preposizioni e con i relativi *il quale, la quale, i quali, le quali*.

  a. Il medico _____ sono stato mi ha consigliato di smettere di fumare.

  b. La città _____ viviamo è molto pulita.

  c. Il corso _____ volevo iscrivermi è già pieno.

  d. Gli amici _____ ho studiato sono ormai tutti sposati.

  e. Non trovo più il giornale _____ ho letto quella notizia.

  f. Hai conosciuto le ragazze _____ siamo andati in vacanza?

LEZIONE 4

Sarà che sono un po' pignolo

1 QUESTIONARIO

Massimo chiede ad Alessandro un libro in prestito.

a. Quali di questi aggettivi usano i due amici per definire i racconti contenuti in «Navi in bottiglia»?

emozionanti ☐   divertenti ☐   interessanti ☐
appassionanti ☐   avvincenti ☐   commoventi ☐

b. Quanto è lungo ogni racconto?

30 righe ☐   60 righe ☐   90 righe ☐

c. Alessandro ha già letto il libro. ☐
non ha ancora letto il libro. ☐

d. Di solito Massimo quando legge un libro ha l'abitudine di

scrivere appunti sul margine della pagina. ☐
sottolineare alcune parole. ☐
fare l'orecchietta alla pagina. ☐
piegare in due l'ultima pagina che ha letto. ☐

e. Quali aggettivi usa Alessandro per definire se stesso?

nevrotico ☐   intollerante ☐   pignolo ☐
vanitoso ☐   meticoloso ☐   avaro ☐

f. Quale aggettivo usa Massimo per definire Alessandro?

testardo ☐   geloso ☐   preciso ☐   sentimentale ☐

LEZIONE 4

② DIALOGO

■ Senti, io domani vado a Bologna e non so se a te dispiace o meno, comunque oserei chiederti in prestito questo libro per leggerlo sul treno.
● Ma ... io te lo darei volentieri. Ma tu proprio questo volevi?
■ Sì, sì, sì, mi interessa perché tempo fa ho letto la recensione di questo libro, non mi ricordo dove, e appunto la recensione mi stuzzicava un pochino. Allora ho pensato: «Adesso glielo chiedo». So che sei un po' geloso dei tuoi libri.
● No ... sì ... certo, in parte. No, se vuoi prendilo. Quando me lo riporteresti?
■ Mah, domani vado a Bologna. Sarò di ritorno fra tre giorni e la sera stessa posso riportartelo.

Te lo darei volentieri.	=	**Ti** darei volentieri **il libro**.
Quando **me lo** riporteresti?	=	Quando **mi** riporteresti **il libro**?

Posso riportar**telo**
Te lo posso riportare   fra tre giorni.

③ ESERCIZIO

Fate dei dialoghi secondo il modello. Chiedete in prestito uno degli oggetti indicati.

☐ Senti, non so se a te dispiace o meno, comunque oserei chiederti in prestito *questo libro*.
○ Ma ... io te *lo* darei volentieri. Ma tu proprio *questo* volevi?

a. disco   **e.** occhiali da sole
b. videocassetta   **f.** due cassette
c. stilografica   **g.** giacca
d. gemelli   **h.** rivista

| Ho letto la recensione di questo libro e allora ho pensato: «Adesso **glielo** chiedo». | glielo chiedo = lo chiedo a | lui lei Lei loro |

(4) **ESERCIZIO**

Unite le frasi della prima colonna con quelle della quarta secondo il modello.

> Ho trovato dei funghi che non conoscevo e allora ho pensato: «Adesso glieli faccio vedere.»

a. Ho fatto un dolce molto buono

b. Ho letto un bel libro

c. Ho sentito una bella barzelletta

d. Ho fatto una traduzione

e. Ho visto dei bei fiori

f. Ho assaggiato un ottimo vino

g. Ho visto due belle tazzine

… e allora ho pensato: «Adesso …

glielo
gliela
glieli
gliele
gliene

porto una fetta.»

regalo.»

racconto.»

faccio controllare.»

porto un mazzo.»

porto una bottiglia.»

compro.»

LEZIONE 4

5

E ADESSO TOCCA A VOI!

Chiedete a un altro studente quali di questi oggetti presta o non presta volentieri e perché. Chiedetegli inoltre se ha mai fatto esperienze negative dando in prestito qualcosa.

i libri	la macchina da scrivere	le valigie
i dischi	il computer	il costume da bagno
la macchina	la macchina fotografica	gli sci
il pettine	l'orologio	la tenda
i soldi	la bicicletta	il sacco a pelo

6

DETTATO

● Senti. Ecco _____ dovrei forse _____ ____ _____, se non ti _____. No, _____ tu a volte, quando _____ ___ leggere, ____ un'orecchietta _____ _____, la pieghi per lasciare il segno.

■ Sì, _____ è un viziaccio che ____ _____ elementari.

● Sì, e _____ sarà che ____ ____ un po', così, meticoloso, pignolo eccetera, però _____ _____ _____ con le orecchiette, così, mi fa venire un po' _____ una _____ nevrosi, e _____ se tu puoi evitare di farla …

■ Ti giuro che eviterò di farla. Ci metto dentro ____ _____ _____ come segnalibro.

● E se _____ tenermelo _____ un po' con cura.

■ _____.

● Magari nella _____, e non fargli prendere acqua o _____ _____ del genere.

■ ____ ___ _____. Lo terrò custodito come un tesoro.

54

Sarà che sono un po' pignolo, ma ...

7 ESERCIZIO

Fate dei dialoghi secondo il modello.

> pignolo – fare l'orecchietta – evitare di farla
> ○ Sarà che sono un po' *pignolo*, però se tu puoi evitare di *fare l'orecchietta* ...
> □ Ti giuro, *eviterò di farla*.

a. apprensivo – tornare troppo tardi – tornare prima delle 11
b. permaloso – fare certi scherzi – evitare di farli
c. scrupoloso – dirlo in giro – non dirlo a nessuno
d. pignolo – lasciare le cose in giro – mettere tutto a posto
e. intollerante – fumare dentro casa – fumare solo sul balcone
f. rigido – telefonare troppo dall'ufficio – telefonare solo in caso di necessità

8 ESERCIZIO

Formate delle frasi unendo gli aggettivi della prima colonna con le frasi della seconda.

Sarà che io sono un po'...

avaro	... però quando prendo una decisione nessuno può convincermi a cambiare idea.
goloso	... però in ufficio non andrei mai senza cravatta.
vanitoso	... però alla fine della Bohème piango sempre.
sentimentale	... però non spenderei mai tanto per un pranzo.
testardo	... però questa musica moderna proprio non mi piace.
tradizionale	... però davanti a un piatto di spaghetti non so dire di no.

LEZIONE 4

9   **ESERCIZIO**

Un viziaccio è un brutto vizio. Come si dice di …

a. una parola detta per offendere   _____

b. un lavoro faticoso o fatto male   _____

c. un brutto tipo   _____

d. un cattivo ragazzo   _____

e. una brutta giornata   _____

f. una vita difficile   _____

g. gente cattiva   _____

h. una stoffa di cattiva qualità   _____

i. un brutto carattere   _____

10   **ESERCIZIO**

Lesen Sie nochmals den Dialog sowie das Diktat und entscheiden Sie dann, welche der folgenden Ausdrücke Alessandro und Massimo gebrauchen,

> sarà che io sono un po'…   oserei
>
> magari   se (tu) puoi …

○ um eine Bitte auszudrücken, die etwas kühn erscheint: _____

○ um den Gesprächspartner höflich aufzufordern, sich anders zu verhalten: _____

○ um eine persönliche Schwäche zuzugeben als Rechtfertigung für eine Aufforderung oder einen Wunsch: _____

○ um eine Anregung zu geben: _____

(11) ESERCIZIO

Inserite adesso le espressioni nelle seguenti frasi.

a. Non stare sempre a casa. Esci, _____ vai a vedere un bel film.

b. _____ fissato con l'ordine, però, per favore, quando hai finito metti tutto a posto.

c. So che in questo periodo c'è molto lavoro, comunque _____ chiederLe qualche giorno di ferie.

d. Sai che io adesso sto preparando un esame e allora, _____ tenere basso il volume della radio …

(12) E ADESSO TOCCA A VOI!

A Mentre Lei sta ascoltando un compact che ha appena comprato, riceve la visita di un amico/un'amica che non compra mai dischi, ma che ha l'abitudine di chiederli in prestito agli amici per poi registrarli. Il problema è che non li tratta molto bene, non li rimette nella loro custodia dopo averli ascoltati e li restituisce pieni di impronte.

B Lei va a trovare un amico/un'amica che sta ascoltando un compact che Lei non conosce ancora, ma che Le piace subito. Lei sa che il Suo amico/la Sua amica tiene molto ai suoi dischi, però vuole provare a chiedergli/-le il disco per un paio di giorni per poterlo registrare.

LEZIONE 4

(13)

LETTURA

Con *Navi in bottiglia*, Gabriele Romagnoli (Bologna, 1960) nel 1993 è entrato a a far parte dei cinque finalisti di uno dei più importanti premi letterari italiani, il Campiello. Tutti i racconti contenuti in questo libro seguono due regole ferree: sono brevissimi e hanno un finale a sorpresa. Leggiamone uno.

Telefonate a Simone

Simone telefona a Laura. Ma lei non risponde. C'è invece una voce registrata su nastro, che dice: «È il 592241, lasciate un messaggio dopo il segnale acustico e sarete richiamati». Simone
5 parla. La implora di perdonare. Di farsi viva. Dice parole d'amore. Il secondo «bip» lo costringe a riattaccare. Laura non richiama. Simone ritelefona. Ancora quella voce. Aspetta, poi lascia un altro messaggio, accorato. E poi uno ogni
10 ora, per dieci giorni. Anche di notte. Tanto non dorme, Simone, perso d'amore per Laura. La cerca a casa, al lavoro. Sparita. Resta solo un numero di telefono. E una voce registrata. Dopo la quale inizia un breve vuoto da riempire di
15 parole. Parole preparate in precedenza, per utilizzare meglio quello spazio.

Un numero e quella voce. Non quella di Laura, a ben pensarci. La voce di una donna diversa. Strana, incorporea. Simone la sente ancora a
20 lungo. Continua a telefonare a Laura per settimane. Ma a intervalli più lunghi. Poi una volta al giorno. Infine guarisce, dimentica. Non telefona più. Passano altri giorni, settimane. È notte quando il telefono squilla. Simone risponde, il
25 cuore in gola. Una voce strana, incorporea e supplichevole: «È il 592241, lasciate ancora un messaggio dopo il segnale acustico».

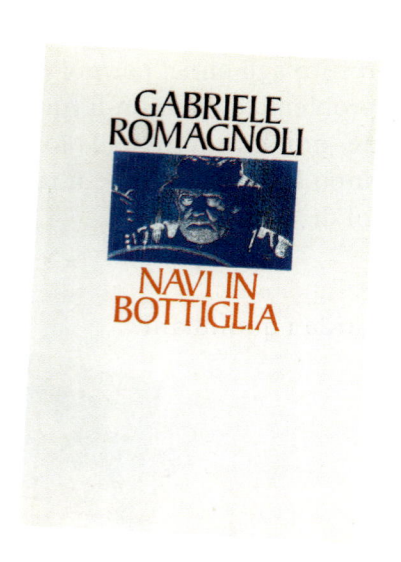

a. A chi appartiene secondo voi la voce «strana, incorporea e supplichevole» che alla fine del racconto telefona a Simone?

b. Cosa pensate dell'uso della segreteria telefonica? Vi sentite a vostro agio quando risponde una voce registrata su nastro?

(14) ESERCIZIO

Ecco alcuni verbi presenti nel testo con l'indicazione della riga in cui si trovano. Uniteli ai loro significati.

a. implorare (r. 5)   dare notizie di sé
b. farsi vivi (r. 5)   mettere giù il telefono
c. costringere (r. 6)   obbligare
d. riattaccare (r. 7)   pregare
e. guarire (r. 22)   sentirsi di nuovo bene
f. squillare (r.24)   suonare

(15) E ADESSO TOCCA A VOI!

a. Provate ad immaginare due o tre messaggi che Simone lascia a Laura (per es. il primo giorno, dopo tre giorni, dopo una settimana).

b. Simone cerca Laura al lavoro. Immaginate una conversazione fra lui e un/una collega di Laura.

(16) ASCOLTO

In questa intervista il professor Raffaele Simone, ordinario di linguistica presso l'Università di Roma, risponde alle domande di un giornalista sul rapporto che gli italiani hanno con i libri e con i giornali. Ascoltate l'intervista e rispondete alle domande.

a. In che cosa l'Italia è unica al mondo per quanto riguarda i quotidiani?

b. Quanti italiani in percentuale hanno almeno un libro a casa?

c. Quali sono, per gli italiani che non leggono libri, le fonti di sapere e di cultura?

d. Quante copie di giornali si stampano mediamente ogni giorno in Italia?

LETTURA

Vorrei qualcosa da leggere

La scena avviene in una grande libreria. A Roma. Scaffali fittissimi. Pile di best-seller ovunque. Commessi efficientissimi. Sembra di stare in un bazar, ci sono anche videocassette e magliette, poster, calendari e non so che altro. Entra un cliente: ha l'aria tranquilla, non si guarda intorno spaesato. Dimostra 45–50 anni ben portati. È vestito con gusto ed eleganza, e il suo aspetto rivela una buona posizione socio-culturale. Guarda sicuro una commessa carina, poi chiede: «Vorrei qualcosa da leggere». E basta, nessuna idea precisa. Momento di imbarazzo: in quella libreria ci saranno almeno 50 mila volumi: come si fa a dire qualcosa da leggere? Vuole saggistica? Narrativa? Preferisce dei gialli? O dei libri che raccontano l'attualità? O ancora delle novità alla moda? (...)

Per lui un libro vale l'altro. Forse lo deve regalare? Chiede la commessa mentre gli mostra di seguito un Fruttero e Lucentini, un Tabucchi, un De Crescenzo e uno Spadolini. No, è per lui. Ma non legge mai, proprio mai, si affretta a spiegare senza alcuna soggezione. Alla fine se ne esce dalla libreria: ha comprato una maglietta, con una frase di Heinrich Böll, dalle «Opinioni di un clown». Il libro no, quello non l'ha comprato, ancora una volta.

Il signore incontrato nella libreria di Roma non è un'eccezione. È la regola. Leggere in questo paese è un dramma nazionale e sociale. (...) Quelli che non leggono sono rimasti gli stessi dal 1955 ad oggi: da allora il paese è profondamente mutato. I consumi sono enormemente diversi. I livelli di reddito anche. Abbiamo le autostrade. Belle automobili. Meravigliose mostre. Siamo più belli, più alti, più magri. Tutto è diverso, proprio tutto, tranne una cosa: il livello di lettura. (...) Le statistiche dicono che il 30 per cento delle persone laureate (ovvero gente che ha passato qualcosa come 18 anni sui libri) dichiara di non leggere «nemmeno» un libro l'anno. Badate bene: neanche uno. Zero. E ancora un dato, per chiudere il quadro: il 34 per cento dei manager in Italia dichiara di non leggere neppure un libro l'anno. Anche qui: zero. Davvero vergognoso. (…)

(da *L'Espresso*, 5 gennaio 1995)

a. Che aspetto ha il cliente che entra in libreria?
b. In che cosa l'Italia non è cambiata dal '55 a oggi?
c. In che cosa invece è cambiata?
d. Quanti sono in percentuale gli italiani laureati che leggono almeno un libro all'anno? E quanti i manager?

18   ESERCIZIO

Ecco alcune parole o espressioni del testo con l'indicazione della riga
in cui si trovano. Inseritele negli spazi vuoti, facendo attenzione anche
al genere e al numero.

> pile (r. 2)
> efficientissimi (r. 3)
> spaesato (r. 7)
> momento di imbarazzo (r. 13)
> soggezione (r. 24)

a. Una persona che lavora molto bene è _____.

b. Tanti libri uno sopra l'altro formano _____.

c. Una persona che è sicura di sé non ha _____.

d. Una persona che non si sente sicura in un posto è _____.

e. Un attimo di difficoltà è _____.

19   ESERCIZIO

Unite le parole del testo elencate nella colonna sinistra ai loro significati
nella colonna destra.

> ovunque (r. 3)   ma non
> di seguito (r. 21)   cioè
> tranne (r. 38)   uno dopo l'altro
> ovvero (r. 41)   in ogni posto

20   E ADESSO TOCCA A VOI!

a. Un comportamento come quello del cliente romano viene definito dall'autore del testo «la regola, non un'eccezione». Nel vostro paese, secondo voi, la situazione è diversa?
b. Qual è l'ultimo libro che avete letto? Vi è piaciuto o no? Perché?
c. Consigliate a un compagno un libro che vi è piaciuto.

LEZIONE 4

(21)

TEST

I. Completate con i pronomi combinati.

a. Scusami, ho dimenticato di riportarti i dischi. _____ ridò domani.

b. Ti piace il mio nuovo orologio? _____ ha regalato mio padre.

c. Senta, signorina, _____ ripeto per l'ultima volta: quando sono in riunione, non voglio essere disturbato.

d. Se non avete i soldi, _____ presto io.

e. Dovremmo rinnovare la casa. _____ dicono tutti, ma non abbiamo i soldi.

f. A Marco piacciono i gialli. _____ regalerò uno per il suo compleanno.

g. Devo portare i bambini allo zoo. _____ ho promesso ieri.

h. Se non hai le sigarette, posso offrir_____ una io.

i. Ti piace questo whisky? La prossima volta che vado in Scozia _____ porto una bottiglia.

II. Completate con le preposizioni semplici o articolate.

a. Ho finito i soldi e devo chiederli _____ prestito a mio padre.

b. Luisa è molto gelosa _____ suoi dischi.

c. Ho un appuntamento _____ lavoro, ma sarò _____ ritorno prima _____ cinque.

d. Ti giuro, eviterò _____ fare l'orecchietta _____ pagina.

e. Che confusione! Sembra _____ stare allo stadio.

f. Hai qualcosa _____ leggere?

g. Come si fa _____ dormire con questo rumore?

LEZIONE 5

Com'è successo?

(1) LETTURA

Vicenza, pedalava a tutta birra l'anziano ciclista sorpreso e multato dalla Stradale

In bici sull'autostrada: "Ero in ritardo"

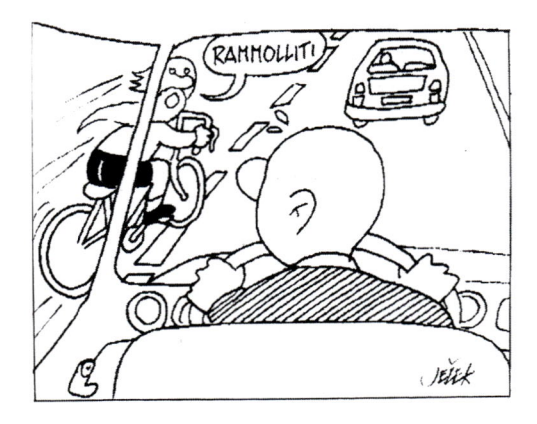

VICENZA Pedalava come Indurain sulla corsia di sorpasso dell'autostrada. Francesco Amatori, 63 anni, originario di Malo in provincia di Vicenza, correva piegato sul manubrio della vecchia bici. Le auto in corsa sull'autostrada della Valdastico, fra Thiene e Dueville, lo hanno scartato per pochi centimetri. Poi gli automobilisti hanno chiamato gli agenti della Stradale. All'arrivo della pattuglia, Amatori pedalava ancora con quanto fiato aveva in gola. «Dovevo raggiungere gli amici all'osteria ed ero in ritardo» ha dichiarato ai poliziotti. E ha sgranato gli occhi: «Che c'è di male a correre con la bici? L'autostrada è fatta per accorciare le distanze».

Il coraggioso ciclista – che non era entrato in autostrada attraverso il casello, ma dai campi vicino a casa scavalcando il guard-rail – ha poi spiegato che aveva scelto la corsia di sorpasso per non disturbare troppo le auto in corsa. «Era in stato confusionale – hanno spiegato gli agenti – Lo abbiamo accompagnato a casa raccomandandogli di non fare più simili sciocchezze». E lasciandogli una multa di 50 mila.

(da *la Repubblica*, 27/7/94)

È vero?	sì	no
a. Quando Amadori ha visto la polizia si è fermato subito.	☐	☐
b. Amadori era sorpreso dell'arrivo della polizia.	☐	☐
c. Amadori è entrato in autostrada senza passare per il casello.	☐	☐
d. La polizia ha portato Amadori all'osteria dove lo aspettavano gli amici.	☐	☐

LEZIONE 5

> Il coraggioso ciclista non **era entrato** in autostrada attraverso il casello, ma dai campi vicino a casa.
>
> Amadori **aveva deciso** di raggiungere gli amici all'osteria.

② ESERCIZIO

Mettete i verbi al trapassato prossimo.

a. Amadori (scegliere) _____ _____ la corsia di sorpasso per non disturbare troppo le auto in corsa.

b. Amadori (promettere) _____ _____ agli amici di raggiungerli all'osteria.

c. Per entrare in autostrada Amadori (passare) _____ _____ per i campi.

d. Amadori (uscire) _____ _____ di casa deciso a raggiungere gli amici.

e. Mai prima di ieri Amadori (entrare) _____ _____ in bici in autostrada.

> «*Ho scelto* la corsia di sorpasso per non disturbare troppo le auto in corsa.»

> Ha spiegato che *aveva scelto* la corsia di sorpasso per non disturbare troppo le auto in corsa.

③ ESERCIZIO

Trasformate le frasi nella forma indiretta.

a. Ha risposto: «Ho preso l'autostrada per arrivare prima.»

b. Hanno raccontato: «Abbiamo visto un ciclista sull'autostrada.»

c. Ha spiegato: «Sono entrato in autostrada scavalcando il guard-rail.»

d. Ha sostenuto: «Ho preferito la corsia di sorpasso per non disturbare gli automobilisti.»

e. Hanno confermato: «Lo abbiamo scartato per pochi centimetri.»

> Lo abbiamo accompagnato a casa **raccomandandogli** di non fare più simili sciocchezze.

4 ESERCIZIO

Completate le frasi con il verbo al gerundio e il pronome necessario.

a. Lo abbiamo salutato _____ di scriverci.

b. L'ho lasciato _____ di finire il lavoro.

c. Mi ha salutato _____ di telefonare presto.

d. Gli ho prestato la macchina _____ di andare piano.

e. L'ho accompagnata a scuola _____ di comportarsi bene.

dire
ricordare
raccomandare
raccomandare
dire

5 E ADESSO TOCCA A VOI!

a. Quando gli automobilisti hanno visto il ciclista sull'autostrada hanno chiamato subito la polizia. E voi cosa fate se …

- qualcuno parcheggia l'automobile davanti al vostro garage o in seconda fila davanti alla vostra macchina?
- vedete una macchina ferma sulla corsia di emergenza?
- vedete una persona anziana accanto a una macchina con una ruota a terra?
- avete parcheggiato in divieto di sosta e, quando tornate alla macchina, vedete che il vigile vi sta facendo la multa?
- un pedone attraversa la strada col semaforo rosso davanti a un gruppo di bambini?
- un ciclista usa il marciapiede invece della strada?

b. Avete mai avuto un'esperienza singolare viaggiando in strada o in autostrada? Avete mai assistito a un fatto insolito? Parlatene in classe.

LEZIONE 5

6   **QUESTIONARIO**

Claudio è in ospedale e Lorenzo va a trovarlo.

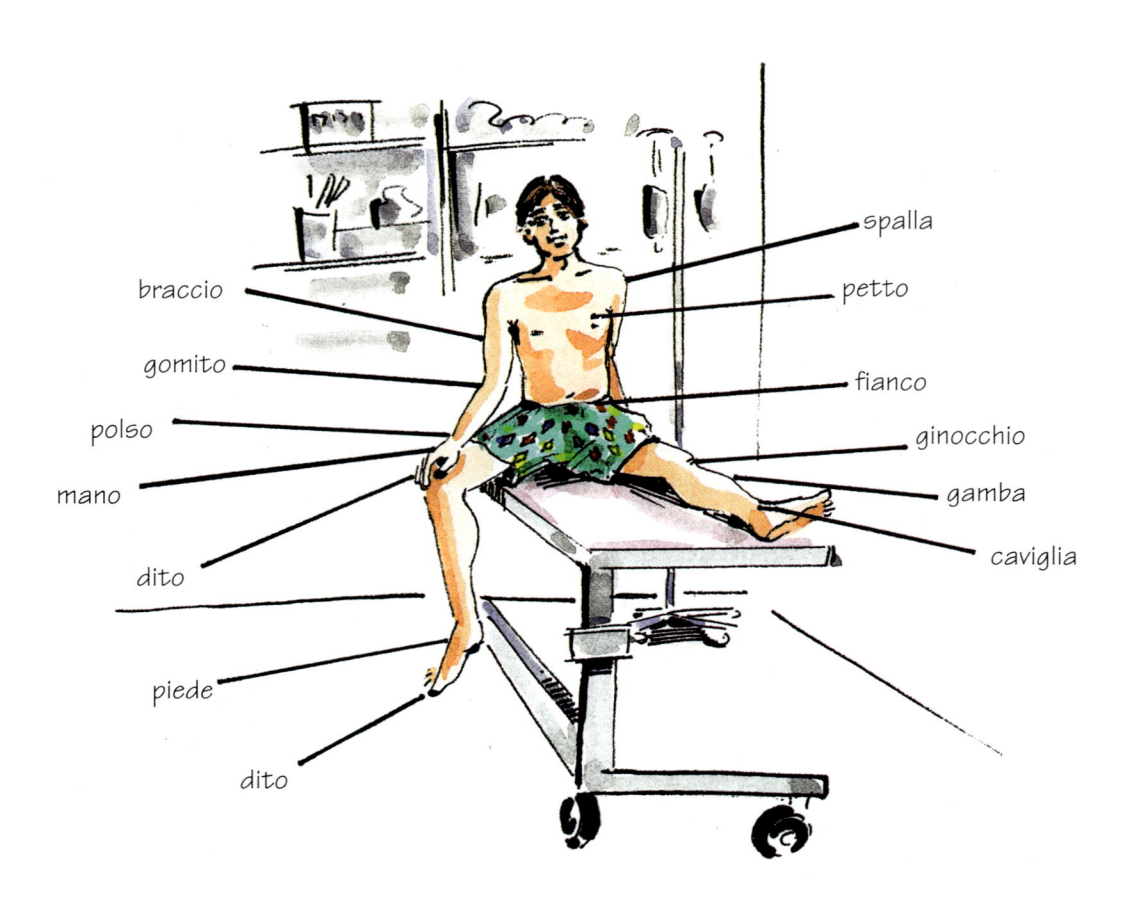

(Illustrazione: Claudio seduto su un lettino d'ospedale con etichette delle parti del corpo: spalla, petto, fianco, ginocchio, gamba, caviglia, braccio, gomito, polso, mano, dito, piede, dito)

a. Dove si è fatto male Claudio?

_____

b. Di chi è la motocicletta?

_____

c. Che parte della motocicletta si è rotta?

       Il fanale   ☐
       La forcella   ☐
       La ruota anteriore ☐

d. Quale di questi disegni raffigura l'incidente?

e. A che velocità andava Claudio?

     66   ☐
A circa 70 km/h. ☐
     80   ☐

f. Quanto tempo deve restare in ospedale Claudio?

___

g. Chi pagherà la riparazione della motocicletta?

___

LEZIONE 5

7 DIALOGO

- Come è successo? Chi ha torto? Chi ha ragione?
- Mah, per quello che ricordo io, avevo io torto perché la macchina veniva da destra.
- E tu non le hai dato la precedenza. Bravo!
- Non l'ho proprio vista, guarda. Lì c'era una siepe piuttosto altina. Non ho visto neanche il muso della macchina.

8 ESERCIZIO

Ripetete le prime tre battute del dialogo. Sostituite a *la macchina veniva da destra* e a *tu non le hai dato la precedenza* le seguenti coppie di espressioni.

a. esserci uno stop – tu non fermarti
b. il semaforo essere giallo – tu passare
c. esserci il limite di velocità – tu non osservarlo
d. io venire da sinistra – tu non dare la precedenza
e. esserci un incrocio – tu non rallentare
f. esserci le strisce pedonali – tu non fermarti

9 ESERCIZIO

Abbinate i segnali stradali al loro significato.

a. senso vietato
b. divieto di svolta a sinistra
c. incrocio
d. passaggio a livello con barriere
e. sosta vietata
f. direzione obbligatoria
g. divieto di sorpasso

10 **E ADESSO TOCCA A VOI!**

Quali delle sanzioni elencate qui sotto applichereste a chi …

- ○ ritiro definitivo della patente
- ○ ritiro della patente per … mesi / anni
- ○ multa di lire …
- ○ rimozione della vettura
- ○ pena detentiva di … mesi / anni
- ○ ripetizione dell'esame di guida

a. parcheggia sul marciapiede?
___

b. guida in stato di ebbrezza?
___

c. supera di 50 km all'ora il limite di velocità?
___

d. passa con il rosso?
___

e. non allaccia la cintura di sicurezza?
___

f. suona il clacson in prossimità di un ospedale?
___

g. lascia il motore acceso davanti a un passaggio a livello chiuso?
___

h. non rallenta in prossimità delle strisce pedonali?
___

i. non soccorre la persona che ha investito?
___

j. durante la manovra di parcheggio danneggia un'automobile e si allontana senza lasciare il proprio recapito?
___

E adesso confrontate con un vostro compagno di corso motivando le vostre scelte.

LEZIONE 5

11

DETTATO

■ E ____ ____ __ _____ alla moto?

● Mah, per quel poco che _____ ____ , si deve essere rotta la forcella. Però _____ , ci _____ ____ soluzione.

■ Quale?

● C'è un _____ _____ _____ che conosco io. ____ _____ anche alcuni anni alla Gilera, _____ __ _____.

■ _____ gratis, _____ _____ ?

● Non _____ gratis, ____ __ ___ _____ , e se tu mi lasci fare, ____ _____ agevolarmi, _____ farmi un prezzo di favore. Però io non ho __ _____ _____. _____ anticiparmeli tu e poi ____ ____ ____ ridò piano piano.

Si deve essere rotta Deve essersi rotta	la forcella.
Si devono essere rotti Devono essersi rotti	i freni.

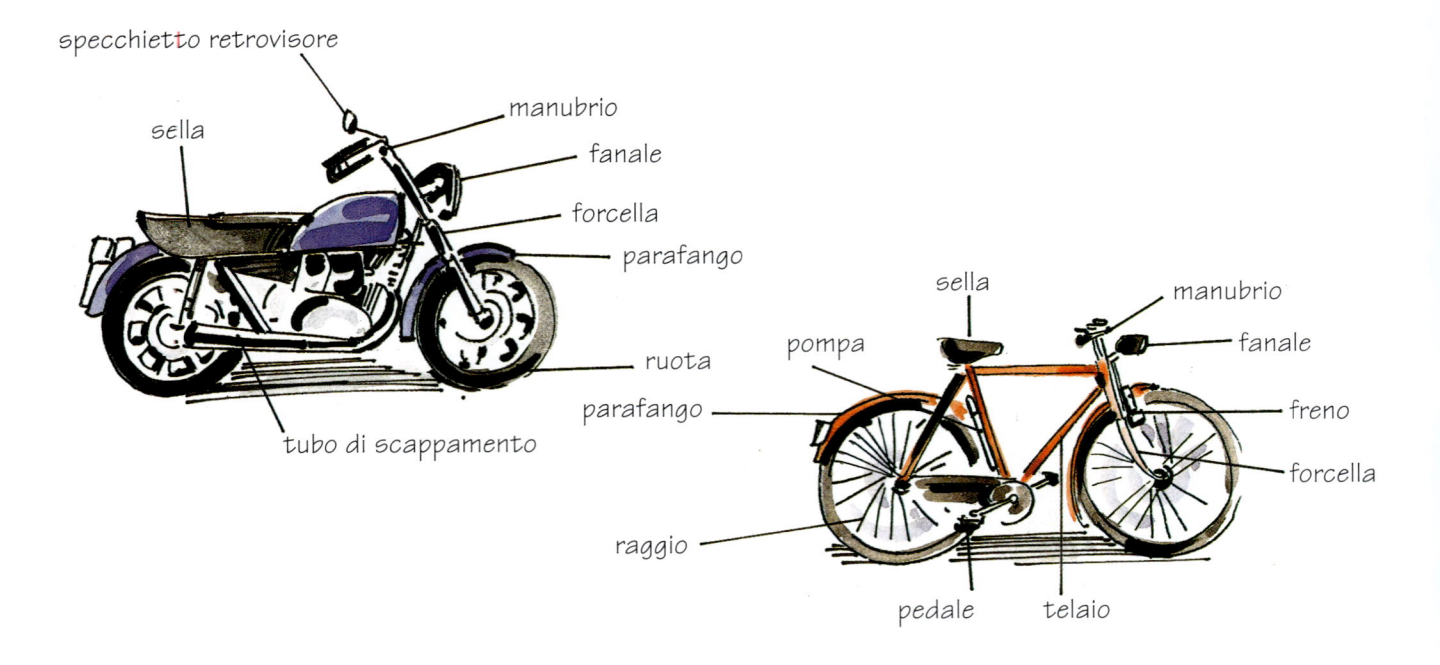

specchietto retrovisore
sella
manubrio
fanale
forcella
parafango
ruota
tubo di scappamento

sella
pompa
parafango
raggio
pedale
telaio
manubrio
fanale
freno
forcella

70

finestrino
tergicristallo
parabrezza
specchietto retrovisore
cofano
sportello / portiera
fanale / faro
targa
paraurti

12 ESERCIZIO

Ripetete le prime due battute del dialogo fino a *forcella*.
Sostituite *moto, rompersi, forcella* con le seguenti serie.

a. macchina – ammaccarsi – sportello
b. bicicletta – piegarsi – telaio
c. moto – rompersi – fanale
d. vespa – rompersi – frizione
e. macchina – rompersi – tergicristallo
f. bicicletta – spezzarsi – alcuni raggi
g. moto – ammaccarsi – parafango

13 ESERCIZIO

Guardate le vignette e raccontate come si è svolto l'incidente.

Ecco alcuni verbi che potete usare.

○ andare a ... all'ora
○ attraversare
○ frenare
○ rallentare
○ perdere il controllo
○ sbandare
○ investire
○ andare a sbattere contro

LEZIONE 5

(14) **LETTURA**

In città pedalando

Non solo sport, non solo svago. La bicicletta sta diventando un mezzo alternativo a bus e auto, soprattutto nel centro-nord dove si diffondono piste ciclabili e isole pedonali.

Eccoli i pasdaran del pedale, i fondamentalisti della forcella. Si gettano impavidi fra le ruote di un autobus e il paraurti di un taxi. Si arrampicano per salite impossibili e raggiungono in volata, spesso prima dei colleghi, il posto di lavoro. Ma è davvero un'impresa così eroica andare in bicicletta in città? Uno sguardo superficiale sulle nostre metropoli non può che confermare l'eroismo dei ciclisti cittadini. A Ragusa si è arrivati perfino a vietare l'uso delle biciclette sul lungomare. Ma in tutto il sud le automobili regnano sovrane: a Lamezia Terme, Macerata, Trani e Barletta i ciclisti si sfogano fuori città. A Salerno c'è una pista ciclabile, sul lungomare: ben 2500 metri per un metro e mezzo di larghezza!

A Napoli va un po' meglio grazie alle isole pedonali nella zona della Villa Comunale, di Piazza del Plebiscito o a quelle di Spaccanapoli. A Roma ci sono due piste ciclabili: quella di Viale Angelico, realizzata per i mondiali del '90, e quella lungo il Tevere che arriva fino a Castel Giubileo: un tragitto più adatto ai ciclisti della domenica che a chi usa la bicicletta per raggiungere il posto di lavoro.

Salendo verso il nord dell'Italia la situazione migliora: a Firenze, Foligno e Mantova le piste ciclabili non sono molte, ma le isole pedonali sono ormai un fatto acquisito. A Forlì spetta sicuramente il primato della bicicletta, come del resto a tutta la Romagna, ma anche quello delle vittime di questa silenziosa guerra contro le auto: nel 1993 sono stati investiti ben 177 ciclisti. Milano vanta tre piste ciclabili: la più lunga è quella che segue il Naviglio Martesana dal Parco Lambro fino a Cassina de' Pomm. Le piste sono ben collegate fra loro e sono infatti molto usate dai ciclisti, ma la manutenzione viene poco curata e le auto ci posteggiano sopra indisturbate. Meglio di tutte ha fatto Vicenza: ben 12 chilometri di piste ciclabili e una situazione in continua evoluzione. (…)

(da *ECO, la nuova ecologia*, aprile 1995)

Com'è nelle città segnate sulla cartina la situazione per chi vuole girare in bicicletta? Indicatelo mettendo nelle caselle la lettera che corrisponde al vostro giudizio.

P = situazione pessima
A = situazione accettabile
B = situazione buona
O = situazione ottima

> **Sono stati investiti** ben 177 ciclisti.
> Le piste **sono** molto **usate dai** ciclisti.
> La manutenzione **viene** poco **curata**.

(15) **ESERCIZIO**

Trasformate le frasi dalla forma attiva in quella passiva secondo il modello.

> Un automobilista di passaggio *ha portato* il ciclista in ospedale.
> → Il ciclista *è stato portato* in ospedale da un automobilista di passaggio.

a. La polizia ha fermato i due automobilisti.
_____

b. I carabinieri hanno accompagnato a casa la donna.
_____

c. Un vigile ha aiutato la signora a rialzarsi.
_____

d. Un passante ha avvertito la polizia.
_____

e. Gli agenti hanno ascoltato le due donne.
_____

LEZIONE 5

16)   **ESERCIZIO**

Completate le frasi secondo il modello con i verbi al presente nella forma passiva.

> In molte città italiane le piste ciclabili *vengono usate / sono usate* più dai motociclisti che dai ciclisti.

   a. Spesso molti segnali stradali non (rispettare) _____ _____ dagli automobilisti.

   b. In autostrada il limite di velocità (osservare) _____ _____ da pochi.

   c. Gli automobilisti che parcheggiano in divieto di sosta (punire) _____ _____ con multe che superano anche le 100.000 lire.

   d. Oggi, a causa di un incidente, il traffico (deviare) _____ _____ dall'autostrada A-12 alla strada statale n°1.

   e. Ogni anno per la festa del patrono l'intero centro (chiudere) _____ _____ al traffico dalle ore 7.00 alle 20.00.

   f. Le città d'arte italiane (visitare) _____ _____ ogni anno da milioni di turisti.

17)   **E ADESSO TOCCA A VOI!**

Avete una bicicletta? Con che frequenza la usate? Sapreste spostarvi in città solo con la bicicletta o siete anche voi, come molti italiani, fanatici dell'automobile?

(18)   **ESERCIZIO**

Onda verde è una trasmissione che fornisce agli automobilisti informazioni sul traffico e sulla viabilità.

Ascoltate il notiziario e svolgete l'esercizio nel modo indicato.

Pioggia battente   tra Campotenese e Morano

Incidente   tra Giardini-Naxos e Catania

Rallentamenti   in Calabria e Sicilia

Frana   nei pressi di Melito Porto Salvo

Allagamenti   sulla A 10 Genova-Ventimiglia

Vento forte   tra Bianco e Brancaleone

Vento e nebbia   tra Bovalino e Rocella Jonica.

(19)   **TEST**

I. Completate con le parole mancanti.

Lorenzo vuole sapere chi ha _____ e chi ha ragione. Claudio risponde che, per _____ poco che ricorda lui, la colpa è _____ perchè la macchina _____ da destra e lui non le ha dato la _____ , anzi non l'ha proprio vista perché lì all'incrocio c'era una siepe piuttosto alta. Ma che cosa ____ _____ alla moto? Claudio dice che si deve _____ _____ la forcella, ma che comunque lui conosce un bravo meccanico che potrebbe fargli un prezzo di _____.

LEZIONE 5

II. Trasformate le frasi secondo il modello.

> Lo hanno accompagnato a casa *e gli hanno lasciato* una multa di 50.000 lire.
>
> Lo hanno accompagnato a casa *lasciandogli* una multa di 50.000 lire.

a. L'ho salutato e gli ho raccomandato di telefonarmi presto.
_____

b. Gli ho telefonato e li ho pregati di spedirmi al più presto i libri.
_____

c. Se ne sono andati e mi hanno detto di non fare troppo rumore.
_____

d. Le ho dato le chiavi e l'ho pregata di non tornare troppo tardi.
_____

e. È partito e mi ha lasciato il cane per una settimana.
_____

III. Completate il testo con il passivo dei seguenti verbi.

Accompagnare – avvertire – fermare – raggiungere – vedere

Francesco Amatori, 63 anni, _____
sull'autostrada mentre pedalava a tutta birra sulla corsia di sorpasso.
La polizia _____ immediatamente e dopo pochi
minuti l'anziano ciclista _____ e
_____ dagli agenti della Stradale. L'uomo,
visibilmente confuso, si è giustificato dicendo che doveva raggiungere
gli amici all'osteria. Quindi _____ a casa dagli
agenti che gli hanno raccomandato di non ripetere più simili
sciocchezze.

LEZIONE 6

Non so che dirLe!

1

QUESTIONARIO

La signora De Rossi suona alla porta della vicina, la signora Federici.

a. La signora Federici abita nell'appartamento sopra o sotto quello della signora De Rossi?
_____

b. Quanti bambini ha la signora Federici?
_____

c. Com'era la casa in cui la signora Federici abitava prima?
_____

d. Per quali motivi la signora De Rossi si lamenta con la signora Federici?
_____

e. Qual è la professione dei signori De Rossi?
_____

LEZIONE 6

② DIALOGO

■ Signora, io avrei una cortesia da chiederLe.
● Mi dica.
■ Lei credo abbia due bimbi, no?
● Sì.
■ Due bambini ancora piuttosto piccoli, mi sembra.
● Sì, beh, sono un po' vivaci, vero?
■ Sì, appunto.
● Mi dispiace.
■ È proprio di questo che vorrei parlarLe. Perché sa, mio marito ed io ci alziamo prestissimo la mattina e spesso nel pomeriggio vorremmo, così, fare un sonnellino e ci sono sempre i bambini che giocano, che buttano la palla, che giocano con il trenino ... Non so con che cosa giochino.
● Eh, sì, sono un pochino vivaci, lo so.

Lei, credo,	**abbia** due bimbi.
Credo che Lei	**sia** straniero.
	non **parli** bene il tedesco.
Mi sembra che Lei	**viva** a Milano.
Lei, mi sembra,	**finisca** di lavorare tardi.
Non so	con che cosa **giochino**.

③ ESERCIZIO

Ripetete il dialogo secondo il modello.

> avere due bimbi – due bambini piuttosto piccoli
>
> □ Lei credo *abbia due bimbi*, no?
> ○ Sì.
> □ *Due bambini piuttosto piccoli*, mi sembra.

a. lavorare in un ministero – al Ministero degli Esteri
b. conoscere le lingue – il francese e l'inglese
c. avere una macchina – una Fiat Tempra
d. avere una casa al mare – a Rimini
e. vivere all'estero – in Svizzera
f. abitare in questo palazzo – al quinto piano
g. partire la prossima settimana – martedì
h. studiare a Venezia – chimica
i. capire il francese – abbastanza bene

(4) ESERCIZIO

Completate le frasi secondo il modello.

> Ci sono sempre i bambini che *giocano*, non so con che cosa *giochino*.

a. Mio figlio guarda sempre la TV, ma non so che programma _____.

b. Luigi dorme sempre la mattina, ma non so fino a che ora _____.

c. So che Giulio vive in Francia, ma non so in che città _____.

d. I Rossi pagano molto d'affitto, ma non so bene quanto _____.

e. Via Roma è da queste parti, però non so di preciso dove _____.

f. So che ha molti cugini, però non so di preciso quanti ne _____.

(5) DETTATO

■ E poi ci _____ ancora un'altra cosa, _____, _____ _____.

● Sì.

■ La _____, _____ Lei e Suo marito avete l'abitudine di _____ _____ _____ fino a tardi.

● No, questa è mia suocera.

■ Ah, questa è Sua suocera. Sì, _____ _____ _____ questa cortesia da chiederLe ... cioè, sa come sono _____ _____ _____, le pareti _____ _____ sottili, e _____ _____ proprio _____.

● _____, sono desolata, _____, _____ _____, anch'io ho delle _____.

■ Certo.

● Sto cercando di ambientarmi _____ e cerco _____ di _____ i _____. Ho _____ anche con _____. Però ecco, non so che dirLe, _____ _____. Cercheremo di _____ più tranquilli.

79

LEZIONE 6

⑥ ESERCIZIO

Rileggete il dialogo e il dettato e cercate le espressioni che la signora De Rossi usa per chiedere un favore e quelle che la signora Federici usa per scusarsi o per chiedere comprensione per la sua situazione.

⑦ E ADESSO TOCCA A VOI!

A Da qualche settimana Lei si è trasferito/-a con la sua famiglia in periferia. La palazzina dove abita al primo piano si compone di quattro appartamenti tutti abitati da persone gentili e cordiali. Anche il vicino del piano terra (quello con il giardino) è una persona cortese. Però il suo cane … Quando abbaia si sente in tutta la zona, e sembra si diverta ad abbaiare proprio quando Sua moglie/Suo marito, che è musicista, si esercita al violino. Come ci si può concentrare con quella bestiaccia? Lei ha deciso di parlarne all'inquilino del piano di sotto, così scende e suona alla porta.

B Lei abita al piano terra in una palazzina in periferia composta da quattro appartamenti. Il Suo è un bell'appartamento con giardino dove Lei vive da solo/-a con Fido, il Suo cane. In passato c'è stato qualche problema con i vicini perché il cane abbaiava soprattutto la notte. Adesso però si è calmato. Anzi si era calmato, perché da qualche settimana ha ricominciato. Non è colpa sua. La moglie/il marito del nuovo vicino/della nuova vicina del piano di sopra è musicista, e ogni volta che si esercita al violino il cane, che non è abituato a quei suoni, comincia ad abbaiare. Sicuramente qualche vicino prima o poi protesterà, e forse è proprio un vicino quello che adesso suona alla porta.

LETTURA

Affari di famiglia di Rita Dalla Chiesa
Non ci fanno giocare

Io e le mie amiche alle cinque del pomeriggio scendiamo in cortile a giocare, ma purtroppo una signora molto, ma molto antipatica si lamenta gettandoci addosso dei secchi pienissimi d'acqua. Noi non le diamo retta perché crediamo di avere tutto il diritto di giocare. Tu cosa ci consigli?
(Alessandra Bernardi, Ginosa — TA)

A questo punto, invece di rispondere io, tanto quello che penso l'ho scritto più volte, faccio rispondere una mamma, che ci ha scritto sullo stesso argomento. La signora Letizia Comparini di Monza. «Sono una mamma giovane con due bambini, di quattro e sei anni. Vorrei rispondere alle lettere un po' infelici che ti sono state inviate sul problema del gioco dei bambini. In Italia, come in ogni altra parte del mondo, si parla tanto dei nostri figli, ma proprio per questi bambini nessuno fa niente o quasi. I bambini disturbano al mare come in montagna, nei ristoranti come negli alberghi, in casa come all'aperto. E come mamma questo mi sembra veramente vergognoso. Nei cortili dei condomini non si può giocare a pallone, non si può andare in bicicletta, non si può andare sui pattini, non ci si può rincorrere perché si crea schiamazzo. E allora ai nostri bimbi che giochi possiamo far fare? Il gioco del niente! Gli inquilini anziani saranno tutti felici e noi ci ritroveremo con dei figli scemi. Io credo che da entrambe le parti ci voglia un po' di rispetto, tolleranza e soprattutto un po' di amore per l'infanzia. E comunque mi sembra impossibile che, ogni volta che i bambini giocano in cortile, ci sia sempre qualcuno con il mal di testa, il mal di denti, la depressione o che fatalmente, proprio in quel momento, ha deciso di coricarsi per un sonnellino. (…) Io credo che i bambini di ieri siano stati uguali, sotto l'aspetto del gioco, ai bambini di oggi. Forse sono cambiati gli adulti, sono diventati più insofferenti. Lasciamo che i nostri bambini crescano giocando, finché è possibile, perché il gioco è maturità, istinto, vita. E sono sicura che qualche adulto, vedendoli giocare, avrebbe sicuramente qualcosa da imparare. (…)»

ESERCIZIO

Cercate nella lettera della signora Comparini i verbi al congiuntivo. Da che cosa dipendono?

LEZIONE 6

Forse Secondo me	i bambini **disturbano**. gli adulti **pretendono** un po' troppo. gli adulti non **capiscono** le esigenze dei bambini. **ci vuole** un po' di rispetto. i bambini **fanno** troppo rumore. gli adulti **sono cambiati**.

Credo che Penso che	i bambini **disturbino**. gli adulti **pretendano** un po' troppo. gli adulti non **capiscano** le esigenze dei bambini. **ci voglia** un po' di rispetto. i bambini **facciano** troppo rumore. gli adulti **siano cambiati**.
Mi sembra impossibile che	**ci sia** sempre qualcuno con il mal di testa.
Lasciamo che	i nostri bimbi **crescano** giocando.

10 ESERCIZIO

Trasformate le seguenti asserzioni in opinioni. Ecco alcune espressioni che potete usare.

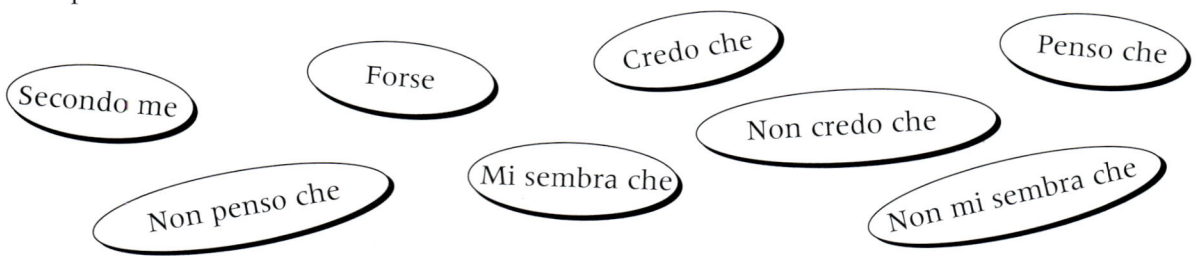

Secondo me · Forse · Credo che · Penso che · Non penso che · Mi sembra che · Non credo che · Non mi sembra che

a. Il tuo bambino guarda troppo la TV.
b. Suo figlio ha fatto molti progressi.
c. I bambini di Carlo sono viziati.
d. Carla è stata molto gentile con Franco.
e. Tu ieri sera hai bevuto un po' troppo.
f. Franco è un po' geloso dei suoi libri.
g. Tu usi troppo la macchina.
h. Mario conosce bene l'inglese.
i. Tu hai dei pregiudizi contro gli stranieri.
j. Voi siete poco informati.
k. Tu sei riuscito a capire come funziona il computer.

Crediamo di avere tutto il diritto di giocare.
La mamma crede che i bambini abbiano il diritto di giocare.

11 ESERCIZIO

di + infinito o *che* + congiuntivo?

a. Noi bambini pensiamo   (la signora essere antipatica)
b. La signora non sa   (essere antipatica ai bambini)
c. Io credo   (non fare rumore quando gioco)
d. Ai vicini sembra   (i bambini fare troppo rumore)
e. La mamma pensa   (gli adulti essere intolleranti)
f. La gente pensa   (i bambini disturbare dovunque)
g. Gli adulti non pensano   (pretendere troppo)
h. I bambini credono   (gli adulti pretendere troppo)
i. Alessandra crede   (avere il diritto di giocare in cortile)

12 E ADESSO TOCCA A VOI!

a. Scrivete una lettera ad un giornale in cui vi lamentate di qualcosa che succede nel vostro condominio.
b. Avete mai avuto problemi con i vicini? Parlatene con un compagno.

LEZIONE 6

(13)   **LETTURA**

Luciano De Crescenzo, napoletano, ex ingegnere della IBM, nel 1977 ha esordito con *Così parlò Bellavista* diventato immediatamente un best-seller. Da questo libro è estratto il seguente brano.

«L'abitazione tipica inglese (…) è costituita da un ingresso, da un viale di accesso attraverso un piccolo giardino, da alcune camere di rappresentanza al piano terra e da qualche camera da letto al piano superiore. Ora, accanto a questa
5 casa che vi ho descritto, ce ne è un'altra uguale e poi un'altra uguale ancora. Cioè, voglio dire, non è che per risparmiare abbiano detto: adesso facciamo un grande palazzo con un solo ingresso, una sola scala, e tanti appartamenti. Nossignore, là ognuno desidera il suo ingresso, il suo giardi-
10 no, la sua scala personale interna, così che potrà vivere senza sapere come si chiama il vicino di casa, senza sapere chi è, che fa, come è fatto, eccetera, eccetera; e, con uguale convinzione, desidera sopra ogni cosa al mondo, che anche i suoi vicini lo ignorino e ricambino questa indifferenza nei
15 suoi riguardi.»

«Io,» dice Saverio «del mio quartiere so tutto.»

«E per forza, perché a Napoli ci sono le corde tese da palazzo a palazzo per stendere i panni, e su queste corde le notizie corrono e si diffondono» dice Bellavista. «E già, per-
20 ché se ci pensate bene un momento per stendere una corda tra il terzo piano di un palazzo ed il terzo piano di un altro palazzo è necessario che le signore inquiline dei suddetti appartamenti si siano parlate, si siano messe d'accordo: «Signò, adesso facciamo una bella cosa, mettiamo una corda
25 fra noi e voi, così ci appendiamo il bucato tutt'e due. Voi il bucato quando lo fate? Il martedì? Brava, allora vuol dire che noi lo faremo il giovedì che così non ci possiamo *tozzare*.» È nato il colloquio ed è nato l'amore. (…) «Dopo stesa la prima corda» continua il professore «le nostre signore diventeranno
30 più intime, litigheranno e si riappacificheranno, si metteranno insieme per litigare con le signore del piano di sotto fino a diventare amiche di queste ultime. Ovviamente il sistema ha i suoi inconvenienti, i suoi prezzi da pagare. E quindi nulla di ciò che accade in una delle case può essere tenuto
35 nascosto alle altre: amori, speranze, compleanni, corna, vincite al lotto e diarree, tutto dovrà essere di pubblico dominio.»

    a. Che differenza c'è fra l'abitazione di tipo inglese e quella napoletana?
    b. Quali sono i vantaggi e gli svantaggi del modello inglese e di quello napoletano?

(14) ESERCIZIO

Quanti congiuntivi ci sono nel brano? Da che cosa dipendono?

(15) E ADESSO TOCCA A VOI!

a. Dovendo scegliere preferireste un vicinato di tipo inglese o napoletano? Perché?

b. Provate a scrivere un testo in cui descrivete i rapporti di vicinato nel vostro quartiere.

(16) TEST

I. Indicativo o congiuntivo? Completate le frasi.

   a. Ho saputo che Franco (avere) _____ _____ un incidente due giorni fa.

   b. Mario, mi sembra che ti (cercare) _____ _____ qualcuno stamattina.

   c. Penso che adesso (essere) _____ un po' tardi per andare al cinema.

   d. Secondo me (avere) _____ ragione tu.

   e. Il nuovo vicino (essere) _____ tedesco, ma mi sembra che (parlare) _____ abbastanza bene l'italiano.

   f. Telefona a Mario. Penso che a quest'ora (tornare) _____ _____ a casa.

II. Completate con le preposizioni.

   a. Sono una mamma giovane ____ due bambini, ____ quattro e sei anni.

   b. I bambini disturbano ____ mare come ____ montagna.

   c. ____ cortili non si può giocare ____ pallone, non si può andare ____ bicicletta, non si può andare ____ pattini.

   d. Io credo che ci voglia un po' ____ rispetto ____ l'infanzia.

   e. Mi sembra impossibile che ci sia sempre qualcuno ____ il mal ____ testa.

LEZIONE 7

Mio figlio come al solito

1 LETTURA

Si baciano in classe, sospesi dal preside

VARESE – Li ha sorpresi il preside mentre, teneramente abbracciati, si baciavano seduti sul davanzale della finestra. Per Rebecca e Cristian, 17 e 16 anni, studenti del liceo artistico Frattini di Varese, è arrivata subito la punizione: sono stati sospesi dalle lezioni per cinque giorni. (…)

«Nessun intento repressivo – dice il capo dell'istituto, Bruno Chiaro – , occorreva un provvedimento severo per rispetto dell'istituzione scolastica. I regolamenti sono chiari».

La decisione ha sollevato immediate polemiche. Genitori e studenti si sono trovati uniti nel protestare contro una punizione che giudicano eccessiva. E per oggi i compagni di Rebecca e Cristian hanno annunciato uno sciopero. Anche il professore che era in aula durante il bacio dello scandalo, ma che non ha assistito alla scena, è solidale con i ragazzi: «Credo che il preside abbia preso una decisione avventata. Sarebbe bastata una ramanzina».

«Non stavamo facendo nulla di male – si difendono i ragazzi –. Ci eravamo baciati già altre volte in classe e i professori avevano sempre chiuso un occhio. Siamo nel Duemila e forse certe mentalità sono un po' sorpassate». Oggi i genitori si recheranno dal preside per chiedere spiegazioni. «Ma quale atto scandaloso! – dicono –. Se c'è un regolamento che vieta di baciarsi a scuola, vogliamo leggerlo. Ma forse gli insegnanti farebbero meglio a occuparsi di fatti più gravi che succedono nelle scuole».

(dal *Corriere della sera*, 26/3/94)

Vero o falso?

	v	f
a. Cristian e Rebecca sono stati sorpresi da un loro insegnante mentre si baciavano.	☐	☐
b. I genitori degli studenti sono d'accordo con il preside.	☐	☐
c. Il professore che era in classe mentre i ragazzi si baciavano è d'accordo con i ragazzi.	☐	☐
d. Era la prima volta che i ragazzi si baciavano in classe.	☐	☐

ESERCIZIO

2

a. Unite i seguenti aggettivi contenuti nel testo ai loro significati.

a. immediato   (r. 19)   1. che è d'accordo
b. eccessivo   (r. 23)   2. antiquato
c. solidale   (r. 29)   3. che avviene subito
d. avventato   (r. 32)   4. che è fatto senza riflettere
e. sorpassato (r. 41)   5. esagerato

b. Cercate nel testo i verbi che si abbinano ai seguenti sostantivi.

_____ una decisione

_____ polemiche

_____ spiegazioni

_____ uno sciopero

c. Unite i seguenti verbi ai loro significati

a. assistere (r. 29)   1. andare
b. recarsi   (r. 42)   2. non permettere
c. vietare   (r. 46)   3. essere presente e vedere

d. Cercate nell'articolo le parole necessarie per completare l'opinione di quest'insegnante.

Secondo me il preside ha esagerato con quei due ragazzi. Certo un _____ era necessario, però io al posto suo invece di dargli una _____ così severa, li avrei chiamati in presidenza e gli avrei fatto semplicemente una _____. Così avremmo sicuramente evitato tante _____.

LEZIONE 7

> Il preside li ha sorpresi **mentre si baciavano**.
>
> Il professore che era in aula **durante il bacio** è solidale con i ragazzi.

3 ## ESERCIZIO

Trasformate le frasi sostituendo *mentre* a *durante* e viceversa.

a. Mentre viaggiava Carla si è sentita male.
___

b. Mentre pranzavano è successa una cosa antipatica.
___

c. Durante il sonno a volte mi capita di parlare.
___

d. Durante la corsa sentivo degli strani dolori al fegato.
___

e. Durante il ritorno in treno pensavo a quello che il direttore mi aveva detto.
___

f. Ti ho detto tante volte di non chiamarmi mentre lavoro!
___

g. Mentre salivo con la funivia, mi sono sentito male.
___

h. Durante la passeggiata ci siamo accorti di aver dimenticato i panini in macchina.
___

i. Mentre cenavano gli ospiti hanno discusso dell'ultima crisi di governo.
___

> **Sarebbe bastata** una ramanzina.
> Io gli **avrei fatto** semplicemente una ramanzina.

(4) **ESERCIZIO**

Completate le frasi con il condizionale passato dei seguenti verbi.

> baciare – cercare – comportarsi – dare – essere
> evitare – fare – perdonare – punire

a. Il preside ha esagerato, io non _____ tanta importanza a quello che è successo.

b. Gli studenti _____ meglio a non scioperare.

c. Mio figlio non _____ così.

d. Io non _____ la mia ragazza in classe.

e. Noi insegnanti non _____ quei ragazzi così severamente.

f. Sarà che a me non piace litigare, ma io _____ di entrare in polemica con il preside.

g. Noi non _____ a nostro figlio un simile comportamento.

h. Tu al posto del preside _____ così severo?

i. Io _____ di discutere con i ragazzi invece di punirli.

LEZIONE 7

E ADESSO TOCCA A VOI!

5

a. Ecco alcune opinioni raccolte dal giornalista.

> A scuola ci si va per studiare, non per baciarsi!

> Ma sì, siamo stati tutti giovani!

> In fondo che hanno fatto di male? Quella del preside è solo invidia!

> Anche negli anni '70 si scioperava a scuola, ma per motivi molto più seri.

> I giovani d'oggi sono tutti senza spina dorsale.

> È uno scandalo. Ai miei tempi queste cose non sarebbero mai successe!

> Adesso è proibito anche baciarsi. Roba da matti!

> Non vale neanche la pena di discutere. Ci sono cose più importanti di cui parlare.

b. A quali di queste opinioni vi sentite più vicini? Discutetene con un compagno.

6

QUESTIONARIO

Marco si lamenta con Luciana del comportamento del figlio.

Segnate con una crocetta le affermazioni esatte.

a. Il figlio di Marco …

ha 17 anni. ☐
guarda spesso la TV. ☐
vuole passare le vacanze con la sua ragazza. ☐
vuole passare le vacanze in albergo con i genitori. ☐
vuole lavorare in un albergo. ☐
ama viaggiare. ☐

b. Marco …

non conosce la ragazza di suo figlio. ☐
non riesce a parlare con il figlio. ☐
non vuole dare dei soldi al figlio. ☐
non sa più che fare con il figlio. ☐

c. Luciana pensa che …

Marco sia debole con il figlio. ☐
Marco sia troppo esigente con il figlio. ☐
Marco sia uguale al figlio. ☐
il figlio di Marco abbia ragione. ☐

LEZIONE 7

7

DIALOGO

■ Ehi Marco, che faccia!
● Eh sì. Mio figlio come al solito. Beh, conosci la mia situazione.
■ Eh sì.
● Sai questo ragazzo che in casa risponde sempre a monosillabi. Non ci si può mai fare un discorso insieme. Poi sempre piantato davanti a quel televisore.
■ Sì, ma cosa pretenderesti tu? Ascolta Marco: secondo me sei un attimino troppo esigente.
● No. Poi guarda, combinazione ha voluto che abbia trovato una ragazza che è come lui, identica.
■ No, guarda, io penso che tu pretendi un pochino troppo.

> Non si può fare un discorso **con lui**.
> Non **ci** si può fare un discorso.

8

ESERCIZIO

Completate le frasi secondo il modello usando i verbi sottostanti.

> Mio padre è troppo all'antica, *non ci si può ragionare*.

cucinare   fare   giocare   lavorare   discutere   scherzare

a. Questa macchina si rompe sempre, _____

un viaggio così lungo.

b. È inutile, mia figlia vuole sempre avere ragione, _____

_____.

c. Questo vocabolario ormai è vecchio, _____.

d. Vittorio quando perde a poker si arrabbia, _____

_____.

e. Donatella è molto permalosa, _____.

f. Questa padella ormai è troppo vecchia, _____

_____.

Secondo me sei un attimino troppo esigente.
Io penso che tu pretendi un pochino troppo.

9 ESERCIZIO

Unite gli aggettivi della prima colonna alle locuzioni della seconda.

Troppo indulgente — sopporta troppo.
Troppo esigente — si fida troppo.
Troppo attivo — pretende troppo.
Troppo altruista — è chi — lavora troppo.
Troppo ottimista — si aspetta troppo dal futuro.
Troppo paziente — fa troppo per gli altri.
Troppo ingenuo — perdona troppo facilmente.

10 ESERCIZIO

Fate adesso delle frasi secondo il modello.

> Secondo me sei un attimino troppo esigente. Guarda,
> io penso che tu pretendi un pochino troppo.

LEZIONE 7

> **È successo che** mio figlio **ha trovato** una ragazza come lui. (dato di fatto)
>
> **Combinazione ha voluto che** mio figlio **abbia trovato** una ragazza come lui. (considerazione personale)

11 ESERCIZIO

Trasformate le frasi secondo il modello.

> Il treno *è arrivato* in anticipo.
> → Combinazione ha voluto che il treno *sia arrivato* in anticipo.

a. Carlo ha perso il treno.
b. La macchina si è rotta.
c. Sono passati proprio mentre uscivo di casa.
d. Non sono riuscito a trovare le chiavi.
e. Sono stato presentato al direttore generale.
f. Sei arrivato troppo tardi.
g. Abbiamo trovato gli ultimi due biglietti.
h. Ci avete telefonato proprio mentre stavamo per uscire.
i. Tutti e due hanno lo stesso nome.

12 DETTATO

■ _____, io, onestamente, trovo che faccia bene lui. Cioè, _____ ____ lui ____ _____ _____ ____ _____ esperienze. Il fatto che si guadagni ___ _____ _____, io lo trovo _____ ____ positivo.

● Sì, ma stare ____ _____ _____ ___ ___ _____ al mare anziché venire _____ _____. Ma poi, _____ ____ ____, secondo me no, non gli fa bene.

■ Ma _____ _____? Cioè, ____ _____: lui ha desiderio di _____ i propri _____, di farsi le proprie esperienze e ____ _____ forse anche di staccarsi da _____.
Io penso _____ _____, così, un desiderio legittimo.

● Sì, è un _____ legittimo, solo che ____ _____ che lui lo faccia attraverso forme sbagliate, che lui scelga _____ _____.

indicativo	→	congiuntivo	
io scelgo	→	che	io tu lui lei scelga Lei loro scelgano
noi scegliamo	→	che	noi scegliamo voi scegliate

sto → stia, do → dia, so → sappia, devo → debba

⑬ ESERCIZIO

Fate dei dialoghi secondo il modello.

> essere un desiderio legittimo
> lui farlo attraverso forme sbagliate
>
> ☐ Io penso che *sia un desiderio legittimo*.
> ○ Sì, *è un desiderio legittimo*, solo che io penso che *lui lo faccia attraverso forme sbagliate*.

a. per lui essere un'esperienza importante
lui essere ancora troppo giovane

b. i ragazzi avere ragione
neanche il preside avere torto

c. lavorare fargli bene
lui stancarsi troppo

d. il problema potersi risolvere
non risolversi tanto facilmente

e. un po' di sport fargli bene
lui esagerare

f. Luisa sapere badare a se stessa
essere troppo giovane per andare in vacanza
da sola

LEZIONE 7

14 **ESERCIZIO**

Lesen Sie nochmals den Dialog sowie das Diktat und entscheiden Sie dann, welche Ausdrücke Marco und Luciana gebrauchen,

> onestamente
> solo che
> cioè
> un attimino/un pochino
> combinazione ha voluto che

- um die Verdeutlichung einer bereits gemachten Aussage einzuleiten: _____
- um die eigene Meinung offen auszudrücken: _____
- um eine gegebene Zustimmung nachträglich einzuschränken: _____
- um eine kritische Äußerung abzuschwächen: _____
- um eine Zufälligkeit auszudrücken: _____

15 **ESERCIZIO**

Inserite ora le espressioni nelle seguenti frasi.

a. Guarda, _____ mi sembra che tu non ti comporti troppo bene con tuo padre.

b. Certo, hai ragione, _____ dovresti cercare di essere più comprensivo.

c. Scusa se te lo dico, ma secondo me sei _____ troppo pignolo.

d. Stamattina sono uscito senza chiavi e _____ _____ mia moglie abbia perso le sue.

e. Riccardo non è più un bambino, _____ io penso che ormai abbia l'età per andare in vacanza da solo.

(16) **E ADESSO TOCCA A VOI!**

A Lei è seccatissimo / -a. Ha appena litigato con il Suo capufficio. Le ha detto che ad agosto c'è bisogno di un'altra persona in ufficio e che quindi Lei dovrà per forza rimandare a settembre le Sue ferie. È l'ultima che Le fa. Il Suo capufficio oltre ad essere sempre di cattivo umore, La fa lavorare più degli altri, con la scusa che in fondo Lei è l'ultima persona assunta. Lei esce dalla stanza e incontra un / una collega per il / la quale ha molta simpatia e con cui molto spesso Lei si sfoga.

B In corridoio Lei incontra un / una collega da poco assunto / -a. È agitato / -a. Probabilmente ha avuto una discussione con il capufficio di cui si lamenta spesso con Lei. Lei invece sa che il capufficio stima quel / quella collega perché nel lavoro è molto preciso / -a ed efficiente. Oggi in ufficio comunque sono tutti nervosi. È chiaro: si discute della distribuzione delle ferie. La cosa non La riguarda. Lei se ne va sempre in vacanza a settembre e ha le Sue ragioni: il tempo è bello, ma non fa più così caldo, gli alberghi costano meno e le località non sono più così affollate.

LETTURA

IN VACANZA? NO, VADO A LAVORARE!

Un po' di soldi per le vacanze. O per comprare il motorino che nessuno vuole regalargli. Proprio il giorno in cui tutti sono pronti per andare al mare, l'abituale pigrizia dei ragazzi scompare come la neve al sole. Inutile controbattere: vogliono trovarsi un lavoretto almeno per un mese. Che sia la sete di soldi o l'indipendenza non fa differenza, sono irremovibili. C'è chi è sicuro di trovare la felicità raccogliendo le mele in Trentino, chi vuole passare 30 giorni e 30 notti in un canile «a contatto con gli animali» e chi, nonostante tutto l'inverno passato a litigare con i fratelli minori, decide di spupazzarsi quelli degli altri ... a pagamento! Sarà la curiosità di conoscere un mondo nuovo, cercano di consolarsi le mamme. Sarà il desiderio di appartenere all'universo degli adulti, commentano i papà. Fatto sta che anche i meno intraprendenti si danno un gran da fare pur di riuscire a sudare le proverbiali sette camicie.

Secondo i ragazzi ...

• (...) «L'anno scorso sono partito da solo per l'Inghilterra», racconta Davide, 18 anni, studente in un istituto alberghiero. «Ho trovato lavoro come cameriere a Londra. Quando sono tornato non avevo una lira in tasca, ma con la lingua me la cavavo abbastanza bene. Certo ogni tanto mi sentivo solo. Le nuove conoscenze non ti danno il conforto dei vecchi amici o della famiglia. Ma ne è valsa comunque la pena». (...)

«Mio padre è un disastro», dice Annalisa, 19 anni, alle soglie dell'esame di maturità. «Non mi ha mai incoraggiata, anzi. Mi sarebbe piaciuto andare a fare l'animatrice in un villaggio turistico, avrei voluto fare anche l'aiuto bagnino, me l'avevano proposto perché so nuotare molto bene. Niente, mi tocca stare tutta l'estate sotto l'ombrellone con mia madre. In vacanza con gli amici? Guai a parlarne, in casa mia sono troppo all'antica».

Più fortunata Margherita, 17 anni: «Quest'estate non potremo andare in vacanza a luglio perché mia madre è impegnata. È stata proprio lei a suggerire di trovarmi qualcosa da fare. Conosco molto bene due ragazzi proprietari di un negozio di acquari, ci passo i pomeriggi a guardare le piante e i pesci, e gli ho proposto di assumermi. Mi andava bene anche gratis, ma loro insistono perché si faccia un cambio merce: io lavorerò e loro in settembre mi daranno quello che serve per rimettere in funzione il mio acquario che è un po' vecchiotto e sguarnito».

(da *Anna*, 16/6/93)

Chi di questi tre ragazzi …	Davide	Annalisa	Margherita
a. passerà le vacanze con la madre?	○	○	○
b. ha speso tutti i soldi che aveva guadagnato?	○	○	○
c. ha cercato un lavoro su consiglio della madre?	○	○	○
d. avrebbe lavorato senza farsi pagare?	○	○	○
e. ha sentito la mancanza degli amici?	○	○	○
f. non ha avuto il permesso di lavorare durante le vacanze?	○	○	○
g. ha migliorato le sue conoscenze linguistiche?	○	○	○
h. non potrà andare in vacanza con la famiglia?	○	○	○

(18) **ESERCIZIO**

a. Cercate nella prima parte del testo le parole o le espressioni che corrispondono a …
  prendersi cura e giocare
  posto dove si tengono i cani
  lavorare molto, faticare

b. Cosa dice Davide invece di «riuscivo a capire e a parlare la lingua»?
Cosa dice Annalisa invece di «devo stare»?
Cosa dice Margherita invece di «un po' vecchio»?

c. Completate le frasi con le parole usate da Margherita.

Non potremo andare in vacanza perché

mia madre _____ .

Loro insistono perché _____

un cambio merce.

Mi daranno quel che serve per

_____ in funzione il mio

acquario.

d. Che differenza c'è fra i due «perché» nelle prime due frasi al punto **c.**?
Come tradurreste le tre frasi in tedesco?

LEZIONE 7

19 **ESERCIZIO**

Combinate le domande con le risposte.

Come te la cavi …

a. con la matematica?

b. con le faccende domestiche?

c. con l'inglese?

d. con i bambini?

e. a cucire?

f. a sciare?

g. con il computer?

h. a ballare?

i. a cucinare?

Mah, credo di parlarlo abbastanza bene.

Male. Ero sempre l'ultimo della classe.

Mah, so usare un paio di programmi di scrittura.

Male. Non ho proprio pazienza.

Malissimo. Non so neanche friggermi due uova.

Per carità! Pesto i piedi a tutti.

Le pulizie le so fare, però le camicie le porto a stirare.

So appena attaccare i bottoni.

Benissimo. Ho anche vinto una gara di slalom.

(20) **E ADESSO TOCCA A VOI!**

a. Leggete le frasi qui sotto. Fate una crocetta sul numero che più coincide con la vostra opinione. Prima di cominciare guardate la «legenda».

Legenda: 1 = Sì, assolutamente.
2 = Sì, forse.
3 = Dipende.
4 = Non del tutto.
5 = No, assolutamente.

	1	2	3	4	5
Finché sono minorenni, i figli devono obbedire ai loro genitori senza far storie.	○	○	○	○	○
È un vantaggio essere figlio unico.	○	○	○	○	○
Bambini e bambine dovrebbero essere educati allo stesso modo, senza ruoli prestabiliti.	○	○	○	○	○
La maggior parte degli uomini preferisce che il primo figlio sia maschio.	○	○	○	○	○
Non si dovrebbe mai picchiare un bambino.	○	○	○	○	○
Ogni figlio ha il dovere di prendersi cura dei genitori quando questi sono vecchi.	○	○	○	○	○
Il modo più efficace per punire un ragazzo è quello di non dargli la paga settimanale.	○	○	○	○	○
Avere figli oggi è diventato un lusso.	○	○	○	○	○
È sbagliato che tutti e due i genitori lavorino quando i figli sono ancora piccoli.	○	○	○	○	○
Sotto i 16 anni i ragazzi dovrebbero rientrare a casa entro le dieci di sera.	○	○	○	○	○
A 16 anni i ragazzi possono andare in vacanza da soli.	○	○	○	○	○
Oggigiorno non dovrebbe essere permesso a nessuna coppia di avere più di quattro figli.	○	○	○	○	○

b. Quando avete finito, confrontate le vostre risposte con un compagno di corso. Ricordate di argomentare le vostre opinioni ed anche di discutere, se non siete d'accordo.

LEZIONE 7

21   **TEST**

I. Condizionale presente o passato?

   a. Senti, io (bere) _____ volentieri un caffè. Andiamo al bar?

   b. (Volere) _____ andare in vacanza da solo, ma i miei non me lo hanno permesso.

   c. È già tardi per andare al cinema. Peccato! (Vedere) _____ volentieri un film stasera.

   d. Mi (piacere) _____ partire ieri, ma c'era sciopero.

   e. Io gli (regalare) _____ un libro. Che ne pensi?

   f. Stamattina Marina mi ha chiesto di te. Io al posto tuo adesso le (telefonare) _____.

II. Indicativo o congiuntivo?

   a. Mio figlio insiste perché io gli (comprare) _____ il motorino.

   b. Franco è arrabbiato perché gli (toccare) _____ lavorare il prossimo fine-settimana.

   c. Combinazione ha voluto che tu mi (telefonare) _____ mentre stavo per uscire.

   d. Secondo me tu (essere) _____ troppo severo con i tuoi figli.

   e. Mi sembra che tuo fratello (cavarsela) _____ bene con l'inglese.

   f. Trovo che i ragazzi oggi non (avere) _____ spina dorsale.

   g. Forse (avere) _____ ragione tu, dovrei essere più comprensivo.

III. Completate le frasi con

in fondo		durante
	come	
cioè		anziché

a. Avrei preferito lavorare _____ passare le vacanze con i miei genitori.

b. Ho conosciuto mia moglie _____ un viaggio.

c. Ha trovato una ragazza che è proprio _____ lui.

d. Io penso che abbia ragione lui, _____, secondo me lui ha il diritto di comportarsi così.

e. Non credi che _____ anche lui abbia il diritto di fare le sue esperienze?

LEZIONE 8

Ma perché non prendi l'autobus?

(1)

LETTURA

«Se vinco cambio l'auto»
In un sondaggio i sogni di chi ha giocato

ROMA. Automobile e casa continuano ad essere in cima ai sogni, più o meno proibiti, degli italiani. Lo prova, indirettamente, una ricerca commissionata dal Tg2 a Datamedia e realizzata su un campione di 1224 persone sopra i 18 anni, attraverso il sistema delle interviste telefoniche.

Alla domanda: «Se lei fosse il vincitore della lotteria di Capodanno, che farebbe per prima cosa?», il 26,7 per cento degli intervistati ha risposto: «Comprerei l'auto dei miei sogni». Leggermente inferiore la percentuale di coloro che hanno, invece, risposto: «Comprerei una casa». Pensa a «un tetto» il 25 per cento degli interpellati.

A compensare in parte la scarsa originalità degli italiani, che non sembrano in questo modo diversi dai loro padri di trent'anni fa, c'è la significativa percentuale del 10,8 per cento di coloro che farebbero anche beneficenza con i soldi dispensati dalla lotteria.

Seguono quelli che, previdenti, penserebbero al futuro: il 7,2 per cento al proprio, il 6,6 a quello della famiglia, dei figli, degli amici. Soltanto il 4,3 per cento, inoltre, smetterebbe di lavorare dopo una vincita miliardaria.

Il fatalismo congenito degli italiani, tuttavia, li spinge comunque a non voler rinunciare ad alcunché pur di ottenere l'agognata vittoria: quasi il 70 per cento degli intervistati, infatti (69,8), dichiara di non essere assolutamente disposto a rinunciare a nulla per vincere, mentre il 12,5 rinuncerebbe a stare nel proprio Paese, il 9,1 a tutto e il 4,5 (appartenente alla schiera dei più cinici) alla moglie o ai parenti.

A proposito di beneficenza. Alla domanda specifica rivolta al campione di intervistati («Se lei fosse il vincitore della lotteria di Capodanno, che parte della sua vincita sarebbe disposto a distribuire in beneficenza?»), il 9,5 per cento ha risposto «tutto».

Impossibile, naturalmente, verificare la sincerità della risposta, ma c'è comunque una maggioranza relativa, il 33,6 che offrirebbe una percentuale compresa tra l'1 e il 15 per cento.

Il 19,7 darebbe dal 16 al 30 per cento e il 18,1 arriverebbe al 50 per cento.

Lo «zoccolo duro» di coloro che non mollerebbero mai l'osso è composto, invece, dal 7,8 per cento.

Per chi non vince in prima persona rimane la speranza che l'eventuale amico o parente miliardario rientri nel restante 92,2 per cento.

Completate adesso gli schemi.

Se lei fosse il vincitore della lotteria cosa farebbe per prima cosa?

	25,0
	26,7
FAREI IL GIRO DEL MONDO	2,6
	4,3
SCAPPEREI DA …	3,3
FAREI BENEFICENZA	
INVESTIREI I SOLDI	7,2
PENSEREI AL FUTURO DI: FIGLI, FAMIGLIA, AMICI	
ALTRO	4,5
NON SO. NON RISPONDE	9,0

A cosa rinuncerebbe pur di essere il vincitore della lotteria di Capodanno?

	4,5
A VIVERE NEL PROPRIO PAESE	
	69,8
A TUTTO	
ALTRO	0,9
NON SO. NON RISPONDE	3,2

Se lei fosse il vincitore quanto sarebbe disposto a dare in beneficenza?

NIENTE	
DA 1% A 15%	
	19,7
DA 31% A 50%	
DA 51% A 75%	5,7
	9,5
NON SO. NON RISPONDE	5,6

(da *La Stampa*, 7/1/1995)

Inferiore è la percentuale di	**coloro che** / **quelli che**	comprerebbero una casa.
	chi	comprerebbe una casa.

② ESERCIZIO

Cercate nel testo altre frasi con i pronomi evidenziati qui sopra. Sostituite poi *coloro che* e *quelli che* con *chi* e viceversa.

③ E ADESSO TOCCA A VOI!

Ponetevi l'un l'altro le domande del sondaggio. Alla fine raccogliete le risposte di tutti gli studenti e verificate se e quanto somigliate agli italiani.

④ QUESTIONARIO

Anche stamattina Stefano arriva in ufficio in ritardo e Gabriella scherzosamente glielo fa notare.

a. Come ha lasciato la macchina Stefano?

- In seconda fila. ☐
- Sul marciapiede. ☐
- In divieto di sosta. ☐
- Davanti a un passo carrabile. ☐

b. Quanti autobus dovrebbe prendere Stefano per andare in ufficio?

_____

c. A che ora si alza Stefano e a che ora comincia a lavorare?

_____

d. Secondo Stefano cosa dovrebbe fare il comune?

- Permettere l'ingresso in centro soltanto a chi ci abita e a chi ci lavora. ☐
- Costruire dei parcheggi sotterranei. ☐
- Organizzare un efficiente servizio pubblico. ☐
- Essere più tollerante con chi parcheggia irregolarmente. ☐

LEZIONE 8

⑤ DIALOGO

■ Ma perché non prendi l'autobus?
● Eh poverina! E tu certo parli bene perché tu abiti a un autobus di distanza da qui. Vieni a casa mia! Ci vogliono tre autobus che spesso non arrivano in orario. Poi, quando anche arrivano, sono pieni, affollati.
■ Sì, su questo hai ragione, non ne dubito. Però se ti alzassi un pochino prima, non sarebbe una soluzione?
● No, ancora prima?!
■ E be', ma saresti più sereno sai?
● No, macché sarei più sereno!
■ A che ti serve dormire mezz'ora in più se dopo arrivi avvelenato?

Se ti alzassi un pochino prima,
Se prendessi l'autobus, | non **sarebbe** una soluzione?
Se venissi con i mezzi pubblici,

---

⑥ ESERCIZIO

Fate il dialogo secondo il modello.

> alzarsi un pochino prima / essere più sereno
>
> ☐ Se ti *alzassi un pochino prima*, non sarebbe una soluzione?
> ○ No, ancora *prima*?!
> ☐ E be', ma *saresti più sereno* sai?
> ○ Macché *sarei più sereno*!

a. svegliarsi un pochino più presto / non arrivare sempre in ritardo
b. lavorare un pochino di più / guadagnare di più
c. mangiare un pochino di meno / non avere problemi di peso
d. andare a letto un pochino più presto / essere più riposato
e. prendere le vacanze un pochino più tardi / non litigare con gli altri colleghi
f. fumare un pochino di meno / non avere sempre la tosse
g. partire un pochino prima / non fare sempre il viaggio in piedi

7   E ADESSO TOCCA A VOI!

Chiedete a un compagno che cosa farebbe …

a. se fosse il sindaco del suo comune.
b. se a una lotteria vincesse un cavallo.
c. se a una cena piuttosto formale gli offrissero qualcosa che non gli piace.
d. se a una festa qualcuno indossasse un abito identico al suo.
e. se avesse un miliardo a disposizione.
f. se un amico gli telefonasse alle tre di notte per raccontargli i suoi problemi.
g. se gli offrissero di partecipare ad una missione spaziale su Marte.
h. se trovasse per strada un portafogli con molto denaro e senza alcuna informazione sul proprietario.
i. se, al momento di pagare il conto al ristorante, si accorgesse di aver dimenticato i soldi a casa.

8   DETTATO

● Se l'amministrazione comunale rendesse efficiente il servizio pubblico, _____ ___ _____ _____ demagogia, i cittadini _____ ___ _____ _____ anziché ___ _____.

■ E _____ _____ tanto, ma io sono dell'idea che il comune _____ _____ ___ e se noi _____ ci impegnassimo…

● No, ___ _____ _____ poveri cittadini che eleggiamo il comune. Eleggiamo __ _____ .

■ Sì, ma se _____ poveri cittadini decidessero ___ _____ ___ _____ _____ …

● Sì, poveretti, starebbero aggrappati _____ _____.

■ No, no. __ _____ si impegnerebbe _____ a migliorare il servizio.

● _____ si impegnerebbe! Quanto sei ingenua!

LEZIONE 8

9   **ESERCIZIO**

Completate i dialoghi con i verbi al tempo e al modo opportuno.

a. ☐ Se ti (lasciare) _____ crescere i baffi …

○ (Somigliare) _____ a una foca.

☐ No, (essere) _____ più sexy.

b. ☐ Se ti (vestire) _____ come tua figlia …

○ (Fare) _____ ridere i polli.

☐ No, (sembrare) _____ più giovane.

c. ☐ Se ti (mettere) _____ un cappello …

○ (Sembrare) _____ un gangster.

☐ No, (avere) _____ un aspetto più distinto.

d. ☐ Se ti (lasciare) _____ crescere la barba …

○ (Sembrare) _____ un vagabondo.

☐ No, (avere) _____ un aspetto più intellettuale.

e. ☐ Se ti (mettere) _____ un paio di scarpe con i tacchi alti …

○ (Camminare) _____ come una gru.

☐ No, (sembrare) _____ più alta.

10   **ESERCIZIO**

Gabriella dice: «Se tutti prendessero l'autobus, il comune si impegnerebbe a migliorare il servizio.»
Stefano le risponde: «Quanto sei ingenua!»

Completate i dialoghi sottostanti con i seguenti aggettivi.

> avaro   pauroso   testardo
>
> goloso   pignolo   vanitoso

a. ☐ Vorrei un gelato con crema cioccolato zabaione e molta molta panna.

○ Quanto sei _____ !

b. ☐ Mangiamo a casa dai! I ristoranti sono diventati così cari.

○ Quanto sei _____ !

c. ☐ Io non riesco a dormire se le scarpe non sono una accanto all'altra.

○ Quanto sei _____ !

d. ☐ Forse avrà ragione lui, ma io resto della mia opinione.

○ Quanto sei _____ !

e. ☐ Io ho solo vestiti su misura. Sono su misura anche le mie camicie e le mie cravatte.

○ Quanto sei _____ !

f. ☐ Oh Dio! Domani devo prendere l'aereo. Non dormirò tutta la notte.

○ Quanto sei _____ !

LEZIONE 8

11 ESERCIZIO

Lesen Sie nochmals den Dialog und das Diktat und entscheiden Sie dann, welche der folgenden Ausdrücke Stefano und Gabriella gebrauchen,

scusa tanto, ma ...   quanto sei ...
tu certo parli bene   macché ...

○ um jemandem zu bedeuten, daß er aufgrund seiner eigenen Situation die erschwerte Lage des anderen nicht beurteilen kann:
_____

○ um die Aussage des Gesprächspartners mit Nachdruck zurückzuweisen:
_____

○ um sich von der Aussage des Gesprächspartners zu distanzieren und zugleich eine gegenteilige Meinung einzuleiten:
_____

○ um eine Eigenschaft bzw. ein äußerliches Merkmal einer befreundeten Person kritisch festzustellen:
_____

12 ESERCIZIO

Inserite le espressioni nelle seguenti frasi.

a. ☐ Quest'anno non posso assolutamente andare in vacanza. Non ho tempo.

○ E invece, _____ io credo che una vacanza è proprio quello di cui avresti bisogno.

b. ☐ Se parlassi con tuo figlio, certamente a casa ti darebbe una mano.

○ _____ mi darebbe una mano! Quello non ha voglia di far niente.

c. ☐ Dai, trovare lavoro non è così difficile!

○ Eh, _____ , con tutte le persone che conosci!

d. ☐ Quante volte te lo devo dire che, quando si apparecchia, il coltello va a destra e la forchetta a sinistra?!

○ Eh, mamma mia, _____ pignolo!

E ADESSO TOCCA A VOI!

A Lei arriva in ufficio di pessimo umore. Anche stanotte con il rumore che c'è stato ha dormito malissimo. E c'è chi dice che è fortunato/-a perché abita in centro e può andare al lavoro a piedi. Ogni volta che le serve la macchina però, quando torna a casa non trova mai un parcheggio. È vero che potrebbe andare ad abitare con i suoceri al primo piano della loro villetta a 20 chilometri dalla città. Però a quel punto dovrebbe alzarsi alle sei, prendere la macchina o, ancora peggio, il treno e un autobus; ma questo sarebbe il meno, quello che più La spaventa è vivere con i genitori di Sua moglie/Suo marito.

B Lei si accorge che il Suo/la Sua collega anche stamattina è di pessimo umore. Cosa avrà da lamentarsi visto che abita in centro e che viene al lavoro a piedi? Il Suo/la Sua collega dice sempre che la notte c'è rumore, ma Lei sa che lui/lei potrebbe andare ad abitare fuori città presso i suoceri. Perché si lamenta tanto allora? Secondo Lei in fondo gli/le piace alzarsi tardi e prendersela comoda.

LEZIONE 8

14   **LETTURA**

Stop al traffico nei tre mesi invernali più a rischio:
lo ha deciso la giunta. Anche diossina nell'aria della città.

Firenze, auto 'razionate'
Troppo smog: a piedi per due giorni la settimana

FIRENZE - Per due giorni alla settimana tutti a piedi. Auto chiuse in garage, biciclette rispolverate dalle cantine. È la misura più severa, e probabilmente anche la più efficace, che la giunta comunale abbia mai preso. Ma è stata costretta a farlo dopo essersi ritrovata con le spalle al muro per colpa dei ripetuti allarmi inquinamento e degli assalti da più fronti di veleni: lo smog d'inverno, l'ozono d'estate, il benzene e, ultima in ordine di tempo, la diossina. Così la città ha dovuto correre ai ripari più estremi. Il doppio blocco settimanale delle auto private entrerà in vigore nei tre mesi più fragili sotto il profilo della qualità dell'aria: cioè dicembre, gennaio e febbraio. Il blocco non è un provvedimento popolare. Anzi. Ma la giunta di Palazzo Vecchio ha deciso di correre il rischio delle proteste pur di evitare il tracollo ambientale. C'è voluto del coraggio, visto che lo scorso inverno il sistema dei doppi blocchi settimanali era stato introdotto in via sperimentale per solo un mese e mezzo, tra i litigi dei cittadini appiedati e le polemiche dei commercianti infuriati. Quest'anno invece si fa sul serio, e per un periodo più lungo.

(da *la Repubblica*, 26/10/94, ridotto)

15   **ESERCIZIO**

a. Unite le espressioni del testo ai loro significati.
   a. ritrovarsi con le spalle al muro (r. 9)
   b. correre ai ripari (r. 16)
   c. entrare in vigore (r. 18)
   d. correre il rischio (r. 25)
   e. fare sul serio (r. 35)

   1. accettare la possibilità di un pericolo
   2. diventare legge
   3. essere in una situazione senza via d'uscita
   4. non scherzare
   5. trovare al più presto una soluzione

b. Unite gli aggettivi ai loro significati.
   a. severo (r. 5)
   b. efficace (r. 6)
   c. fragile (r. 20)
   d. popolare (r. 23)

   1. debole
   2. che piace a molti
   3. duro
   4. che funziona

112

c. Unite i sostantivi ai loro significati.

a. { misura (r. 4)
    provvedimento (r. 23)
b. giunta comunale (r. 6)
c. inquinamento (r. 11)
d. tracollo (r. 27)

1. governo di una città
2. contaminazione della natura
3. disastro
4. decisione presa da un governo

16 ESERCIZIO

Rispondete alle domande.

a. Che cosa ha deciso la giunta comunale di Firenze?
b. Perché è stata costretta a prendere questa decisione?
c. Per quale periodo è previsto il blocco settimanale?

> È la misura **più** severa **che** la giunta comunale **abbia mai preso**.

17 ESERCIZIO

Completate le frasi usando i seguenti verbi.

> andare – lavorare – leggere – litigare
> rivolgersi – trovarsi – vedere – viaggiare

a. È il libro più avvincente che <u>abbia mai letto.</u>
b. È il film più noioso che _____
c. È il treno più comodo con cui _____
d. È il dentista più bravo da cui _____
e. È la cosa più stupida per cui _____
f. È la situazione più difficile in cui _____
g. È la persona più arrogante a cui _____
h. È l'azienda più caotica per cui _____

LEZIONE 8

> La giunta è stata costretta a chiudere il centro al traffico
>
> **dopo** | **essersi ritrovata** con le spalle al muro.
> | **aver riscontrato** nell'aria la presenza di diossina.

18 ESERCIZIO

Completate le frasi con l'infinito passato dei seguenti verbi.

a. Dopo _____ _____ con mio figlio, ho deciso di mandarlo in vacanza da solo.

b. Dopo _____ _____ la dieta, Mario non ha più bevuto un bicchiere di vino.

c. Dopo _____ _____ la macchina dal meccanico, siamo andati in ufficio con il tram.

d. Dopo _____ _____ a un avvocato, Lucia ha deciso di chiedere il divorzio.

e. Dopo _____ _____ una grappa, mi sono sentito meglio.

f. Dopo _____ _____ tutto il giorno davanti al computer, ho sentito il bisogno di fare una passeggiata.

parlare

bere

cominciare

rimanere

portare

rivolgersi

19 E ADESSO TOCCA A VOI!

A. Indicate cosa fareste per spingere la gente a non usare la macchina. Confrontate poi i risultati con un compagno e discutetene.

a. Far pagare una tariffa a chi entra con la macchina in centro. ( )
b. Dare delle multe più salate a chi lascia la macchina in divieto di sosta. ( )
c. Raddoppiare il prezzo della benzina per uso privato. ( )
d. Rendere gratuiti i trasporti pubblici. ( )
e. Diminuire il numero dei parcheggi in centro. ( )
f. Limitare in centro la circolazione dei veicoli privati a poche ore al giorno. ( )
g. Munire tutti i parcheggi di parchimetri. ( )
h. Trasformare tutto il centro in zona pedonale. ( )

B. Come giudicate la situazione del traffico nella vostra città? Vi sembra che il comune faccia abbastanza per risolvere il problema del traffico?

TEST

I. Inserite e coniugate i verbi ai tempi e ai modi necessari.

> abitare - alzarsi - comprare - esserci - trovare - usare

a. Se _____ prima, non arriveresti sempre in ritardo.

b. Se io vincessi alla lotteria, _____ una casa.

c. Se _____ più parcheggi, ci sarebbe anche più traffico.

d. Se i mezzi pubblici funzionassero meglio, la gente li _____.

e. Se _____ in città, non avremmo bisogno della macchina.

f. Se sapeste usare il computer, _____ senz'altro un lavoro migliore.

II. Trasformate le frasi secondo l'esempio.

> Ho letto un libro interessantissimo.
> → È il libro più interessante che abbia mai letto.

a. Ho bevuto un vino buonissimo.
b. Siamo stati in una città bellissima.
c. Ho conosciuto una ragazza simpaticissima.
d. Abbiamo mangiato in un ristorante elegantissimo.
e. Ho lavorato con una persona disordinatissima.

III. Trasformate le frasi secondo il modello.

> Prima di andare al cinema ho cenato.
> → Dopo aver cenato sono andato al cinema.

a. Prima di iscrivermi all'università ho lavorato un anno in un ufficio.
b. Prima di sposarci abbiamo comprato un appartamento.
c. Prima di andare a letto ho guardato un film alla TV.
d. Prima di parlare con te ho parlato con Giulio.
e. Prima di uscire ho telefonato a Carlo.
f. Prima di partire sono passato in banca.

LEZIONE 9

Ancora segui le diete?

1   **LETTURA**

a. Leggete il vostro segno zodiacale. Vi riconoscete nella descrizione data dal testo? O non siete d'accordo? Parlatene con un compagno.

LA CUCINA DELLE STELLE

**Il Toro è un gourmet, i Gemelli un disastro.
Il Leone esagera, il Sagittario inventa. Segno per
segno ecco l'influsso dei pianeti.**

ARIETE
(21 marzo – 20 aprile)
I nati sotto questo segno hanno una personalità dominatrice e hanno bisogno di quei cibi sostanziosi che gli permettono di sostenere ritmi incalzanti. Per questo hanno poco tempo per cucinare, fanno pasti veloci e a volte disordinati.

TORO
(21 aprile – 20 maggio)
È il vero gourmet dello Zodiaco e ai fornelli pretende il meglio da sé e dagli altri. Di solito è un cuoco provetto che anche da solo si tratta da re.

GEMELLI
(21 maggio – 21 giugno)
Curioso di tutto, meno che della tavola, il Gemelli entra in cucina solo per fare il caffè, al massimo due uova al tegamino che rischia di bruciare mentre legge il giornale. È sempre disponibile a improvvisare i classici «due spaghetti» con gli amici.

CANCRO
(22 giugno – 22 luglio)
Romantici e affettuosi, i cancerini dedicano a tutti la loro disponibilità, anche a tavola. Se sono costretti a mettersi a dieta, difficilmente riescono a portarla a termine e si faranno sorprendere spesso davanti al frigorifero aperto.

LEONE
(23 luglio – 23 agosto)
Se cucina un Leone, vuol dire che al mercato avrà scelto solo prodotti di grande qualità. Non bada a spese perché, anche se non si serve di grosse porzioni, vuole vedere l'abbondanza in tavola.

VERGINE
(24 agosto – 23 settembre)
Parsimoniosi come formichine, non sopportano gli sprechi. Mangiano poco, ma non lo fanno per la linea, ma perché nel cibo vedono solo l'aspetto più pratico, quello di nutrirsi.

BILANCIA
(24 settembre – 23 ottobre)
Quando sminuzza non fa briciole, se impasta non lascia tracce di farina. I nati sotto questo segno tendono alla razionalità e alla precisione anche in cucina. Preferiscono cenare a casa piuttosto che andare al ristorante.

SCORPIONE
(24 ottobre – 22 novembre)
Sono spesso cuochi maldestri, eccessivi, ma sono talmente attraenti e simpatici che ci passate sopra. Un' insalata li lascia indifferenti, tuttavia a dolci e a gelati non sanno resistere.

CAPRICORNO: ESIGONO RICETTE PRECISE

QUANTI CHICCHI DI RISO CI SONO IN DUE MANCIATE?

SAGITTARIO
(23 novembre – 21 dicembre)
Dinamico e sempre in viaggio, si considera un pioniere anche in cucina. Di ritorno da un paese straniero, si diverte a provare le nuove scoperte gastronomiche.

CAPRICORNO
(22 dicembre – 20 gennaio)
Il Capricorno è un programmatore nato, cucina solo quando ha tutto il tempo necessario. Gli occorrono sempre il ricettario, la bilancia, gli ingredienti freschi e di qualità. Ha uno stomaco di ferro. E piuttosto che accontentarsi di quel che passa il frigorifero, preferisce andare al ristorante.

ACQUARIO
(21 gennaio – 19 febbraio)
Con gli Acquari si va da un estremo all'altro. Possono andare avanti giorni a mangiare lo stesso cibo o si dimenticano addirittura di pranzare se sono assorbiti da un'attività che li coinvolge. Come gli artisti attendono l'ispirazione del momento. Solo allora cucinano piatti fantasiosi che esprimono la loro creatività.

PESCI
(20 febbraio – 20 marzo)
Sono cuochi sopraffini e anche buongustai. Messi ai fornelli i Pesci rivelano molto senso pratico. Riescono a ricavare menù di tutto rispetto con pochi ingredienti a disposizione.

(da *Sale e pepe*, gennaio 1994, ridotto)

b. Secondo il testo, quali di queste coppie potrebbero andare d'accordo in cucina e quali no? Perché?

Ariete e Capricorno   Gemelli e Scorpione
Leone e Bilancia   Cancro e Vergine
Toro e Acquario   Sagittario e Pesci

c. Rileggete l'oroscopo e decidete, secondo le caratteristiche zodiacali, chi preferireste avere come ospite e da chi vorreste essere invitati a cena.

LEZIONE 9

> Gli Arieti **hanno bisogno** di cibi sostanziosi.
> Al Capricorno **occorrono** sempre il ricettario e la bilancia.

② ESERCIZIO

Trasformate le frasi. Usate *avere bisogno di* al posto di *occorrere* e viceversa.

a. L'Ariete ha bisogno di cibi sostanziosi.
b. Ai Gemelli non occorre molto per essere contenti a tavola.
c. Il Leone ha sempre bisogno di prodotti di prima qualità.
d. Al Capricorno occorre sempre il ricettario.
e. L'Acquario per cucinare ha bisogno dell'ispirazione del momento.
f. Ai Pesci occorrono pochi ingredienti per cucinare menù eccezionali.

③ QUESTIONARIO

Caterina propone a Marcello di andare insieme a cena.

a. Il ristorante è
  - vicino all'ufficio. ☐
  - lontano dall'ufficio. ☐

b. Caterina
  - sa dove si trova il ristorante. ☐
  - non sa di preciso dove sia. ☐

c. Marcello sta facendo una dieta
  - perché tutti i colleghi la fanno. ☐
  - per motivi di salute. ☐
  - per motivi estetici. ☐

d. Che cosa prevede la dieta di Marcello per questa sera?

_____

e. Qual è la specialità del ristorante «Da Gustavo»?

_____

4

DIALOGO

- ■ Che problemi hai, scusa?
- ● Eh, guarda qui che bella pancetta che ho. Sembro un prete di campagna.
- ■ Eh, dai, non esagerare!
- ● Eh, no no, guarda, io ti ringrazio, ma al ristorante ci andremo un'altra volta, quando …
- ■ Ma quando?
- ● Eh, quando l'estate sarà finita.

| Al ristorante ci andremo | quando l'estate **sarà finita**. |
| | dopo che **avrò perso** qualche chilo. |

5

ESERCIZIO

Fate dei dialoghi secondo il modello.

> Al ristorante (noi-andarci) / l'estate (finire)
>
> ○ Al ristorante ci andremo un'altra volta.
> □ Ma quando?
> ○ Quando l'estate sarà finita.

a. In vacanza da solo (tu-andarci) / (tu-compiere) 18 anni
b. La festa (noi-farla) / (noi-rinnovare) la casa
c. Al mare (noi-andarci) / la maggior parte della gente (andarsene)
d. Al cinema (noi-andarci) / (io-dare) l'esame di storia
e. Gli amici (tu-potere) invitarli / (noi-sistemare) la camera degli ospiti
f. La macchina (noi-comprarla) / (noi-mettere) da parte un po' di soldi

LEZIONE 9

6 DIALOGO

● Adesso ho deciso di osservare una dieta rigorosa.
■ Fai una dieta?
● Sì, perché ho visto qui in ufficio tutti belli, tutti sani, tutti in forma, chi fa ginnastica, chi fa yoga, e io sono l'unico qui che, insomma, a 40 anni si ritrova con questo po' po' di circonferenza.
■ Eh, be', va be', solo per questo! Dai, Marcello! A 40 anni, ancora segui le diete. Ma mica sei un ragazzino!

> **Mica** sei un ragazzino!

7 ESERCIZIO

Completate le frasi secondo il modello usando i seguenti aggettivi e facendoli concordare, là dove è necessario, in genere e numero.

> Ma perché vuoi fare una dieta, Marcello, *mica sei grasso*!

a. L'ho visto, certo che l'ho visto, _____ !

b. Marcello quando fa una dieta la segue fino in fondo.
_____ come me!

c. Non alzare la voce, abbiamo sentito benissimo,
_____ !

d. Non preoccuparti, io non mi offendo quando scherzi,
_____ !

e. Guarda che puoi andare in vacanza con chi vuoi,
_____ io!

cieco

geloso

incostante

permaloso

sordo

8 E ADESSO TOCCA A VOI!

Che cosa pensate delle diete? Avete mai provato a farne una? Sareste disposti a farne una per essere più belli o soprattutto per sentirvi meglio?

9   **LETTURA**

PICCOLO GALATEO DELLA SALUTE

Qualunque sia il vostro stile alimentare, è opportuno seguire alcune regole. Eccole.
- Al momento del pasto, colazione e spuntini compresi, sedetevi comodamente a una tavola ben apparecchiata.
- Concentratevi su quello che scegliete di mangiare e se siete in compagnia, evitate ogni tipo di discussione.
- Non abbondate nelle porzioni che vi servite. Nello stesso tempo preparatevi un piatto esteticamente piacevole.
- Masticate a lungo e assaporate il cibo.
- Le trasgressioni non sono l'ideale, ma viverle con sensi di colpa non serve, quindi godetevele.
- Se avete un cattivo rapporto con il cibo, se siete stanchi e nervosi, mangiate solo quando lo desiderate, anche se l'orario non coincide con quello degli altri.
- Se a mezzogiorno avete mangiato troppo, abbiate cura di bere acqua nel pomeriggio e di prepararvi una cena composta di sole verdure e frutta.
- A una cena sostanziosa deve seguire una prima colazione a base di frutta. Anche i pasti successivi sono leggeri.
- Se avete mangiato male o in eccesso per tutta la settimana, mettete in programma un paio di giorni salutisti.

(da *Starbene*, settembre 1991)

Indicate con una croce gli errori che il testo dice di evitare.

- ○ mangiare in piedi ☐
- ○ mangiare troppo spesso fuori casa ☐
- ○ abbondare nelle porzioni ☐
- ○ masticare poco ☐
- ○ avere sensi di colpa quando si mangia troppo ☐
- ○ mangiare troppi grassi ☐
- ○ bere poca acqua durante i pasti ☐
- ○ discutere mentre si mangia ☐

10   **E ADESSO TOCCA A VOI!**

E voi quali delle regole sopraindicate rispettate? Quali sono gli errori che invece commettete più frequentemente? Parlatene con un compagno.

LEZIONE 9

(11) **DETTATO**

● Il _____ ___ _____ : quando io sto lì non ____ ____ fermare. Davanti al cibo ____ ____ _____ resistere.

■ ____ _____ io!

● Cioè, _____ _____ carabinieri _____ fermarmi. Poi c'è ____ _____ , il tiramisù, eccetera, eccetera.

■ _____ Marcello, ma avevi promesso tu che saremmo usciti. _____ ti faccio io la proposta. _____ ____ ____ ___ ___ _____ più, eh?

● Guarda, uccidimi, ____ ____ _____ .

■ Sei un _____ . Eh, scusa!

● _____ quello che vuoi, ____ _____ .

Chi mantiene i buoni propositi
Meno del 10 per cento delle persone che decidono di mettersi a dieta riesce a mantenere i suoi propositi. La maggior parte cede durante il primo mese. In particolare su 100 persone che iniziano una dieta...

- 36 si arrendono nel primo mese
- 23 nel secondo mese
- 12 tra il quinto e il dodicesimo mese
- 7 nel quarto mese
- 13 nel terzo mese
- 9 ce la fanno

> Avevi promesso tu che **saremmo usciti**.
> Avevi promesso che **avremmo mangiato** insieme.

⑫ ESERCIZIO

Trasformate secondo il modello.

> *Ti prometto* che una di queste sere *usciamo / usciremo*.
> → *Avevi promesso* che una di queste sere *saremmo usciti*.

Ti prometto che …

a. a Capodanno facciamo una bella festa.
b. da settembre smetterò di fumare.
c. il nostro anniversario lo passeremo a Venezia.
d. domenica porto i bambini allo zoo.
e. dopo il concerto torniamo subito a casa.
f. in settembre cambiamo i mobili del soggiorno.
g. da gennaio studierò di più.
h. sabato vengo a trovarti.
i. arriverò puntuale all'appuntamento.
j. durante le vacanze ti terrò io il gatto.

⑬ E ADESSO TOCCA A VOI!

A Lei è Franco/Franca. Due settimane fa Lei ha invitato il Suo amico Mario/la Sua amica Maria, che è single, a cena a casa Sua. Lei ha pensato di invitare anche altre persone, tra cui un Suo cugino/una Sua cugina, anche lui/lei single, che vorrebbe far conoscere a Mario/Maria. La cena è dopodomani. Lei sta per andare a fare le ultime spese, quando suona il telefono.

B Lei è Mario/Maria. Due settimane fa, per evitare lunghe discussioni, ha accettato un invito a cena che Le è stato fatto dal Suo amico Franco/dalla Sua amica Franca. Purtroppo Franco/Franca ha la pretesa di cucinare benissimo e invece non è in grado neanche di preparare due uova al tegamino. Inoltre adesso Lei ha saputo che fra gli altri ospiti ci sono delle persone che Le stanno proprio antipatiche. La cena è dopodomani. Adesso non Le resta che inventarsi una scusa per non andarci: il medico Le ha prescritto una dieta rigorosa. Telefona a Franco/Franca per scusarsi di non poter accettare l'invito.

LEZIONE 9

(14) **LETTURA**

La colazione del manager

Giorgio è il direttore vendite di un'industria di elettrodomestici. Quarantenne ex magro, da un paio di anni ha la pancia pronunciata. Non c'è da meravigliarsi che Giorgio stia ingrassando. In effetti è un incallito sedentario, ma i chili in più non lo preoccupano tanto quanto il forte calo di tono che sta vivendo da qualche tempo. Un giorno ha avuto il coraggio di riflettere e ha dovuto ammettere che negli ultimi mesi le cose non gli vanno troppo bene sul piano personale. Dopo il lavoro, sempre più spesso evita gli amici, rinuncia ai fine settimana e limita l'uso del telefono per il timore che lo invitino a cena o al cinema. Questa svolta negativa nella sua vita l'ha molto preoccupato. Per qualche giorno è stato colto da una profonda crisi depressiva. Poi però ha deciso di rivolgersi a un dietologo e con il suo aiuto è riuscito a ritrovare forma ed energia. Ma quali sono stati gli errori più clamorosi di Giorgio? «Il principale era quello di saltare la prima colazione.» Spiega il dietologo. «Con un pasto di mezzogiorno di solito piuttosto frugale, saltuariamente alternato a impegnativi pranzi di lavoro, Giorgio arrivava a sera senza forze e di pessimo umore. La cena naturalmente era abbondante, ma il riposo notturno non gli dava la possibilità di digerire bene.»

Conclusione: la mancata colazione del mattino ha condizionato in negativo l'intera giornata. «Chi si giustifica dicendo che al mattino non ha fame» continua il dietologo «non deve far altro che alzarsi prima e andare a camminare in un parco. Dopo 25-40 minuti avrà un grande desiderio di tornare a casa, fare la doccia e sedersi a tavola.»

Con una prima colazione sostanziosa il professionista invece sarà pronto ad affrontare meglio anche la giornata più faticosa. A pranzo non consumerà il solito panino frettoloso, ma farà un vero pasto con una moderata porzione di primo o una piccola di secondo, insieme a un'abbondante porzione di verdura cotta o cruda.

Ma il vero rischio professionale del manager è il pranzo d'affari.

Capita infatti che la presenza di un ospite deciso a mangiar bene distolga da ogni proposito. Come sfuggire a questi tranelli? «Bisogna cercare di impostare il pranzo su creme o passati di verdure, ortaggi crudi o cotti e masticare a lungo», suggerisce il dietologo. «Inoltre, bisogna ricordare che, quantità a parte, sono i grassi a tenere più occupato l'apparato digerente.»

(da *Starbene*, settembre 1991, adattato)

a. Che problemi aveva Giorgio?
b. Per quale motivo limitava l'uso del telefono?
c. Cosa bisognerebbe fare quando non si ha appetito la mattina?
d. Che cosa si dovrebbe mangiare quando non si può sfuggire a un pranzo di affari?

> I chili in più non lo preoccupano **tanto quanto** il forte calo di tono.

15 ESERCIZIO

Fate delle frasi secondo il modello.

> i chili in più – preoccuparlo – il forte calo di tono
> → I chili in più non lo preoccupano tanto quanto il forte calo di tono.

a. la musica sinfonica – entusiasmarmi – la lirica
b. il guadagno – interessargli – le possibilità di carriera
c. il cinema – piacerle – il teatro
d. il fumo della pipa – disturbarlo – quello della sigaretta
e. la macchina in città – mancarmi – la vespa
f. il caffè – mancarmi – un bicchiere di vino

> Il professionista non **consumerà** un panino frettoloso, ma **farà** un vero pasto.

16 ESERCIZIO

Ecco alcuni consigli per chi vuole perdere qualche chilo.
Completate il testo con i verbi al futuro.

Chi ha intenzione di dimagrire la mattina non (saltare) _____ la colazione, ma la (fare) _____ invece sostanziosa, magari dopo una passeggiata di 20 minuti in un parco. A pranzo non (limitarsi) _____ a mangiare un panino, ma (fare) _____ un pasto completo composto da una moderata porzione di primo o da una piccola di secondo insieme ad una abbondante porzione di verdure crude o cotte. La sera poi (accontentarsi) _____ di una cena frugale a base di verdura o frutta.

LEZIONE 9

17   E ADESSO TOCCA A VOI!

Quali sono le vostre abitudini alimentari? Le ritenete giuste? Potreste migliorarle? C'è qualche cibo a cui non sapreste rinunciare?
Parlatene con un vostro compagno di corso.

18   TEST

I. Futuro anteriore o condizionale passato?

    a. Mi ha assicurato che (smettere) _____ di fumare, ma non ha mantenuto la promessa.

    b. Quando (finire) _____ di studiare, potrai uscire con i tuoi amici.

    c. Non mi hanno comunicato quando (arrivare) _____ e così non li ho aspettati.

    d. Le lasagne le mangerò di nuovo dopo che mi (andare) _____ via questa pancetta.

    e. Quando (superare) _____ gli esami, potremo iscriverci al corso superiore.

    f. Mi avevate promesso che (studiare) _____ di più.

II. Completate con le preposizioni.

    a. Vado al supermercato. Hai bisogno ____ qualcosa?

    b. Ho deciso ____ osservare una dieta rigorosa.

    c. Davanti ____ dolci io non posso resistere.

    d. ____ dimagrire ho rinunciato anche ____ pasta.

    e. Non riesco ____ seguire una dieta per più di due giorni.

    f. Franco ha deciso ____ rivolgersi ____ un dietologo.

    g. Quando non si può sfuggire ____ un pranzo ____ affari bisogna orientarsi ____ cibi leggeri.

LEZIONE 10

L'importante è che si sposi!

LETTURA

Quanto costa sposarsi

Partecipazioni, bomboniere, auto a noleggio. E poi il vestito, la musica, il ricevimento … In questa guida tutti i prezzi, i consigli e gli indirizzi utili

È sicuro. Siete decisi, decisissimi. A fine giugno vi sposate. Emozionati, lo annunciate a genitori e amici. Avete già scelto i
5 testimoni, il luogo della cerimonia, la mèta del viaggio di nozze … Ma è solo l'inizio. Ci sono i certificati da richiedere, la lista degli invitati a cui spedire le partecipazioni, i
10 ristoranti da visitare e gli abiti da scegliere. E, soprattutto, molte spese da sostenere.

Qualcuno storce il naso, ma la maggior parte dei promessi sposi è
15 d'accordo: il matrimonio va festeggiato alla grande. Secondo i dati Istat, nel '92 sono state celebrate più di 280 mila cerimonie (47 mila riti civili). In media, su 300 mila
20 coppie che si sposano ogni anno, oltre 250 mila scelgono di scambiarsi le fedi in una cornice tradizionale: la chiesa piena di fiori, molti invitati … e un banchetto indimenticabile. Tanto che il giro d'affa- 25 ri intorno agli sposi supera gli 8 mila miliardi.

Ma quanto costa dire sì? Molto, non c'è dubbio. Abbiamo fatto un po' di conti: per un matrimonio con 30 100 invitati si possono spendere dai 10 ai 60 milioni. Ecco comunque una lista, voce per voce, con i prezzi minimi e massimi.

Per lei	minimo	massimo
abito	1.000.0000	20.000.000
acconciatura	300.000	2.000.000
parrucchiere	200.000	400.000
scarpe	100.000	300.000
guanti	30.000	150.000
Per lui		
abito	900.000	2.000.000
camicia	100.000	250.000
scarpe	100.000	280.000
cravatta	50.000	90.000
La festa		
200 partecipazioni	400.000	1.000.000
150 bomboniere	400.000	3.500.000
fiori per la chiesa	500.000	4.000.000
bouquet	100.000	400.000
chiesa	200.000	500.000
foto	800.000	2.000.000
videocassetta	1.100.000	1.500.000
auto o carrozza	400.000	1.800.000
ricevimento	3.500.000	15.000.000
musica	500.000	4.000.000
Totale	10.680.000	59.170.000

(da *Anna*, 2/3/94, ridotto)

LEZIONE 10

| Il matrimonio | **va festeggiato**
deve essere festeggiato | alla grande. |

2 ESERCIZIO

Completate le frasi secondo il modello.

> La data del matrimonio va fissata/deve essere fissata con sufficiente anticipo.

a. I documenti necessari (richiedere) _____ per tempo all'anagrafe.

b. Le partecipazioni (spedire) _____ almeno due mesi prima.

c. La chiesa (prenotare) _____ almeno sei mesi prima.

d. Se ci si sposa in chiesa (presentare) _____ anche i certificati di battesimo e di cresima.

3 E ADESSO TOCCA A VOI!

Parlate di un matrimonio a cui avete assistito.

4

QUESTIONARIO

La signora Miglio si confida con il parrucchiere.

a. La signora vuole che il parrucchiere	le faccia la permanente. le tagli i capelli. le faccia delle mèches.	☐ ☐ ☐
b. La figlia della signora Miglio	non vuole sposarsi in bianco. non vuole sposarsi in chiesa. non vuole sposarsi nella sua città.	☐ ☐ ☐
c. La signora Miglio voleva	affittare una villa. noleggiare una Rolls Royce. noleggiare una carrozza.	☐ ☐ ☐
d. La figlia	non vuole fare il rinfresco. vuole fare un rinfresco in piedi. vuole fare un pranzo solo con i testimoni.	☐ ☐ ☐

e. Il parrucchiere condivide la scelta della figlia? _____

LEZIONE 10

5 DIALOGO

- A proposito signora, come sta Sua figlia?
- Oh, per carità, Roby. Non me ne parli.
- Che è successo?
- È una cosa, guardi.
- Ma si sposa. M'ha detto l'altra volta che si sposa.
- Sì, sì. Si sposa, si sposa.
- Be', benissimo. Non è contenta?
- No. Ci sono delle novità.
- E quali?
- Eh, si vuole sposare solo in comune.
- E be', che male c'è?
- Ma senta, Roby, per me il matrimonio è solo un matrimonio in chiesa.
- Ma l'importante è che si sposi, no?

6 ESERCIZIO

Inserite e coniugate il verbo, aggiungendo se necessario il pronome richiesto.

> ☐ Mia figlia si vuole sposare solo in comune.
> ○ Be', l'importante è che *si sposi*.

a. ☐ Paolo ha deciso che non si laurea a ottobre ma a marzo.

  ○ Be', l'importante è che _____.

b. ☐ Ha telefonato Marco e ha detto che non arriva prima delle 10.

  ○ Be', l'importante è che _____.

c. ☐ Lorenzo mi accompagna con la macchina invece che con la moto.

  ○ Be', l'importante è che _____ .

d. ☐ La macchina non è ancora pronta. Ci vogliono ancora un paio d'ore di lavoro.

  ○ Be', l'importante è che _____ pronta per questa sera.

e. ☐ Mi dispiace, vado anch'io in vacanza a luglio, però il gatto puoi lasciarlo a mia madre o forse anche a mio fratello.

  ○ Be', l'importante è che _____ lasciare a qualcuno.

7 DETTATO

● _____ _____ , _____ , io non volevo

_____ , ma quella _____ le vuole molto bene.

_____ ___ _____ che viene qui a tagliarsi i _____

mi _____ _____ bene di Lei.

■ _____ ?

● _____ _____ _____ , adesso ripensandoci,

___ _____ ___ risparmio sa? _____ Lei pensi: la

cerimonia quanto le sarebbe costata?

■ _____ , _____ , _____ , _____ sono _____ _____

che avrei speso molto _____ , mi creda.

● E va be', li spenderà con i nipotini.

8 ESERCIZIO

Fate dei dialoghi secondo il modello.

> soldi (io) spendere / (Lei) con i nipotini
>
> ☐ Sono soldi che avrei speso molto volentieri.
> ○ E va be', li spenderà con i nipotini.

a. un film (io) vedere / (noi) domani sera
b. libro (io) leggere / (tu) un'altra volta
c. posti (noi) vedere / (voi) durante il viaggio di ritorno
d. ristorante (io) mangiare / (noi) sabato sera
e. locale (io) andare / (noi) con Marcello e Alessandra
f. albergo (io) alloggiare / (Lei) un'altra volta
g. viaggio (noi) fare / (voi) l'anno prossimo

LEZIONE 10

9   **E ADESSO TOCCA A VOI!**

    a. Trovate che abbia ragione la signora Miglio o la figlia?
    b. Vi sembra giusto spendere tanti soldi per un matrimonio?

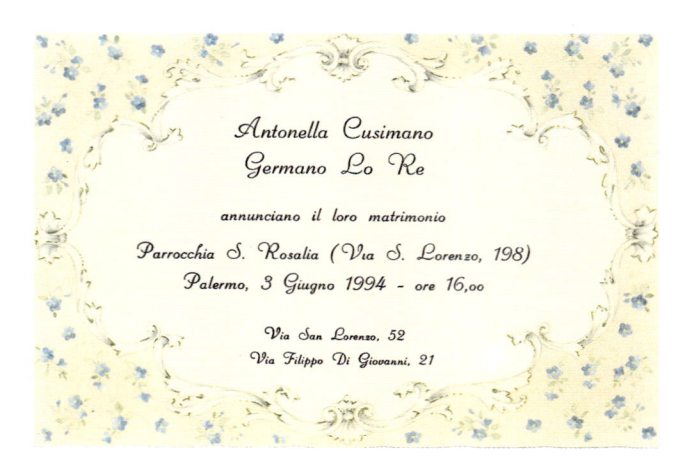

Antonella Cusimano
Germano Lo Re

annunciano il loro matrimonio
Parrocchia S. Rosalia (Via S. Lorenzo, 198)
Palermo, 3 Giugno 1994 - ore 16,00

Via San Lorenzo, 52
Via Filippo Di Giovanni, 21

10   **ESERCIZIO**

Lesen Sie nochmals den Dialog sowie das Diktat und entscheiden Sie dann, welche Wendungen Frau Miglio und der Friseur benutzen,

> ripensandoci   è una cosa
>   per carità
> a proposito   e va be'

○ um ein neues Gesprächsthema einzuleiten, das durch ein Stichwort im laufenden Gespräch hervorgerufen wurde: _____

○ um Mißfallen zum Ausdruck zu bringen und zugleich ein unangenehmes Thema abzuwenden: _____

○ um mit einem neutralen Ausdruck eine Angelegenheit als unerfreulich zu werten: _____

○ um bei nochmaliger Überlegung bzw. Betrachtung der Fakten zu einem anderen Schluß zu kommen: _____

○ um den Gesprächspartner beruhigend darauf hinzuweisen, daß ein Sache doch nicht so aussichtslos ist und daß es Lösungswege gibt: _____

11 ESERCIZIO

Inserite adesso le espressioni nelle seguenti frasi.

a. ☐ Sai che ti dico? _____ era meglio restare a casa.

△ Hai ragione. Anche a me la festa non è piaciuta per niente.

b. ☐ Hai rivisto Antonio per caso?

△ Sì, la settimana scorsa. _____ , mi ha detto di salutarti.

c. ☐ Peccato! Stasera sarei andato volentieri a teatro.

△ _____ , vedrai che sabato troviamo senz'altro i biglietti.

d. ☐ Come va con tua suocera?

△ _____ ! Parliamo d'altro.

e. ☐ Ma hai davvero tante difficoltà con il tuo nuovo collega?

△ Guarda, _____ !

12 E ADESSO TOCCA A VOI!

A Lei è dal parrucchiere. Un problema La assilla da qualche giorno: Suo figlio, che si è da poco diplomato, Le ha appena detto che non vuole iscriversi all'università, ma che vuole fare un corso per diventare regista cinematografico. Lei è amareggiato/-a. Insieme a Sua moglie/Suo marito ha un avviatissimo studio legale, in cui Suo figlio, secondo le Sue aspettative, sarebbe un giorno subentrato. Lei si confida con il parrucchiere/la parrucchiera esprimendogli/-le la Sua delusione.

B Lei è parrucchiere/parrucchiera. Oggi si presenta nel Suo negozio un Suo/una Sua cliente abituale che ha insieme al marito/alla moglie un avviatissimo studio legale. Ogni volta che viene Le parla del figlio con cui ha sempre qualche problema. Il ragazzo è bravo e studioso, ma è sempre stato un po' ribelle all'autorità dei genitori. Lei conosce il ragazzo e ha molta simpatia per lui e per le sue idee. Il Suo/la Sua cliente è scuro/-a in volto. Sicuramente c'è qualche novità.

LEZIONE 10

(13)   **LETTURA**

Il seguente brano è tratto da *Va' dove ti porta il cuore* di Susanna Tamaro, una scrittrice nata a Trieste nel 1957. Il libro, pubblicato nel 1994, è il diario di una nonna, scritto per la nipote lontana al fine di raccontarle di sé e della figlia morta giovane.
In questa pagina la narratrice, Olga, descrive i primi tempi di convivenza con il marito.

      Ci sposammo con una cerimonia sobria il primo giugno del '40. Dieci giorni dopo l'Italia entrò in guerra. Per ragioni di sicurezza, mia madre si rifugiò in un paesino di montagna, in Veneto, mentre io, con mio marito, raggiunsi L'Aquila. (...)

5   A L'Aquila andammo ad abitare nella casa della famiglia di Augusto, un grande appartamento al primo piano di un palazzo nobiliare del centro. Era arredato con mobili cupi, pesanti, la luce era scarsa, l'aspetto sinistro. Appena entrata mi sentii stringere il cuore. È qui che dovrò viver mi chiesi, con un uomo che conosco da appena sei mesi, in una città in cui non ho neanche un
10 amico? Mio marito capì subito lo stato di smarrimento in cui mi trovavo e per le prime due settimane fece tutto il possibile per distrarmi. Un giorno sì e un giorno no prendeva la macchina e andavamo a fare delle passeggiate sui monti dei dintorni. Avevamo
15 entrambi una grande passione per le escursioni. Vedendo quelle montagne così belle, quei paesi arroccati sui cocuzzoli come nei presepi mi ero un po' rasserenata, in qualche modo mi sembrava di non aver lasciato il Nord, la mia casa. Continuavamo a parlare molto. Augusto amava la natura, gli insetti in particolare, e
20 camminando mi spiegava un mucchio di cose. Gran parte del mio sapere sulle scienze naturali lo devo proprio a lui.

      Al termine di quelle due settimane che erano state il nostro viaggio di nozze, lui riprese il lavoro e io cominciai la mia vita, sola nella grande casa. Con me c'era una vecchia domestica, era
25 lei che si occupava delle principali faccende. Come tutte le mogli borghesi dovevo soltanto programmare il pranzo e la cena, per il resto non avevo niente da fare. Presi l'abitudine di uscire ogni giorno da sola a fare delle lunghe passeggiate. Percorrevo le strade avanti e indietro con passo furioso, avevo tanti pensie-
30 ri in testa e tra tutti questi pensieri non riuscivo a fare chiarezza. Lo amo, mi chiedevo fermandomi all'improvviso, oppure è stato tutto un grande abbaglio? Quando stavamo seduti a tavola o la sera in salotto lo guardavo e guardandolo mi chiedevo: cosa provo? Provavo tenerezza, questo era certo, e anche lui sicura-
35 mente la provava per me. Ma era questo l'amore? Era tutto qui? Non avendo mai provato nient'altro non riuscivo a rispondermi.

Segnate con una crocetta le affermazioni esatte.

a. A Olga
- piaceva ☐
- non piaceva ☐

l'appartamento della famiglia di Augusto.

b. Augusto
- si era accorto ☐
- non si era accorto ☐

che per la moglie era difficile vivere a L'Aquila.

c. Ad Augusto
- piaceva ☐
- non piaceva ☐

camminare in montagna.

d. A L'Aquila Olga
- era ☐
- non era ☐

molto occupata.

e. Olga
- era sicura ☐
- non era sicura ☐

di amare il marito.

ESERCIZIO 14

Nel testo Susanna Tamaro invece di «ci siamo sposati» scrive «ci sposammo», usa cioè il passato remoto, un tempo che nella letteratura sostituisce di solito il passato prossimo. Nel primo paragrafo sono passati remoti anche «entrò» (entrare), «si rifugiò» (rifugiarsi) e «raggiunsi» (raggiungere).
Cercate adesso nel seguito del brano gli altri passati remoti. Trascriveteli e mettete accanto ad essi la corrispondente forma dell'infinito.

entrò   entrare

LEZIONE 10

(15) ESERCIZIO

Immaginiamo adesso che sia il marito a raccontare la storia. Il brano inizierebbe così.

Io capii subito lo stato di smarrimento in cui si trovava e per le prime due settimane feci tutto il possibile per distrarla.

Continuate adesso fino alla fine del paragrafo. (r. 21)

Un giorno sì e un giorno no ....

> **Non avendo mai provato** nient'altro non riuscivo a rispondermi.
> Non riuscivo a rispondermi **perché non avevo mai provato** nient'altro.

(16) ESERCIZIO

Trasformate le frasi usando il gerundio passato.

a. Avevo una fame da lupo perché non avevo mangiato niente tutto il giorno.

b. Carlo aveva una gran voglia di uscire perché era stato tutto il giorno a casa.

c. Avevamo delle difficoltà con l'italiano perché per vent'anni avevamo parlato solo tedesco.

d. Abbiamo dovuto portare la macchina dal meccanico perché non siamo riusciti a ripararla.

e. Non ricordavo più l'ora dell'appuntamento perché avevo perso l'agenda.

f. Carlo sapeva già tutto perché aveva parlato con Mario.

g. Non sono potuti arrivare in tempo perché sono partiti tardi.

ASCOLTO

Dacia Maraini, famosa autrice di romanzi e attenta osservatrice della società italiana, in questa intervista ci parla degli italiani di oggi.

Ascoltate l'intervista e poi rispondete alle domande.

a. Quali sono, secondo la Maraini, i pregi e i difetti degli italiani?

b. Per quanto riguarda le donne che cosa è avvenuto, secondo la Maraini, negli ultimi anni
   - sul piano delle leggi?
   - dal punto di vista del costume?

c. Come hanno reagito gli uomini di fronte ai cambiamenti avvenuti?

E ADESSO TOCCA A VOI!

a. Quali pregiudizi sugli italiani potreste aggiungere a quelli citati dalla Maraini?

b. Esistono pregiudizi sui vostri connazionali che vi sentite di condividere?

c. Come vi sembra la situazione della donna nel vostro paese? Rassomiglia a quella descritta dalla Maraini per l'Italia?

LEZIONE 10

⑲   **TEST**

I. Completate le frasi con i verbi al tempo e al modo opportuni.

    a. A mia madre puoi dire tutto, l'importante però è che non lo (sapere) _____ mio padre.

    b. Purtroppo in casa non ho niente, altrimenti ti (invitare) _____ a cena.

    c. Vuol dire che i soldi che ho risparmiato quest'anno li (spendere) _____ l'anno prossimo.

    d. L'ultima volta che l'ho vista Lei mi ha detto che (volere) _____ prendersi una vacanza.

II. Trasformate le frasi usando il gerundio.

    a. Non riusciva a far carriera perché non aveva frequentato l'università.
    _____

    b. Non aveva fame perché aveva già mangiato.
    _____

    c. Parlava bene l'inglese perché era stata alla pari in Inghilterra.
    _____

    d. Aveva perso 10 chili perché aveva fatto una dieta.
    _____

    e. Sono tornati a piedi perché non sono riusciti a trovare un taxi.
    _____

LEZIONE 11

C'è stato un furto

① LETTURA

Bimbo digiuna e i ladri gli restituiscono il cagnolino

MONTECATINI TERME (Pistoia) – Ladri sì, ma con un cuore. Che si è intenerito fino a restituire il maltolto di fronte alla disperazione vera, quella di un bambino che per il dolore non mangiava più da giorni. La vicenda, straordinaria, è accaduta a Montecatini Terme, la famosa località in provincia di Pistoia. Era un cane l'insolito bottino della banda di «manolesta» che si sono commossi di fronte al digiuno di Gregori Lapinta, di tre anni. «Ugolino», il volpino di razza Spitz cresciuto insieme con il bimbo, era stato rubato sul viale Verdi, in pieno centro a Montecatini, mentre faceva la consueta passeggiatina al guinzaglio della mamma di Gregori. È stato sufficiente un attimo di distrazione della donna: qualcuno ha approfittato di quell'attimo, ha afferrato il piccolo quattrozampe e l'ha fatto sparire. Un testimone però aveva assistito alla scena ed ha aiutato la donna a sporgere denuncia ai carabinieri. Ma nonostante le ricerche, di «Ugolino» non si è trovata più traccia. Si temeva che il furto fosse opera di una banda specializzata: «Ugolino» infatti appartiene a una razza pregiata e negli ultimi mesi in Valdinievole, sono spariti nel nulla numerosi quattrozampe con pedigree. Ma il problema più grosso per la famiglia Lapinta è stato dare la triste notizia a Gregori. Il bambino, che ha la stessa età del cane ed è cresciuto assieme a lui, è piombato in un vero e proprio stato di depressione: quel volpino è ben più di un «semplice» cane per Gregori. Rappresenta un punto fermo, una parte della famiglia, un affetto irrinunciabile. E così il bimbo, qualche giorno fa, per il dolore ha cominciato a rifiutare il cibo.
I genitori, preoccupatissimi, si sono trovati davanti alla prospettiva di far ricoverare il figlio in ospedale. E allora, tramite un giornale, hanno lanciato un accorato appello ai ladri perché restituissero «Ugolino» a Gregori.
I ladri non hanno potuto resistere: cosa vale il ricavato del furto di un cane di fronte alla felicità di un bambino? E così «Ugolino» è stato ritrovato ieri mattina, legato di fronte a casa Lapinta. E Gregori ha potuto ricominciare a mangiare e a sorridere.

(da *Il Resto del Carlino*, 5/6/94 leggermente adattato)

Il testo dice …	sì	no
dove è stato rubato il cane?	☐	☐
chi sono i ladri del cane?	☐	☐
quanti anni ha il cane?	☐	☐
quando è stato ritrovato il cane?	☐	☐
perché i ladri hanno restituito il cane?	☐	☐

② ESERCIZIO

a. Quale parola ha nel testo il significato di *cane*?

b. Quali sono i due sostantivi usati per definire una *cosa rubata*?

c. Quale parola ha il significato di *ladri*?

d. Quale parola ha il significato di *storia*?

e. Quale parola ha il significato opposto a *insolito*?

LEZIONE 11

> **Si temeva che** il furto **fosse** opera di una banda specializzata.
> **Si sperava che** i ladri **restituissero** il cagnolino.

3   ESERCIZIO

Completate le frasi con i verbi al congiuntivo imperfetto.

a. Si sperava che i ladri (commuoversi) _____ di fronte al dolore del bambino.

b. Si temeva che il bambino non (volere) _____ più mangiare.

c. Si temeva che i ladri (abbandonare) _____ il cane.

d. Non si sperava più che la polizia (ritrovare) _____ il cane.

e. Ci si augurava che tutto (finire) _____ bene.

f. Non si pensava che i ladri (lasciarsi) _____ intenerire.

g. Certamente i ladri non immaginavano che il cane (essere) _____ così importante per il bambino.

4   ESERCIZIO

Due amici inseparabili sono due amici che non si possono separare.
Un affetto irrinunciabile è un affetto a cui non si può rinunciare.

Che cosa è

una città invivibile?   una forza irresistibile?

un caos indescrivibile?   una minestra immangiabile?

una casa inabitabile?   una parola irripetibile?

un'esperienza indimenticabile?   una persona impresentabile?

una firma illegibile?   una proposta inaccettabile?

In quali degli aggettivi dell'esercizio il prefisso *in-* subisce un cambiamento? Qual è la regola del cambiamento?

5) E ADESSO TOCCA A VOI!

Siete mai stati, come Gregori, tanto affezionati a un animale?
Ne possedete uno?

6) QUESTIONARIO

Il signor Monti domanda al portiere i particolari di un furto che qualche tempo fa si è svolto nel palazzo in cui abita.

a. A che piano si è verificato il furto?

_____

b. In che giorno si è verificato?

_____

c. Quale delle seguenti descrizioni del furto è quella vera?

1. I ladri sono entrati nel palazzo attraverso la porta del garage lasciata aperta da qualche inquilino. Sono saliti sul terrazzo condominiale e sono entrati nell'appartamento del Graziani calandosi con una fune.

2. I ladri sono passati dal terrazzo condominiale del palazzo accanto. Si sono calati con una fune sul balcone del Graziani e sono entrati nell'appartamento attraverso la porta finestra, che era aperta.

3. I ladri sono entrati dal portone. Hanno forzato la porta del terrazzo condominiale. Si sono calati con una fune sul balcone del Graziani e sono entrati nell'appartamento rompendo un vetro.

d. Che cosa hanno rubato i ladri?

vestiti ☐	documenti ☐	quadri ☐
carte di credito ☐	tappeti ☐	soldi ☐
argenteria ☐	assegni ☐	gioielli ☐

e. Che provvedimenti si pensa di prendere per evitare altri furti?

_____

LEZIONE 11

⑦ DIALOGO

■ Buongiorno, Domenico. Senta, ieri ho parlato un attimo col dottor De Angelis, e m'ha detto che alcune settimane fa, qualche giorno prima che io venissi ad abitare qui, c'è stato un furto al terzo piano.
● Sì, sì. C'è stato un furto.
■ Eh, ma Lei può dirmi qualcosa di più, perché è abbastanza preoccupante per me che i ladri siano riusciti ad entrare. Come è successo? Di giorno? Di notte? Come è stato?

> **Prima che io venissi** ad abitare qui c'è stato un furto.
>
> **È preoccupante che** i ladri **siano riusciti** ad entrare.

⑧ ESERCIZIO

Ripete il dialogo sostituendo alla sequenza (A) *venire ad abitare qui* – (B) *esserci un furto al terzo piano* – (C) *i ladri riuscire ad entrare*, altre sequenze possibili (es. *ritornare dalle vacanze – allagarsi le cantine – avvenire una cosa di questa gravità*).

A rientrare dalle ferie
   trasferirmi qui
   prendere in affitto l'appartamento
   comprare l'appartamento
   ritornare dalle vacanze

B esserci una fuga di gas
   rompersi l'impianto di riscaldamento
   un inquilino restare chiuso in ascensore
   esplodere una conduttura dell'acqua
   esserci un principio di incendio in garage

C verificarsi una cosa così
   succedere una cosa del genere
   avvenire una cosa di questa gravità
   accadere un fatto così grave
   capitare una cosa simile

(9) LETTURA

Come difendersi dai ladri

Ci si può proteggere dai ladri? Si può fare qualcosa per vivere tranquilli senza l'angoscia continua che qualcuno possa entrare in casa mentre siamo assenti? È chiaro che è impossibile difendersi al cento per cento, si può fare tuttavia qualcosa per diminuire i rischi, e anche per evitare delle brutte sorprese. Ecco qualche accorgimento da seguire.

Prima di uscire di casa accertatevi che tutte le finestre siano ben chiuse e che le tapparelle siano abbassate. Chiudete bene a chiave la porta di ingresso. L'ideale sarebbe avere una porta d'ingresso blindata o almeno provvista di serratura di sicurezza. Un sistema di allarme applicato a porte e finestre vi proteggerebbe ancora di più. A meno che non siate assicurati, evitate di tenere in casa oggetti di valore o di lasciarli a portata di mano. Se volete tenerli in casa, nascondeteli in un posto sicuro. La stessa cosa vale per soldi, assegni, libretti di risparmio e documenti, che andrebbero custoditi in una cassaforte. Se dovete assentarvi per un periodo piuttosto lungo, sarebbe meglio depositare questi oggetti in una cassetta di sicurezza presso la vostra banca. Se potete, pregate inoltre una persona di fiducia di svuotare di tanto in tanto la cassetta delle lettere. Date le chiavi di casa solo alle persone che conoscete bene e di cui vi fidate ciecamente.

Se suonano alla porta, non aprite mai prima di aver guardato attraverso lo spioncino e soprattutto non fate entrare sconosciuti in casa! E per finire ricordate che, come dice il proverbio, fidarsi è bene, ma non fidarsi è meglio.

a. Cosa dovrebbe fare, secondo il testo, una persona prima di uscire di casa?
b. E prima di andare in vacanza?
c. E quando è in casa?

(10) ESERCIZIO

a. Cercate nel testo tutti i congiuntivi e stabilite da che cosa dipendono.
b. Nel testo c'è un'espressione impersonale che regge l'indicativo. Quale?

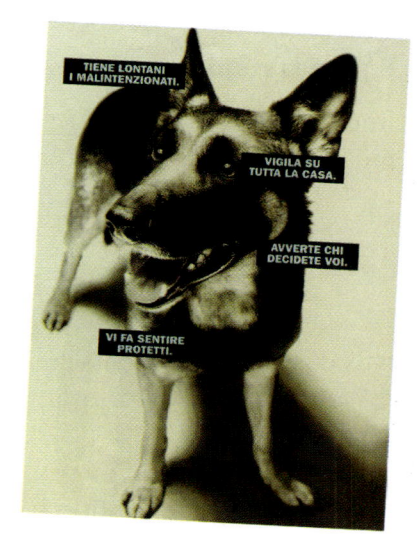

(11) E ADESSO TOCCA A VOI!

a. Quali delle norme di sicurezza descritte nel testo osservate in genere?
b. Quali ritenete indispensabili?
c. Ce ne sono alcune che vi sembrano esagerate?
d. Quali altre norme di sicurezza aggiungereste?

LEZIONE 11

12 DETTATO

■ Sa, _____ _____ _____ preoccupato _____ _____ ____ _____ ho degli oggetti di valore e fra l'altro sono assente _____ _____ ___ _____ da casa, a volte _____ ___ _____ . Non vorrei _____ ___ _____ e _____ la stessa situazione _____ ___ _____ il dottor Graziani.

● Ma ____ _____ che ___ _____ una riunione di condominio tra _____ _____ , anzi _____ arrivare l'avviso _____ ___ _____ .

■ Per che cosa? Per installare un sistema di sicurezza?

● Sì, una riunione per mettere d'accordo _____ ___ inquilini per installare un sistema di sicurezza collettivo, ovviamente _____ .

■ E va be', _____ .

● E però la riunione _____ _____ ___ ___ e quindi, niente, finchè non ci sarà _____ ___ _____ , staremo _____ più attenti.

13 ESERCIZIO

Lesen Sie nochmals das Diktat und entscheiden Sie dann, welche Wendungen Doktor Monti und Domenico benutzen,

> fra l'altro   niente
> anzi   non vorrei

○ um die vorher dargelegte Aussage durch weitere Gründe zu bekräftigen: _____

○ um zum Ausdruck zu bringen, daß man etwas vermeiden will bzw. daß etwas nicht geschehen soll: _____

○ um das vorher Gesagte durch eine weitere Information zu bekräftigen oder zu präzisieren: _____

○ um eine unvermeidliche Folge darzulegen: _____

14 ESERCIZIO

Inserite adesso le espressioni nei seguenti dialoghi.

a. ☐ Viene anche Marcello stasera?

△ Mah, ha detto di sì, _____ , ha pure telefonato per confermare.

b. ☐ Smettiamo?

△ Sì, guarda, io sono stanchissimo. Ho lavorato tutto il giorno. _____ stamattina mi sono anche svegliato alle sei.

c. ☐ Prendiamo un taxi per andare alla stazione?

△ È meglio di sì. _____ perdere il treno anche stavolta.

d. ☐ Avevi lasciato i soldi a casa?

△ Esatto, e quindi, _____ , ho dovuto chiedere a Donatella di pagare lei il conto del ristorante.

15 E ADESSO TOCCA A VOI!

A Lei è l'inquilino di un palazzo nel quale si è svolto un furto al pianterreno. Lo descriva al Suo vicino in base ai disegni qui sotto. Racconti che cosa hanno preso i ladri. Esprima anche le Sue preoccupazioni e le Sue idee sui rimedi che il condominio dovrebbe prendere.

B Lei abita da qualche settimana in un palazzo nel quale, come ha saputo da poco, qualche tempo fa si è svolto un furto. Si informi presso il Suo vicino dei dettagli del furto. Esprima anche le Sue preoccupazioni e le Sue idee sui rimedi che il condominio dovrebbe prendere.

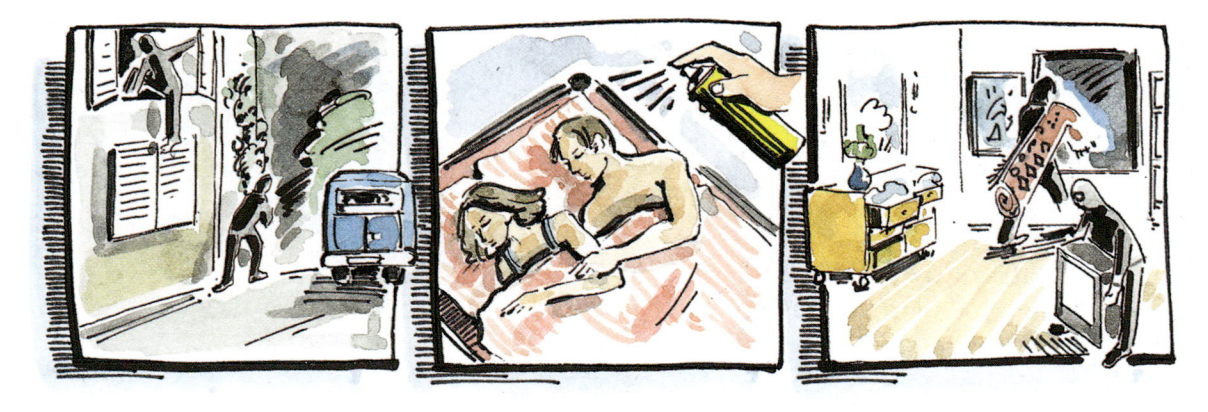

LETTURA

Patrizio, mago dello scippo a 11 anni. Al dito sfoggia un anello con brillante.

NAPOLI – Un mestiere ce l'ha. A undici anni conosce già tutti i segreti del suo lavoro, è svelto, deciso, più dei suoi colleghi «grandi»; nel suo campo è un vero piccolo professionista. Ha cominciato a soli nove anni imparando presto a scegliere i «clienti», a valutare i tempi giusti e a calcolare i rischi. Ieri però Patrizio A., di professione scippatore, ha trovato una signora troppo attaccata alla sua borsa e dei poliziotti più svelti di lui. È finito così in Questura stretto fra due «falchi», gli agenti in borghese antiscippo: una scena non rara a Napoli, che per Patrizio si è ripetuta già tre volte.

A undici anni è ormai una faccia nota per la squadra mobile. Sesto figlio di una famiglia del rione Sanità, (...) Patrizio ha conosciuto solo la scuola della strada. A quella vera non c'è mai andato perché, dice, «è tempo perso».

Ieri mattina come ogni giorno, è uscito con il suo compare per procurarsi i soldi per il giubbotto, la discoteca o il panino in un pub. In via Foria ha notato una donna e un'auto, è sceso dalla moto e con una candela per l'avviamento ha frantumato il finestrino, afferrando con l'altra mano la borsa appoggiata sul sedile. Ma a Napoli ormai anche le vittime hanno i riflessi pronti: la donna è riuscita ad allungare una mano, a prendere la borsa per un manico e a resistere agli strattoni. Secondi preziosi che sono serviti a una pattuglia di «falchi» per piombare addosso a Patrizio e caricarlo sulla moto sino alla Questura.

È cominciato così il solito iter dell'identificazione, dell'interrogatorio e dei verbali per questo scricciolo alto un metro e mezzo, con gli occhi neri e i capelli a spazzola. Non si è scomposto. Una telefonata a casa e la madre che lo viene a recuperare. Anche ieri sua madre è venuta a riprendersi il figlio, indifferente come se stesse all'uscita della scuola. Con il marito è stata denunciata per evasione scolastica. La polizia ha anche inviato una relazione al tribunale dei minori perché il bambino venga sottratto alla potestà dei genitori. (...)

Tre ore dopo lo scippo, Patrizio esce dalla Questura e, toccandosi l'anello col brillante infilato al dito, si volta verso gli agenti: «Lasciatemi stare, io so fare solo questo e lo continuerò a fare.»

(da *Il Corriere della Sera*, 15/3/94)

È vero?	sì	no
a. Patrizio era già stato arrestato altre volte.	☐	☐
b. Quando ha tentato lo scippo Patrizio era solo.	☐	☐
c. La reazione della donna ha permesso alla polizia di intervenire.	☐	☐
d. La madre di Patrizio si è mostrata preoccupata per il «lavoro» del figlio.	☐	☐

17 ESERCIZIO

Unite i verbi della colonna a sinistra ai loro significati nella colonna a destra.

a. frantumare
b. afferrare
c. voltarsi
d. scomporsi

1. girarsi
2. rompere in mille pezzi
3. perdere il self-control
4. prendere con forza

18 ESERCIZIO

Nel testo i poliziotti per la loro rapidità e prontezza sono definiti «falchi»; Patrizio per la sua gracilità è detto «scricciolo». Secondo voi quali dei nomi di animali elencati qui sotto sono usati per definire

Asino Mulo Civetta Coniglio Pollo Lumaca Oca Volpe Rospo Pavone Vipera Orso

a. una donna stupida
b. una persona astuta
c. un cattivo studente
d. una persona paurosa
e. una persona decisamente brutta
f. chi preferisce stare da solo
g. qualcuno particolarmente testardo
h. una donna vanitosa che vuole attirare l'attenzione degli uomini
i. qualcuno particolarmente lento
j. una persona che coglie ogni occasione per offendere gli altri
k. chi crede a tutto e si fa facilmente ingannare
l. chi è molto vanitoso

LEZIONE 11

> La madre è venuta a riprendersi il figlio, indifferente **come se stesse** all'uscita della scuola e **come se** il comportamento del figlio non le **desse** nessuna preoccupazione.

19   **ESERCIZIO**

Completate le frasi con il congiuntivo imperfetto dei seguenti verbi.

> andare - dare - dovere - sapere - sentirsi - uscire

a. Si è presentata al colloquio di lavoro truccata come se _____ andare a una festa mascherata.

b. Si è presentato all'appuntamento con Luisa imbarazzato come se _____ per la prima volta con una donna.

c. Ha risposto alle domande dei giornalisti arrogante come se _____ il padrone del mondo.

d. Si è mostrato sicuro di sé come se _____ tutto lui.

e. Si è seduto davanti al professore nervoso come se _____ un esame per la prima volta.

f. È entrato in sala operatoria tranquillo come se _____ a fare una passeggiata.

20   **E ADESSO TOCCA A VOI!**

Voi o un vostro conoscente avete mai subito un furto? Parlatene con un compagno.

(21) **ESERCIZIO**

La Ballata del Cerutti, di Giorgio Gaber e Umberto Simonetta, è stata uno dei successi degli anni '60. Giorgio Gaber, che l'ha resa famosa, è ancora oggi uno dei piu noti cantautori e cabarettisti italiani.

a. Guardate la storia illustrata qui sotto e, con l'aiuto dell'insegnante, provate a raccontarla.

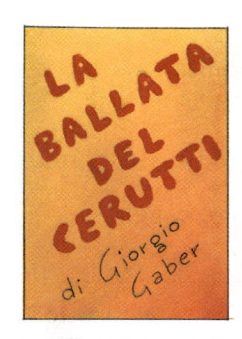

LEZIONE 11

b. Ascoltate adesso la canzone e completate il testo.

La Ballata del Cerutti
Io ho sentito molte ballate: quella di Tom Dooley, quella di Davy Crockett, e sarebbe piaciuto anche a me scriverne una così invece, invece niente: ho fatto una ballata per uno che sta a Milano, al Giambellino: il Cerutti, Cerutti Gino.

____ ____ ____ ____ Cerutti Gino

ma lo chiamavan «drago».

____ ____ ____ ____ del Giambellino

dicevan ch'era un mago.

_____ , _____ , mai una ____ ,

per non passare _____ .

Fiutava _____ che aria tira

e non sgobbava ____ .

____ ____ in una _____ _____

occhio, c'è una lambretta.

Fingendo ____ ____ aver _____

il Cerutti monta ____ _____ .

Ma che rogna nera _____ _____

_____ ____ __ _____ ,

veloce _____ la pantera

e lo beve la «madama».

____ __ ____ e un ____ manomesso.

____ ____ al terzo raggio.

È lì che _____ ____ ____ processo

____ vien fuori __ _____ .

S'è beccato un bel tre mesi il Gino,

ma il giudice __ ____ _____ .

__ __ ____ un lungo fervorino.

__ _____ col condono.

____ _____ ____ ____ Cerutti Gino

__ __ _____ nel _____

_____ parleran del Gino

diran ____ __ ____ tipo duro.

(22) ESERCIZIO

a. Unite i sostantivi al loro significato.

occhio	polizia
rogna	attenzione
pantera	ramanzina
madama	sfortuna
fervorino	macchina della polizia

b. Unite i verbi al loro significato.

sgobbare	salire
fingere	arrestare
montare	prendersi
bere	lavorare
beccarsi	simulare

TEST

I. Completate le frasi con i verbi al modo e al tempo opportuni.

    a. Temevo che (cominciare) _____ a piovere e così non sono andata a giocare a tennis.

    b. Speravo che la tua lettera (arrivare) _____ in tempo.

    c. Ho conosciuto Mario prima che lui (trasferirsi) _____ in Francia.

    d. Ho sentito che due settimane fa (esserci) _____ un furto al primo piano.

    e. È impossibile che sabato scorso i ladri (riuscire) _____ ad entrare attraverso il portone principale perché (esserci) _____ il portiere.

    f. È chiaro che i ladri (entrare) _____ attraverso il garage.

II. Completate le frasi con le seguenti congiunzioni.

> a meno che non – finché non – perché – prima che – prima di – quando

    a. _____ troverò un lavoro migliore, continuerò a lavorare in questa ditta.

    b. _____ installeranno il sistema di allarme, gli inquilini potranno stare più tranquilli.

    c. Sarà difficile trovare dei biglietti per la partita di domenica prossima, _____ siate disposti a pagare un sacco di soldi.

    d. _____ comprare una macchina usata, ti consiglio di farla vedere a un meccanico.

    e. L'ho capito _____ lui me lo dicesse.

    f. L'ho invitato a cena _____ mi raccontasse qualcosa delle ultime vacanze.

LEZIONE 12

Ma sei sempre raffreddata?

1 LETTURA

Il seguente testo è tratto da *Siamo spiacenti di* di Dino Buzzati (1906–1972), scrittore e giornalista, autore di racconti e romanzi fantastici, e a volte paradossali, ricchi di ironia e di felici invenzioni letterarie.

Il medico ideale

Mai, mai che un medico dopo un'accurata visita ci dica:
«Caro signore, mi dispiace, non andiamo niente bene. Se lei continua così, scusi la sincerità, ma le do pochi mesi di vita. Perciò è mio dovere parlarle chiaro. Qui si impone un
5 rigoroso regime di vita.

«Per cominciare, una dieta di ferro: verdure, latte, frutta cotta, carni bianche, sono veleno per lei. Neanche sentirne parlare. Il suo vitto si baserà sui salumi, la selvaggina, le papriche, le mostarde. Molto pepe, molto sale. Tutt'al più,
10 qualche insalata di cipolle e peperoni, ma solo di quando in quando.

«In quanto al bere, mi duole darle una cattiva notizia, ma acqua e succhi di frutta vanno banditi. Vino, questo sì. E soprattutto whisky. Si rassegni, amico mio. Il whisky è per
15 lei il toccasana. Ma sì, anche due tre bottiglie al giorno!

«E ora veniamo agli altri aspetti della sua attività quotidiana. Come prima cosa, mai mettersi a letto prima dell'una, le due di notte. Qualche notte bianca sarebbe l'ideale, ma non pretendo tanto.
20 «Però il sacrificio più grande, caro signore, è di altro genere. Qui sta la base della guarigione. E il rimedio è presto detto: donne, donne, donne! Non ce ne saranno mai abbastanza! Giorno e notte, notte e giorno. Bisogna che lei si faccia una ragione. E che ci dia dentro più che può».
25 Perché mai un medico simile non esiste?

a. Che cosa prescrive il medico al suo paziente?
b. Che cosa gli proibisce?

② ESERCIZIO

a. Sostituite i verbi in corsivo con

chiedere – dispiacere – essere necessario – insistere – evitare – accettare la situazione

1. Qui *si impone* un rigoroso regime di vita.
2. *Mi duole* darle una cattiva notizia, ma acqua e succhi di frutta vanno *banditi*.
3. Qualche notte bianca sarebbe l'ideale, ma non *pretendo* tanto.
4. Bisogna che lei *si faccia una ragione*. E che *ci dia dentro* più che può.

b. Cercate nel testo le parole che significano

l'alimentazione
una medicina miracolosa

c. Alla riga 22 si legge «Non ce ne saranno mai abbastanza!» A quale parola si riferisce «ne»? Come sarebbe la stessa frase se cominciasse con «denaro», «problemi», «idee» o «democrazia»?

> **Mai che** un medico **ci dica** …
> **Purtroppo** un medico **non ci dice mai** …

③ ESERCIZIO

Una mamma si lamenta del figlio. Trasformate le frasi secondo il modello.

> Mio figlio *non si alza mai* prima di mezzogiorno.
> → *Mai che* mio figlio *si alzi* prima di mezzogiorno.

Mio figlio …

a. non dà mai una mano in casa.
b. non legge mai un libro.
c. non guarda mai un programma intelligente in televisione.
d. la sera non resta mai a casa.
e. non ritorna mai prima delle due.
f. non pranza mai insieme alla famiglia.
g. non porta mai fuori il cane.
h. non va mai a far la spesa.
i. non si rifà mai il letto.

LEZIONE 12

| Mai mettersi Non ci si deve mai mettere | a letto prima dell'una di notte. |

4 ESERCIZIO

Qualche consiglio per non scioccare un italiano al ristorante.

> Mai mangiare gli spaghetti usando anche il cucchiaio!

E adesso continuate voi inserendo i seguenti verbi.

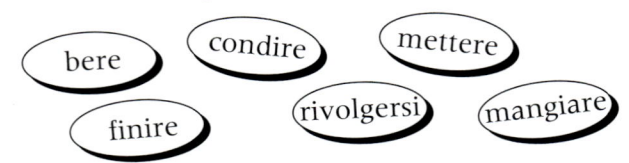

bere · condire · mettere · finire · rivolgersi · mangiare

a. Mai _____ al cameriere chiamandolo «cameriere»!

b. Mai _____ un'insalata come primo!

c. Mai _____ il parmigiano sugli spaghetti alle vongole!

d. Mai _____ il vino rosso con il pesce!

e. Mai _____ la mozzarella con l'aceto balsamico!

f. Mai _____ il pasto con un cappuccino!

5 E ADESSO TOCCA A VOI!

Cosa direbbe veramente un medico? Completate il testo.

«Caro signore, mi dispiace, non andiamo niente bene. Se lei continua così, scusi la sincerità, ma le do pochi mesi di vita. Perciò è mio dovere parlarle chiaro. Qui si impone un rigoroso regime di vita.
«Per cominciare, una dieta di ferro: …

6 QUESTIONARIO

Oggi Giulia non fa che starnutire. Laura pensa di poterle dare qualche consiglio.

a. Giulia è allergica
- al polline. ☐
- alle fragole. ☐
- alla formaldeide. ☐
- al pelo di alcuni animali. ☐
- alla polvere. ☐

b. Giulia ha sempre
- la sciarpa al collo. ☐
- lo spray in tasca. ☐
- il fazzoletto in mano. ☐

c. La sorella di Laura soffriva sempre di
- mal di testa ☐
- vertigini ☐
- nausea ☐
- raffreddore ☐
- mal di stomaco ☐

e mangiava
- troppa roba in scatola. ☐
- solo verdura cotta. ☐
- sempre in bianco. ☐

d. Giulia non è soddisfatta delle cure fatte perché

- i medici andavano avanti a tentativi. ☐
- le medicine avevano effetti collaterali. ☐
- doveva fare continuamente delle analisi. ☐

e. Giulia vi sembra convinta di quello che le ha detto l'amica?

7 E ADESSO TOCCA A VOI!

Se foste al posto di Giulia continuereste a curarvi con la medicina tradizionale o provereste qualche terapia alternativa? Perché?

155

LEZIONE 12

DIALOGO

■ Sai che l'anno scorso ho avuto questo attacco d'asma.
● Sì, mi ricordo. Che t'han portata al pronto soccorso.
■ Infatti, m'han curata col cortisone. Al che io l'ho detto al medico: «Senta, mi dia qualcosa perché non vorrei che mi capitasse ancora quest'attacco d'asma.» E lui mi cura appunto con queste pastiglie.
● Sì, ma sei sicura che ci capisca qualcosa questo medico?
■ Ma io, guarda, lo spero, ma non lo so.

> Non **vorrei che mi capitasse** ancora questo attacco d'asma.

ESERCIZIO

Fate dei dialoghi secondo il modello.

> ☐ Sai che l'anno scorso il bambino si è ammalato.
> ○ Sì, mi ricordo.
> ☐ Al che io l'ho detto al medico: «Senta, gli dia qualcosa perché non vorrei che si ammalasse di nuovo.»

a. Sai che la macchina la settimana scorsa si è rotta.

b. Sai che Aldo l'altra volta si è ubriacato.

c. Sai che il vicino il mese scorso ha protestato.

d. Sai che il mese scorso mio figlio ha avuto un incidente con la moto.

1. Al che io ho detto ai bambini: «Non fate troppo rumore perché non vorrei che _____ di nuovo.»

2. E io gli ho detto: «Va' piano, perché non vorrei che _____ un altro incidente.»

3. E allora io gliel'ho detto: «Senti, stavolta cerca di non bere troppo perché non vorrei che _____ di nuovo.»

4. E allora io ho detto al meccanico: «Senta faccia qualcosa perché non vorrei che _____ di nuovo.»

(10) LETTURA

agopuntura shiatsu chiropratica

L'ALTRA MEDICINA

fitoterapia

omeopatia

La medicina alternativa è un successo. Lo dicono le cifre. Secondo i dati forniti dagli operatori del settore sono cinque milioni gli italiani che si affidano alle terapie «dolci» per curare i propri malanni, 5000 i medici e i fisioterapisti che utilizzano metodi di cura non tradizionali, 6000 le farmacie che distribuiscono prodotti omeopatici, 1300 le aziende del settore, che producono un giro d'affari pari a 1000 miliardi di lire. Insomma omeopatia, agopuntura, fitoterapia e le altre «sorelle minori» dell'alternativa (il campo è vastissimo) fureggiano.
Ma si tratta di una moda passeggera o di una nuova frontiera nel campo della salute? (…) Ecco comunque come ha risposto un campione di italiani a un sondaggio del Censis sulla medicina alternativa.

ayurveda pranoterapia reflessologia

osteopatia naturopatia

MOTIVI DEL RICORSO ALLA MEDICINA ALTERNATIVA	
Secondo Lei quali sono i motivi principali per i quali alcune persone fanno uso di questo tipo di medicina?	
È una medicina naturale e quindi meno dannosa	58,3
È l'ultima risorsa per quelle malattie che non si possono guarire con la medicina ufficiale	21,1
È una medicina che punta soprattutto a prevenire le malattie	15,5
Chi la pratica è più attento ai problemi del paziente come persona	14,1
Altri motivi	9,5

(da *Starbene*, febbraio 1995, ridotto)

(11) E ADESSO TOCCA A VOI!

Come avreste risposto a questo sondaggio?
Avete mai fatto ricorso alla medicina alternativa?
Conoscete qualcuno che è ricorso a cure di questo tipo?

LEZIONE 12

DETTATO

■ _____, io ho bisogno di un medico che ci capisca

_____, che mi dia un prodotto che funzioni, _____

finora mi è _____ che andassero avanti a tentativi:

_____ ____ _____, se non va bene _____

____ _____; e poi, _____, non è che ____

_____ me le regalassero.

● _____. E _____, un altro aspetto _____ _____

_____ è _____ _____ : che andando ____ ____

omeopata non spenderai certo più di quanto hai speso finora.

■ Ah, beh, ____ _____, _____ ____ solo io quel che ____

_____, _____. _____, va be', _____,

io _____ _____ _____ nuova cura e se non dovesse

_____ vorrà dire che ...

● ... che ____ _____ io un _____.

Ho bisogno di	un medico **che ci capisca** qualcosa.
	una medicina **che funzioni**.

Finora **mi è sembrato che andassero** avanti a tentativi.

ESERCIZIO

Fate delle frasi secondo il modello.

> medico – capirci qualcosa
> Ho bisogno di *un medico che ci capisca qualcosa.*

a. medicina – funzionare
b. qualcuno – ascoltarmi
c. amico – capirmi
d. persona – aiutarmi
e. lavoro – soddisfarmi
f. medico – guarirmi
g. amico – darmi un consiglio
h. segretaria – sapere stenografare
i. giacca – andare bene con questi pantaloni
j. dieta – farmi dimagrire
k. macchina – non rompersi sempre

14 ESERCIZIO

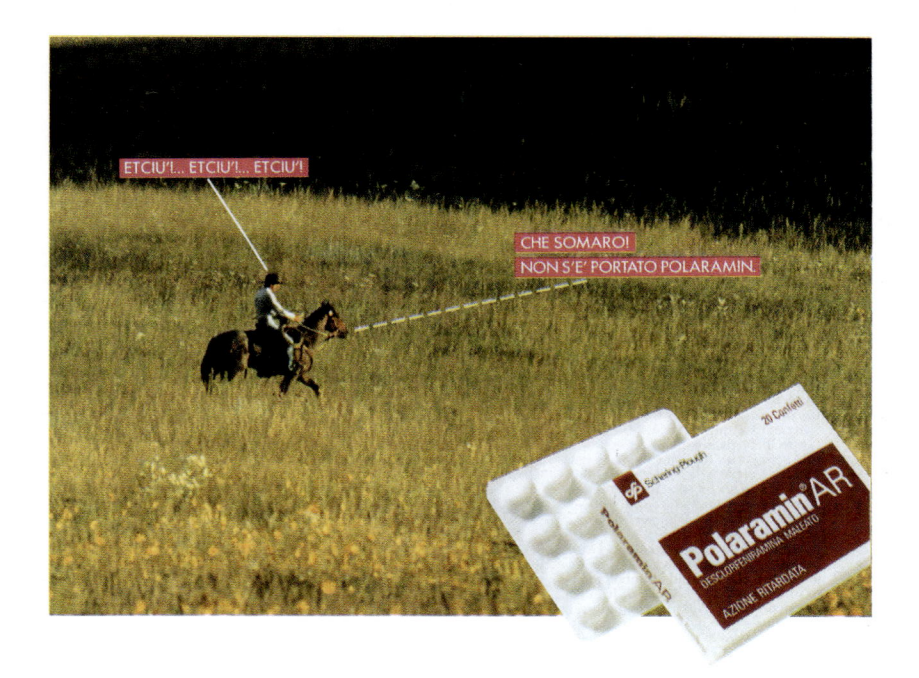

Trasformate le frasi usando la forma verbale necessaria.

a. Penso che i medici omeopatici non siano abbastanza competenti.

Pensavo che _____

_____

b. Mi sembrava che la cura ti facesse bene.

Mi sembra che _____

c. Giulia pensa che gli omeopati non facciano delle visite accurate.

Giulia pensava che _____

_____

d. Ero del parere che Giulia avesse bisogno di una cura omeopatica.

Sono del parere che _____

_____

e. Volevo un medico che usasse rimedi naturali.

Voglio un medico che _____

f. È necessario che Giulia faccia qualcosa contro la sua allergia.

Era necessario che _____

_____

LEZIONE 12

> **Se** la cura non **dovesse** funzionare, (eventualità)
> **vorrà dire che ti darò** io l'indirizzo (rimedio,
> di un medico. soluzione)

15   **ESERCIZIO**

Fate dei dialoghi secondo il modello.

> provare questa nuova cura – funzionare
> darti io l'indirizzo di un medico
>
> ☐ Io adesso *provo questa nuova cura* e, se non dovesse *funzionare*, vorrà dire che…
> ○ … che *ti darò io l'indirizzo di un medico*.

a. telefonare al meccanico – la macchina non essere pronta
prestarti io la mia

b. mettermi a studiare – farcela da solo/-a
aiutarti io il fine settimana

c. cercare di finire questo lavoro – riuscirci entro oggi
domani parlare io con il capufficio

d. cercare un taxi – trovarne uno
accompagnarti io all'aeroporto

e. provare a chiamare Giorgio – trovarlo
avvisarlo io più tardi

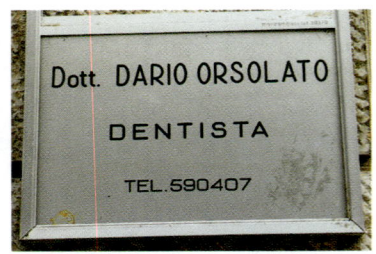

16 E ADESSO TOCCA A VOI!

A Lei soffre di mal di testa. Per guarire si è rivolto/-a a diversi medici, ma risultati finora non se ne sono visti. L'unica cosa che le fa passare il mal di testa sono degli analgesici molto forti che Lei però non prende volentieri per i disturbi che Le provocano allo stomaco e per il timore che ha di diventare dipendente. Lei sa che esistono terapie alternative, ma è molto scettico/-a anche perché ha già provato a curarsi con l'agopuntura, ma dopo quattro sedute ha smesso perché non vedeva risultati. Anche oggi Lei ha un forte mal di testa e si vede. Il/la collega con cui divide la stanza Le rivolge adesso la parola; probabilmente vorrà consigliarLe qualcuna delle sue strane terapie.

B Il Suo/la Sua collega di lavoro anche oggi ha mal di testa e si vede. Poverino/-a! Secondo Lei però non vuole veramente curarsi perché insiste a prendere analgesici e rifiuta altre cure che Lei già in altre occasioni gli/le ha consigliato. Ultimamente un suo amico ha provato una nuova terapia molto efficace: la reflessologia, un cura cioè nella quale si agisce sul malato massaggiandogli la pianta del piede nei punti corrispondenti ai diversi organi. Potrebbe essere questa un'ottima terapia per il Suo/la Sua collega.

Secondo i principi della reflessologia plantare, ogni organo è collegato a un punto del piede. Intervenendo su queste zone con massaggi e pressioni precise (eseguite sempre inspirando ed espirando lentamente) quindi, è possibile riattivare gli organi corrispondenti. Ecco una mappa dettagliata in cui sono segnalati alcuni tra i principali punti che, sollecitati, migliorano il funzionamento dei vari organi.

1 Cervello.
2 Polmoni e cuore.
3 Braccia e spalle.
4 Occhi e orecchie.
5 Reni.
6 Intestino tenue.
7 Osso sacro e tronco inferiore.
8 Vescica.

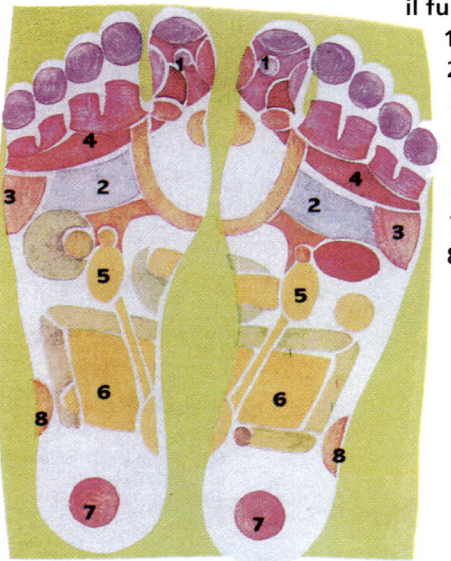

LEZIONE 12

LETTURA

GUERRA ALLO STRESS

È senza alcun dubbio l'argomento del momento. Tanto che gli vengono dedicati convegni, simposi, dibattiti, e persino istituti e ospedali. Sullo stress si discute tanto al punto che si potrebbe diventare … stressati a forza di parlarne. Ma il tema è tristemente attuale, e non riguarda più solo i manager e i giovani rampanti. (…) Oggi, non è più possibile considerare lo stress un semplice senso di disagio: è ormai dimostrato il suo stretto rapporto con cardiopatie, gastriti, ulcere e malattie infettive. (…)

Ma chi sono i più colpiti dallo stress? Se lo sono chiesto gli esperti dell'Istituto di Ricerche Riza Psicosomatica di Milano che hanno realizzato un convegno dal titolo *Lo stress fa ammalare?* L'indagine ha rilevato che gli italiani più stressati sono i giovani tra i 14 e i 25 anni. Si stressano perché devono chiedere i soldi ai genitori, per le sfibranti preparazioni per l'interrogazione a scuola e perché a casa litigano con i fratelli. Anche tra i giovanissimi si stressano più le femmine che i maschi: per i soldi, per il primo rapporto sessuale, quando cercano lavoro, per la situazione del Paese. Quanto agli adulti, lo stress li colpisce soprattutto il lunedì mattina, quando devono rientrare al lavoro. (…)

(da *Top Salute*, dicembre/gennaio 1995)

a. Che conseguenze può avere lo stress sulla salute?
b. Quali sono le cause dello stress nei giovani?
c. E negli adulti?

TEST

E VOI QUANTO SIETE STRESSATI?

Date un punteggio alle seguenti situazioni: 3 quando vi capitano di frequente, 2 quando si presentano di rado, 1 se non corrispondono al vostro comportamento.

1. Al telefono e nelle conversazioni di lavoro vi distraete riempiendo i fogli con figure geometriche. ☐

2. La vostra scrivania e i vostri armadi sono sempre in ordine e se qualcosa è fuori posto lo notate subito. ☐

3. Dopo una discussione con i vostri colleghi o con il vostro partner avete mal di stomaco o mal di testa. ☐

4. Quando dovete spiegare qualcosa vi arrabbiate perché gli altri non capiscono al volo. ☐

5. Siete superefficienti mentre gli altri lavorano poco, male e lentamente. ☐

6. Non avete neanche un po' di tempo da dedicare a voi stessi. ☐

7. Dovete avere sempre qualcosa da fare, altrimenti non sapete come impiegare il vostro tempo. ☐

8. Anche quando siete rilassati muovete di continuo le gambe o le mani. ☐

9. In una discussione evitate di contraddire chi sta avendo la meglio. ☐

10. Vi capita spesso di non riuscire ad addormentarvi o di svegliarvi durante la notte. ☐

Dopo aver sommato i punti relativi alle varie domande, leggete qui le risposte.

10 punti. Anche se avete conosciuto momenti di tensione siete in grado di affrontarli e superarli con serenità. Possedete un filtro contro le tensioni quotidiane molto potente e, molto probabilmente, i vostri colleghi e gli amici vi considerano una persona equilibrata ed affidabile.

Da 11 a 20 punti. Pur essendo sottoposti a situazioni stressanti, avete ancora una capacità di filtro che vi permette di contrastare le piccole tensioni. Il vostro problema potrebbe però derivare dagli stress di grande portata e dalle tensioni continue. Potenziate le capacità di difesa con tecniche di rilassamento e con l'attività fisica.

Da 21 a 30 punti. Se già non accusate i primi sintomi di stress, ci siete molto vicini. Se ancora non lo avete fatto, cercatevi un hobby e trovate un po' di tempo da dedicare a voi stessi. Dovete assolutamente potenziare il vostro filtro di difesa dagli stress.

(da *Top Salute*, dicembre/gennaio 1995)

E ADESSO TOCCA A VOI!

a. E voi che sintomi avete quando siete stressati?
b. Che rimedi adottate quando vi sentite stressati?

LEZIONE 12

19   **TEST**

I. Completate con i verbi al tempo e al modo opportuni.

    a. Non vorrei che l'anno prossimo mio figlio (ammalarsi) _____ di nuovo.

    b. Sei sicura che il tuo medico (essere) _____ bravo?

    c. Ho bisogno di una medicina che mi (fare) _____ guarire.

    d. Se la cura non (dovere) _____ funzionare, vorrà dire che seguirò i tuoi consigli.

    e. Per la cura ho speso un sacco di soldi, perché non è che il mio medico mi (curare) _____ gratis.

II. Completate le frasi con le preposizioni.

    a. Giulia è allergica _____ polvere.

    b. Maria soffre _____ mal _____ stomaco e deve mangiare _____ bianco.

    c. Le allergie spesso si curano _____ il cortisone.

    d. Molte persone oggi si affidano _____ terapie dolci.

    e. Ho bisogno _____ un bravo dentista.

    f. Alcuni medici vanno avanti _____ tentativi.

    g. Lei deve seguire una dieta _____ ferro.

    h. Può bere qualche bicchiere di vino, ma solo _____ quando _____ quando.

LEZIONE 13

Se me l'avessi detto prima...

1

QUESTIONARIO

Guido è seduto davanti al televisore aspettando che la partita cominci e Cristina, sua moglie, si siede accanto a lui.

a. Che cosa vuole dire Cristina a Guido?
_____

b. Che cosa deve fare Guido dopodomani?
_____

c. Che cosa rimprovera lei a lui?
_____

d. Che cosa rimprovera lui a lei?
_____

e. Che cosa promette Guido a Cristina?
_____

LEZIONE 13

2 DIALOGO

▲ Mi dispiace, me l'hai detto troppo tardi, cara.
■ Come troppo tardi?
▲ Se me l'avessi detto prima ...
■ Come se te l'avessi detto prima? Se te l'avessi detto prima, non sarebbe cambiato proprio nulla, perché ti saresti visto lo stesso questa maledetta partita.

Se te l'**avessi detto** prima, non **sarebbe cambiato** proprio nulla.

3 ESERCIZIO

Fate dei dialoghi secondo il modello.

> Mi dispiace, me l'hai detto troppo tardi.
>
> △ Mi dispiace, *me l'hai detto* troppo tardi. Se *me l'avessi detto* prima ...
> □ Se *te le avessi detto* prima, non sarebbe cambiato proprio nulla!

a. Mi dispiace, mi hai chiamato troppo tardi.

b. Mi dispiace, ci hai pensato troppo tardi.

c. Mi dispiace, mi hai telefonato troppo tardi.

d. Mi dispiace, sei venuto troppo tardi.

e. Mi dispiace, ti sei fatto sentire troppo tardi.

f. Mi dispiace, te ne sei ricordato troppo tardi.

ESERCIZIO

4

Formate delle coppie. Prendendo spunto dai seguenti avvenimenti storici (o da altri a vostra scelta) ponetevi vicendevolmente delle domande e rispondete secondo l'esempio.

> 753 a. C. Romolo fonda Roma
> - Che cosa sarebbe successo se Romolo non avesse fondato Roma?
> - In nessuna parte del mondo si parlerebbe una lingua neolatina.

44 a.C.	Bruto e Cassio uccidono Giulio Cesare
1066	I Normanni conquistano l'Inghilterra
1492	Cristoforo Colombo scopre l'America
1789	Inizia la Rivoluzione Francese
1871	Antonio Meucci inventa il telefono
1879	Edison inventa la lampadina elettrica
1895	I fratelli Lumière inventano il cinema
1928	Alexander Fleming scopre la penicillina
1989	Cade il muro di Berlino

LEZIONE 13

5 LETTURA

Anche questo racconto è tratto da *Navi in bottiglia* di Gabriele Romagnoli. Marco Tardelli, mezz'ala della Juventus e della Nazionale Italiana di calcio, segnò il secondo gol nella finale della Coppa del Mondo in Spagna nel 1982 contro la Nazionale Tedesca. La partita finì 3–1 per l'Italia.

Non fermate Tardelli

Sono rimasti solo loro due nello spogliatoio. L'ala destra slaccia e riallaccia le scarpe. Batte i tacchetti sul pavimento. L'ala sinistra tiene la testa rovesciata all'indietro, gli occhi chiusi, le mani aggrappate a due
5 attaccapanni. L'ala destra è pronta, accenna ad alzarsi. L'ala sinistra parla, senza muoversi: «E se non lo fermavano?».

«Chi? Se non fermavano chi?»

«Tardelli. Se non fermavano Tardelli dopo che ave-
10 va segnato il gol del due a zero alla Germania nella finale dei Mondiali di Spagna. Sai quella scena che hanno fatto vedere mille volte in tv: lui che corre urlando, i pugni chiusi, le gambe a mille, la faccia da pazzo ...»

15 «Sì, e allora?»

«Poi arrivano gli altri, i compagni, e lo tirano giù. Ma se non lo avessero fatto? Se non avessero fermato Tardelli?»

«Be'? Cosa sarebbe successo?»

20 «Ecco» l'ala sinistra apre gli occhi. «Se avesse continuato a correre con quell'orgasmo dentro, se fosse uscito dallo stadio, urlando, e la gente dietro, e via, con tutta la forza del mondo, senza più fermarsi, milioni di persone dietro con uno che ha vinto, con la voglia di
25 vincere ancora. Ecco, se non avessero tirato giù Tardelli sarebbe cambiato il mondo?»

L'ala destra lo guarda, scuote il capo: «Non cambiava niente, cadeva da solo sulla linea di fondo. Un calciatore è un calciatore, non esce dal campo. E nes-
30 suno gli andrebbe dietro». «No? Be' se oggi segno il gol della vittoria, tu non provare a fermarmi.»

L'ala destra gli si avvicina, gli mette una mano sul gomito. «Nessun gol della vittoria, Tardelli, questa partita è venduta. Venduta a perdere.»

a. Dove e quando si svolge la conversazione fra l'ala destra e l'ala sinistra?

b. Che cosa spera di fare l'ala sinistra?

c. Perché il suo è un desiderio impossibile?

(6) ## ESERCIZIO

Nel racconto di Romagnoli viene usata una forma colloquiale per semplificare la forma ipotetica che già conoscete (se + trapassato congiuntivo + condizionale passato). Cercatene i tre esempi e trasformateli nella forma non colloquiale.

(7) ## E ADESSO TOCCA A VOI!

a. Vi piace il calcio o vi dà fastidio la partecipazione e l'entusiasmo che genera in molte persone?

b. Vi siete mai entusiasmati per una partita di calcio o per qualche altro avvenimento sportivo?

c. Qual è il vostro sport preferito? Lo praticate o lo seguite soltanto da spettatori?

LEZIONE 13

DETTATO

■ ____ _____ che tu non voglia mai fare _____ ____ ____ ?

▲ Io? Senti chi parla!

■ _____ ?

▲ Ma _____ tu alla festa di mamma ____ ____ _____ ?

■ E dagli!

▲ Ah, lo vedi?

■ Eh, 'sta festa ____ _____ !

▲ Con una differenza: che io _____ _____ di Francesca _____ ____ _____ .

■ ____ ____ _____ della _____ ____ _____ sì!

▲ Sì. E io benché te l'avessi detto e ripetuto, benché tu lo sapessi perfettamente, _____ _____ _____ a quel convegno.

■ ____ _____ ! Era indispensabile _____ ____ _____ a quel congresso!

▲ Macché indispensabile, figurati!

> **Benché** lo **sapessi** perfettamente,
> **Benché** te lo **avessi detto**, | hai preferito andare al convegno.

ESERCIZIO 9

Trasformate le frasi secondo il modello.

> *Ti avevo detto* che era il compleanno di mamma, *ma* tu sei voluta andare a quel convegno.
>
> *Benché ti avessi detto* che era il compleanno di mamma, tu sei voluta andare a quel convegno.

a. Ti avevo pregato di non fare rumore, ma tu hai dovuto per forza fare le pulizie.

   Benché _____

b. Ti avevo chiesto di essere gentile con lui, ma tu non hai voluto neanche rivolgergli la parola.

   Benché _____

c. Le avevo raccomandato di finire quel lavoro, ma Lei non è voluta rimanere oltre l'orario di lavoro.

   Benché _____

d. Lei sapeva quanto era importante la Sua presenza, ma ha preferito andarsene in ferie.

   Benché _____

e. Voi eravate a conoscenza dell'importanza della riunione, ma avete preferito restarvene a casa.

   Benché _____

LEZIONE 13

10 DIALOGO

▲ Guarda, facciamo una cosa: tu a teatro ci vai con una tua amica.
■ Ecco, bene. Che sarà anche molto più piacevole!
▲ Oh, bene. Io, che sono un uomo generoso, vi ci accompagno in macchina, però ve ne tornate a casa in taxi perché io vado a vedermi la partita ...
■ ... da Sergio!
▲ Esatto! Anzi, adesso la partita comincia, quindi per favore lasciami tranquillo.
■ Va bene, guarda, buon divertimento!

Ti accompagno io **a teatro**. →	**Ti ci** accompagno io.
Vi accompagno io **a teatro**. →	**Vi ci** accompagno io.
Mi accompagna Mario **a teatro**. →	**Mi ci** accompagna Mario.
Ci accompagna Roberto **a teatro** →	**Ci** accompagna Roberto.
Accompagno io **Massimo a teatro**. →	**Ce lo** accompagno io.
Accompagno io i **tuoi genitori** **a teatro**. →	**Ce li** accompagno io.

11 ESERCIZIO

Rispondete secondo il modello.

> □ Chi mi accompagna a teatro?
> △ Ti ci accompagno io.

a. □ Chi porta il bambino a scuola?
△ _____ io.

b. □ Chi mi porta alla stazione?
△ _____ Marco.

c. □ Chi ti accompagna allo stadio?
△ _____ Luigi.

d. □ Chi porta i bambini allo zoo?
△ _____ mia sorella.

e. □ Chi ci accompagna all'università?
△ _____ noi.

f. □ Chi vi porta all'aeroporto?
△ _____ Riccardo.

12 ESERCIZIO

Lesen Sie nochmals den letzten Dialog sowie das Diktat und entscheiden Sie dann, welche Wendungen Cristina und Guido benutzen,

> ecco bene!   figurati!
> e dagli!   senti chi parla!

- um Unmut zu äußern, daß der Gesprächspartner hartnäckig etwas wiederholt, was man schon längst zur Kenntnis genommen hat: _____

- um die Behauptung des Gesprächspartners anzuzweifeln: _____

- um letztendlich einer Lösung, jedoch mit polemischem Unterton, zuzustimmen: _____

- um einem Vorwurf zu entgegnen, indem man den Gesprächspartner darauf hinweist, daß er sich ebenso verhält: _____

13 ESERCIZIO

Inserite adesso le espressioni nei seguenti dialoghi.

a. ○ Io lavoro dalla mattina alla sera.
   □ Macché dalla mattina alla sera! _____

b. ○ Sai che faccio? Io ritorno da mia madre!
   □ _____ Così finalmente starò più tranquillo.

c. ○ Perché non hai voluto invitare anche mio fratello?
   □ _____ È la quarta volta che me lo ripeti!

d. ○ Come fai a passare tante ore al telefono?!
   □ _____ L'ultima volta che ha chiamato Sergio avete parlato almeno per due ore.

LEZIONE 13

14 E ADESSO TOCCA A VOI!

A Lei è Antonio/Antonietta. Sta partendo per le vacanze insieme al Suo amico Lorenzo/alla Sua amica Lorenza con la macchina di quest'ultimo/-a. La macchina però non vuole saperne di partire. Ieri pomeriggio (un venerdì) quando siete andati a fare benzina, la macchina faceva uno strano rumore. Lei voleva farla vedere da un meccanico, ma Lorenzo/Lorenza ha detto che la macchina era a posto. Non è la prima volta che il Suo amico/la Sua amica non vuole seguire il Suo consiglio e tutte le volte vi siete poi trovati nei guai. Oggi e domani i meccanici sono chiusi. Chissà quando potrete partire!

B Lei è Lorenzo/Lorenza. Insieme al Suo amico Antonio/alla Sua amica Antonietta sta partendo con la Sua macchina per le vacanze. La macchina però non vuole saperne di partire. Già ieri faceva uno strano rumore, ma Lei non ci ha fatto troppo caso perché due settimane prima il meccanico Le aveva assicurato che tutto era a posto. Adesso chissà quante storie farà Antonio/Antonietta che Le rimprovera sempre di essere superficiale.

LETTURA

Carlo Goldoni (Venezia 1707 – Parigi 1793) è il più grande autore italiano di teatro del XVIII secolo. Le sue commedie vengono rappresentate ancora oggi in Italia e all'estero. Una delle più famose è *La locandiera*, in cui la protagonista, Mirandolina, di cui tutti i clienti si innamorano, si diverte a sedurre il Cavaliere di Ripafratta che si dichiara nemico delle donne.

DA LA LOCANDIERA, ATTO PRIMO, SCENA IX

Uh, che mai ha detto! L'eccellentissimo signor Marchese Arsura mi sposerebbe? Eppure, se mi volesse sposare, vi sarebbe una piccola difficoltà. Io non lo vorrei. Mi piace l'arrosto, e del fumo non so che farne. Se avessi sposati tutti quelli che hanno detto di volermi, oh avrei pure tanti mariti! Quanti arrivano a questa locanda, tutti di me s'innamorano, tutti mi fanno i cascamorti; e tanti mi esibiscono di sposarmi addirittura. E questo signor Cavaliere, rustico come un orso, mi tratta sì bruscamente? Questi è il primo forestiere capitato alla mia locanda, il quale non abbia avuto piacere di trattare con me. Non dico che tutti in un salto s'abbiano a innamorare; ma disprezzarmi così? è una cosa che mi muove la bile terribilmente. È nemico delle donne? Non le può vedere? Povero pazzo! Non avrà ancor trovato quella che sappia fare. Ma la troverà. La troverà. E chi sa che non l'abbia trovata? Con questi per l'appunto mi ci metto di picca. Quei che mi corrono dietro, presto m'annoiano. La nobiltà non fa per me. La ricchezza la stimo e non la stimo. Tutto il mio piacere consiste in vedermi servita, vagheggiata, adorata. Questa è la mia debolezza, e questa è la debolezza di quasi tutte le donne. A maritarmi non ci penso nemmeno; non ho bisogno di nessuno; vivo onestamente, e godo la mia libertà. Tratto con tutti, ma non m'innamoro di nessuno. Voglio burlarmi di tante caricature d'amanti spasimanti; e voglio usar tutta l'arte per vincere, abbattere e conquassare quei cuori barbari e duri che son nemici di noi, che siamo la miglior cosa che abbia prodotto al mondo la bella madre natura.

a. «Mi piace l'arrosto, ma del fumo non so che farne.»
Che cosa significano secondo voi queste parole?

b. Che tipo è Mirandolina? Come ve la immaginate?

LEZIONE 13

16

ESERCIZIO

Che rapporto hanno con la televisione le persone intervistate?
Ascoltate le loro risposte e indicate chi ...

	Gabriella	Virgilio	Luciana	Daniela
a. non ha il televisore.	○	○	○	○
b. sostiene che la TV non è il demonio.	○	○	○	○
c. ha il televisore ma potrebbe farne benissimo a meno.	○	○	○	○
d. quando i figli guardano un programma non adatto a loro, spegne il televisore.	○	○	○	○
e. al telegiornale preferisce la lettura di un quotidiano.	○	○	○	○
f. sostiene che la TV fa male a tutti.	○	○	○	○
g. guarda abbastanza la TV ma senza esagerare.	○	○	○	○
h. preferisce vedere un film al cinema piuttosto che in televisione.	○	○	○	○

17

E ADESSO TOCCA A VOI!

Qual è il vostro rapporto con la televisione? Quando e quanto la guardate? Quali trasmissioni guardate di solito? Quali solo talvolta? Quali non potete soffrire?

TEST

I. Coniugate i verbi alla forma opportuna.

   a. Se avessi fatto riparare la macchina, (noi-potere) _____ _____ partire già ieri.

   b. Ti avrei scritto, se tu mi (lasciare) _____ _____ il tuo indirizzo.

   c. Se non (esserci) _____ sciopero degli autobus, stamattina non arrivavo in ritardo.

   d. Se (sapere) _____ _____ che in questo ristorante si mangiava così male, non ci sarei mai entrato.

II. Trasformate le frasi usando *benché* invece di *anche se*.

   a. Anche se ti avevo chiesto di non dire niente a nessuno, tu hai dovuto raccontare tutto a Mario.

   b. È un bel film, anche se in alcuni punti è un po' lento.

   c. Anche se mi ha visto, non mi ha salutato.

   d. È stata una bella vacanza, anche se il tempo non è stato sempre bello.

III. Completate le frasi con i pronomi necessari.

   a. Devi andare a scuola? Se aspetti cinque minuti _____ porto io.

   b. La mamma deve andare dal medico. Se _____ accompagni tu, mi fai un favore.

   c. Dobbiamo andare all'aeroporto. _____ porti tu? Il taxi è troppo caro.

   d. Andate in centro? Salite in macchina, _____ porto io.

LEZIONE 14

Ma è roba da matti!

1   LETTURA

Perugia, alla fine denunciati tre passeggeri

Fumano nel vagone e il treno si ferma

PERUGIA – Troppe sigarette nello scompartimento dove è vietato fumare, tre passeggeri indisciplinati che non ascoltano i richiami del controllore, il capotreno che blocca il convoglio e non lo fa ripartire fin quando arriva la polizia e porta via i passeggeri che hanno preso a insultare i ferrovieri. Ci vogliono un ritardo di quasi 20 minuti, il mugugno di un centinaio di pendolari e tre denunce per interruzione di pubblico servizio per far riprendere la marcia al regionale 12125 diretto a Foligno. È successo mentre il treno locale delle Ferrovie dello Stato, che collega Terontola a Foligno, era a metà del suo tragitto, all'altezza di Ellera Scalo. I treni classificati come «regionali» non hanno scompartimenti riservati ai fumatori e il divieto vale per tutto il convoglio. Tre muratori che hanno preso posto in uno dei vagoni dopo una decina di minuti di viaggio non resistono e accendono la prima sigaretta. Il controllore li vede e li invita a smettere. Ripassa dopo un po' e li ritrova che ancora sbuffano fumo. «Lasciateci fare, non disturbiamo nessuno», avrebbero detto. «È la legge e la devo far rispettare». I tre fanno finta di non sentire. La discussione si accende, interviene anche il capotreno che mette mano al registro delle multe. Succede il parapiglia e così, quando il treno si ferma alla stazione di Ponte San Giovanni, periferia di Perugia, il capotreno denuncia tutto al capostazione. «Se quei tre non scendono, il treno resta fermo qui», dice convinto il capotreno. Arrivano gli uomini della Polfer che accompagnano i tre muratori in questura. Per loro i guai saranno ben più gravi che non una multa: dovranno rispondere di interruzione di pubblico servizio (il treno è rimasto fermo fino alle 20. 01) e minacce.

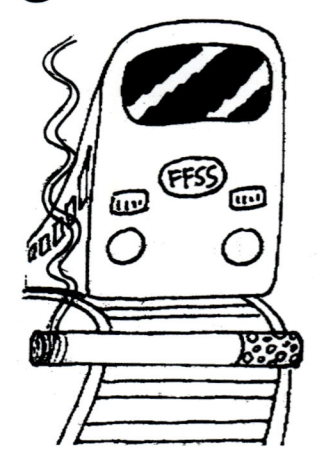

(da *la Repubblica*, 24 giugno 1994)

È vero?	sì	no
a. I tre muratori fumavano in uno scompartimento riservato ai non fumatori.	☐	☐
b. Durante la discussione con il controllore è intervenuto anche il capostazione.	☐	☐
c. I tre muratori non se la caveranno con una semplice multa.	☐	☐

2   E ADESSO TOCCA A VOI!

Vi sembra esagerato il comportamento del capotreno?
Sareste stati anche voi così severi o avreste chiuso un occhio?
Secondo voi fumare nei mezzi e nei locali pubblici dovrebbe essere vietato o consentito?

QUESTIONARIO

Fabrizio racconta a Francesca quello che gli è successo.
Ascoltate il dialogo e mettete le vignette in ordine cronologico.

LEZIONE 14

4 E ADESSO TOCCA A VOI!

Come vi sareste comportati al posto di Fabrizio?

5 DIALOGO

- ● Oh, scusa eh, scusa il ritardo. Mi dispiace.
- ■ Ah, Fabrizio, ciao. Ma che faccia che hai!
- ● E per forza! Ho appena fatto una litigata con uno qui in mezzo alla strada.
- ■ Hai litigato?!
- ● Sì, con un cretino! Guarda, c'è mancato poco che gli mettessi le mani addosso.
- ■ Addirittura!
- ● Eh, sì.

6 ESERCIZIO

Fate dei dialoghi secondo il modello.

> litigare con uno – con un cretino – mettergli le mani addosso
>
> □ Che faccia che hai!
> ○ Per forza *ho* appena *litigato con uno*.
> □ *Hai litigato*?!
> ○ Sì, *con un cretino*. C'è mancato poco che *gli mettessi le mani addosso*.

- a. avere un incidente – con la macchina – andare contro un albero
- b. cadere – per le scale – rompermi una gamba
- c. essere assalito da un cane – nel parco – quella bestiaccia riuscire a mordermi
- d. cadere con la bicicletta – sulle rotaie del tram – finire sotto una macchina
- e. prendere la scossa – con il fon – restarci secco
- f. scivolare – nella vasca da bagno – battere la testa

⑦ DIALOGO

- ● Io gli ho chiesto se gli sembrava quello il modo di parcheggiare.
- ■ Certo.
- ● E lui mi ha risposto che aveva girato tanto e che non aveva trovato posto e che lui, insomma, la macchina da qualche parte la doveva lasciare. Hai capito?
- ■ Ma è roba da matti, guarda!
- ● E poi io gli ho chiesto: «Ma scusi, il clacson non l'ha sentito? Son dieci minuti che lo suono.» E lui m'ha risposto che sì, che l'aveva sentito, ma che non poteva liberarsi. E che poi, insomma, non era colpa sua se a Roma uno non può più girare con la macchina.

> Gli ho chiesto: «**Le sembra questo** il modo di parcheggiare?»
>
> Gli ho chiesto **se gli** | sembrava / sembrasse | **quello** il modo di parcheggiare.

⑧ ESERCIZIO

Trasformate al discorso indiretto le seguenti frasi.

a. Gli ho chiesto: «È Sua questa macchina?»
_____

b. Le ho domandato: «Si mangia bene in questo ristorante?»
_____

c. Gli ho domandato: «Ti sembra questo il modo di comportarti?»
_____

d. Le ho chiesto: «Vuoi partire con tutte queste valigie?»
_____

e. Ho chiesto loro: «È questo l'autobus per Tivoli?»
_____

LEZIONE 14

> Mi ha risposto: «**Ho girato** tanto ma non **ho trovato** posto. **Io** insomma la macchina da qualche parte la **dovevo** lasciare.»
>
> Mi ha risposto **che aveva girato** tanto ma che non **aveva trovato** posto e che **lui** insomma la macchina da qualche parte la **doveva** lasciare.

9 **ESERCIZIO**

Trasformate al discorso indiretto le seguenti frasi.

a. Mi ha detto: «Ho mangiato bene, ma ho speso un patrimonio.»

_____
_____

b. Mi ha risposto: «Ho comprato il pane, ma ho dimenticato di comprare il vino.»

_____
_____

c. Mi ha confermato: «Sono passato da Mario, ma Giorgio non c'era.»

_____
_____

d. Mi ha detto: «Sono arrivato in ritardo perché c'era traffico.»

_____
_____

e. Mi ha assicurato: «Ho ricevuto la conferma della prenotazione.»

_____
_____

f. Mi ha risposto: «Mi dispiace, ma non ho sentito il clacson.»

_____
_____

> «Ma scusi, il clacson non **l'ha sentito**? **Son** dieci minuti che lo **suono**.»
>
> E poi io gli ho chiesto **se** non **aveva (avesse) sentito** il clacson, perché **erano** dieci minuti che lo **suonavo**.
>
> «Sì, **l'ho sentito**, ma mica **potevo** liberarmi. E poi, insomma, non **è** colpa **mia** se a Roma uno non **può** più **girare** con la macchina.»
>
> E lui m'ha risposto che sì, che **l'aveva sentito**, ma che non **poteva** liberarsi. E che poi, insomma, non **era** colpa **sua** se a Roma uno non **può** più **girare** con la macchina.

⑩ ESERCIZIO

Trasformate al discorso indiretto le seguenti frasi.

a. Signora Bianchi, ha fatto le fotocopie? È più di un'ora che aspetto di averle.

Ho chiesto alla signora Bianchi ...

b. Ti sei ricordato di fare la spesa? Non abbiamo più niente in frigorifero.

Gli ho chiesto ...

c. Hai cambiato i soldi? Io non ho che pochi scellini in tasca.

Le ho chiesto ...

d. Signor Conti, ha preso Lei la lettera dell'avvocato? Non riesco più a trovarla.

Ho chiesto al signor Conti ...

e. Quando sei tornata dalle vacanze? Ti ho chiamata tutto il fine settimana.

Le ho chiesto ...

LEZIONE 14

11 **ESERCIZIO**

Trasformate i dialoghi alla forma indiretta e le frasi alla forma indiretta in dialogo.

a. ○ Non ne posso più di questo tempo.

   □ Ha ragione, ma mica è colpa mia se in Inghilterra piove in tutte le stagioni.

   Gli ho detto _____
   _____

   e lui mi ha risposto _____
   _____
   _____
   _____

b. ○ _____
   _____
   _____

   □ _____
   _____
   _____
   _____

   Ha detto che aveva letto quel libro ma che non gli era piaciuto per niente. E io gli ho risposto che invece a me era piaciuto moltissimo e che è normale che due persone abbiano gusti diversi.

c. ○ Non riesco a capire come quel ciarlatano possa avere tanto successo.

   □ Eh, purtroppo alla maggior parte della gente i ciarlatani piacciono.

   Gli ho detto _____
   _____
   _____

   e lui mi ha risposto _____
   _____
   _____

d. ○ _____
   _____
   _____

   □ _____
   _____
   _____
   _____

   Mi ha detto che la notte non dormiva più perché suo figlio non faceva che piangere ed io gli ho risposto che doveva aver pazienza perché tutti i bambini la notte piangono.

LETTURA

CIASCUNO PAGHI PER LA SUA PARTE

Evviva, finalmente verranno multati i proprietari dei cani che sporcano i marciapiedi. Ma non credano i sostenitori di questa iniziativa di aver risolto i problemi di degrado della nostra città. Dovremmo multare allo stesso modo anche coloro che buttano a terra tutto ciò che non serve, che sputano, che fanno pipì contro i muri, che rompono le panchine, i telefoni pubblici, che scrivono sui muri, che seminano siringhe. E non dimentichiamo la pubblica amministrazione, che lascia crescere sui marciapiedi folti boschetti fatti di erbacce e di sterpi.

(Lettera al *Corriere della Sera*)

Dieci regole d'oro per un comportamento educato.

1. Non gridare in pubblico.
2. Non sporcare l'ambiente.
3. Non spingere o malmenare il prossimo.
4. Non fare gestacci o boccacce.
5. Non strombazzare il clacson e non disturbare con le moto.
6. Non fumare senza consenso.
7. Non arrivare in ritardo.
8. Non ignorare le richieste.
9. Non disturbare col cellulare.
10. Non trascurare di salutare, dire «grazie» e chiedere «per piacere».

E ADESSO TOCCA A VOI!

a. Quale altro comportamento incivile citereste ancora nella lettera? Come punireste chi si comporta nei modi incivili descritti nella lettera?

b. Quali comportamenti, fra quelli che il decalogo dice di evitare, vi danno più fastidio?

LEZIONE 14

14

DETTATO

■ Che mondo! C'è un'arroganza!

● Eh sì.

■ Una cosa pazzesca!

● Sì, _____ ___ ___ _____ a quel _____ che avevo a che fare con un maleducato e ____ _____ che non _____ ___ _____ stare a _____. Gli ho fatto presente quanto fosse maleducato e _____ _____ ___ _____ che _____ _____ fortunato ad aver incontrato _____ _____ educata _____ ____ , perché, se avesse incontrato un maleducato _____ ____, _____ non se la sarebbe cavata _____ a buon mercato.

■ E _____!

● Poi sai, ___ ___ _____ _____ c'era anche da ridere, _____ nel frattempo s'era radunata ____ _____.

■ Chiaro!

● E _____ _____ _____ a me. C'era addirittura chi _____ che avrei dovuto graffiargli la macchina.

■ E se lo sarebbe _____ meritato!

15

ESERCIZIO

Ritornate al Questionario e confrontate le frasi alla forma diretta con quelle elencate qui sotto. Che cosa cambia? Che cosa resta invariato?

a. Gli ho fatto presente quanto fosse maleducato.
b. Gli ho detto che era stato fortunato ad aver incontrato una persona educata come me.
c. Gli ho detto che se avesse incontrato un maleducato come lui, certamente non se la sarebbe cavata così a buon mercato.
d. C'era addirittura chi diceva che avrei dovuto graffiargli la macchina.

⑯ ESERCIZIO

Lesen Sie nochmals die Dialoge sowie das Diktat und entscheiden Sie dann, welche Wendungen Fabrizio und Francesca benutzen,

> è roba da matti!   addirittura!
> per forza!   chiaro!

○ um die Erklärung für etwas zunächst Unverständliches anzukündigen: _____

○ um Erstaunen auszudrücken über das, was der Gesprächspartner gesagt hat: _____

○ um zu zeigen, daß man eine Äußerung nachvollziehen kann: _____

○ um Erstaunen und zugleich Mißbilligung hinsichtlich eines absurden oder unmöglichen Verhaltens auszudrücken: _____

⑰ ESERCIZIO

Inserite adesso le espressioni nei dialoghi.

a. ☐ Paolo non era mai carino con Sandra e lei alla fine lo ha lasciato.
  ○ _____

b. ☐ Ieri sera Giuliano ha bevuto talmente tanto che non riusciva neanche a stare in piedi.
  ○ _____

c. ☐ Io le ho offerto aiuto e lei s'è offesa.
  ○ _____

d. ☐ Sei venuto a piedi?
  ○ _____ Autobus e taxi sono in sciopero.

LEZIONE 14

18 **E ADESSO TOCCA A VOI!**

Vi è mai capitato di arrabbiarvi per un comportamento poco educato di altre persone? Parlatene con un compagno.

19 **ESERCIZIO**

Riprendente l'articolo a pag. 178 e trascrivete le frasi dette dai muratori e dal capotreno.
Che cosa cambia passando dal discorso diretto a quello indiretto?
Che cosa resta invariato?

_____ I muratori hanno detto di
_____ lasciarli fare perché non
_____ disturbavano nessuno.

_____ Il capotreno ha risposto che
_____ era la legge e che la doveva
_____ far rispettare.

_____ Il capotreno ha detto al
_____ capostazione che se quei tre
_____ non fossero scesi, il treno
_____ sarebbe restato fermo lì.

LETTURA

Il seguente brano è tratto da *Il Gattopardo* (1958) di Giuseppe Tomasi di Lampedusa (Palermo 1896 – Roma 1957).
In questa pagina Concetta, figlia del Principe di Lampedusa, innamorata del cugino Tancredi, durante una cena si scopre gelosa di Angelica, figlia del sindaco di Donnafugata.

Tutti erano tranquilli e contenti. Tutti, tranne Concetta. Essa aveva sì abbracciato e baciato Angelica, aveva anche respinto il «lei» che quella le dava e preteso il «tu» della loro infanzia ma lì, sotto il corpetto azzurro pallido, il cuore le veniva attanagliato;
5 (...) Tancredi sedeva fra lei ed Angelica e con la compitezza puntigliosa di chi si sente in colpa divideva equamente sguardi, complimenti e facezie fra le sue due vicine; ma Concetta sentiva, animalescamente sentiva, la corrente di desiderio che scorreva dal cugino verso l'intrusa, (...) Poiché era donna si aggrappava ai par-
10 ticolari: notava la grazia volgare del mignolo destro di Angelica levato in alto mentre la mano teneva il bicchiere; notava un neo rossastro sulla pelle del collo, notava il tentativo represso a metà di togliere con la mano un pezzetto di cibo rimasto fra i denti bianchissimi; notava ancor più vivacemente una certa durezza di spi-
15 rito; ed a questi particolari che in realtà erano insignificanti perché bruciati dal fascino sensuale si aggrappava fiduciosa e disperata come un muratore precipitato si aggrappa a una grondaia di piombo; sperava che Tancredi li notasse anch'egli e si disgustasse dinanzi a queste tracce palesi della differenza di educazione. Ma Tancredi
20 li aveva di già notati e ahimé! senza alcun risultato.

LEZIONE 14

21 E ADESSO TOCCA A VOI!

a. Una buona educazione si riconosce anche dai dettagli, da quelle regole cioè che a prima vista possono sembrare pura forma. Conoscete queste regole? Scopritelo con il seguente test.
Le lettere che si riferiscono alla risposta esatta, lette nell'ordine, daranno il cognome di uno scrittore di nome Giovanni, che fra il 1551 e il 1555 scrisse un famoso Galateo.

> 1. Chi deve essere presentato per primo, l'uomo alla donna (D) o la donna all'uomo (M)?
>
> 2. Chi deve essere presentato per primo, il giovane all'anziano (E) o l'anziano al giovane (A)?
>
> 3. Alzare il bicchiere verso chi sta versando il vino è segno di buona (R) o di cattiva educazione (L)?
>
> 4. Chi deve entrare per primo in un ristorante, l'uomo (L) o la donna (T)?
>
> 5. Chi deve uscire per primo da un ristorante, l'uomo (I) o la donna (A)?
>
> 6. Una persona educata mangiando gli spaghetti si aiuta con il cucchiaio (N) o no ( )?
>
> 7. Mettersi il tovagliolo al collo per evitare di macchiarsi la camicia è accettato dal galateo ( ) o no (C)?
>
> 8. È ammesso (E) o non è ammesso (A) che una donna usi lo stuzzicadenti a tavola?
>
> 9. Quando si salgono le scale è l'uomo che precede la donna (L) o viceversa (S)?
>
> 10. Quando si scendono le scale è la donna che precede l'uomo (I) o viceversa (A)?

b. Vi sembrano logiche queste regole? Trovate che qualcuna sia antiquata?

c. Provate a scrivere adesso 10 regole di comportamento da osservare in classe.

22 TEST

Trasformate alla forma indiretta le seguenti frasi.

a. «Le sembra questo il modo di rispondere?»

Mi ha domandato _____

b. «Ti ho telefonato tutto il giorno, ma tu non eri a casa.»

Gli ho detto _____

c. «Mi dispiace, ma non capisco l'inglese. Non l'ho studiato a scuola.»

Mi ha risposto _____

d. «Il tedesco è una lingua difficile.»

Si è giustificato dicendo _____

e. «Se il tempo è bello facciamo un giro in bicicletta.»

Mi hanno risposto _____

f. «Avresti dovuto studiare di più.»

Le ho detto _____

g. «Accompagnami alla stazione.»

Mi ha pregato _____

h. «Telefoni al meccanico e gli chieda se la macchina è pronta.»

Gli ho detto _____

i. «Quest'estate faremmo un bel viaggio, se avessimo i soldi.»

Ci hanno detto _____

LEZIONE 15

Come si dice computer in italiano?

1 LETTURA

L'italiano lingua straniera

Non v'è oggi chi non pronunci o, peggio, scriva parole straniere per sfoggiare conoscenza di lingue di cui spesso ha solo un'infarinatura. Se abbiamo il vocabolo italiano, perché ricorrere allo straniero?

Non siamo ormai presenti alla riunione, ma al 'meeting'; non facciamo acquisti ma 'shopping', passando da una 'boutique', negozio, alla sala esposizione, 'show-room', sita 'vis-à-vis', cioè dirimpetto; non coltiviamo un sentimento, ma stabiliamo un 'feeling'; siamo 'single' e non scapoli, nubili, divorziati, separati, qualche volta conviventi col 'partner', amico-amica; non trascorriamo la fine settimana ma il 'week-end', facendo una scampagnata, anzi un 'picnic', non in bicicletta ma su un 'mountain bike', magari nell'entroterra, meglio, nello 'hinterland' milanese; non paghiamo il tagliando o la quota (non sia detto!): paghiamo il 'ticket' (vorrei tanto conoscere l'esimio impagabile superburocrate che ci ha imposto il termine inglese); sin da bimbi abbiamo diritto non più alla bambinaia ma alla 'baby sitter' e, cresciuti, non saremo dirigenti bensì 'manager' con problemi aziendali di ricambio, mi scuso, di 'turnover'; per essere ricevuti da un personaggio (vip) non ci basterà un semplice permesso, ma dovremo procurarci un 'pass'; se poi partecipiamo ad uno 'stage', cioè soggiorno di studio, fra un 'lunch', colazione, ed un 'dinner', cena, faremo un 'break', pausa, intervenendo ad un 'party', trattenimento, ricco di 'drinks', bevande.

Per partire in aereo, non ci presentiamo alla registrazione ma al 'check-in'; i nostri soldati in Somalia non hanno presidiato posti di blocco, ma 'check-points'; ieri i non professionisti erano semplicemente dilettanti, però oggi molti di questi ultimi preferiscono considerarsi 'amatori'. E potrei continuare all'infinito.

La colpevole tolleranza di molti insegnanti, così come il narcisismo di molti operatori dell'informazione stampata e televisiva, nonché infine la nostra pigrizia mentale, hanno causato la pedissequa ripetizione di parole dal significato talvolta travisato, l'ebete intercalare di 'cioè' e di 'niente' e quindi il dire o scrivere espressioni con evidenti pleonasmi quali, per esempio: «Da un po' di tempo *a questa parte*», «Buon giorno *a tutti*», «Vi informiamo, *con la presente*», «Oggi *come oggi*».

La lingua è viva in quanto si evolve senza frapporre ostacoli al nuovo, però non è detto che debba essere colonizzata.

Enzo D'Amico, Milano
(da *la Repubblica* 9/1/94)

2 ESERCIZIO

a. Unite i seguenti verbi ai loro significati.

a. sfoggiare (r. 2) 1. falsare
b. trascorrere (r. 13) 2. cambiare
c. travisare (r. 42) 3. mostrare
d. evolversi (r. 48) 4. passare

b. Unite le seguenti congiunzioni ai loro significati.

a. magari (r. 16) 1. ma
b. bensì (r. 22) 2. e anche
c. nonché (r. 40) 3. perché
d. in quanto (r. 48) 4. forse, possibilmente

(3) E ADESSO TOCCA A VOI!

Scrivete alcuni termini stranieri dei quali, vi sembra, nella vostra lingua si abusi. Confrontate poi con un vostro compagno di corso motivando il vostro punto di vista.

(4) QUESTIONARIO

Tommaso e Luca discutono della presenza di parole straniere nell'italiano di oggi.

a. Perché secondo Luca i politici usano una lingua oscura?

___

b. Qual è secondo Luca il rischio che si corre usando in televisione dei termini stranieri?

___

c. Quali potrebbero essere secondo Luca i provvedimenti da adottare per impedire il dilagare di termini stranieri?

___

d. Perché secondo Tommaso la gente preferisce a certe parole italiane quelle straniere?

___

LEZIONE 15

5   E ADESSO TOCCA A VOI!

Vi sentite più d'accordo con Luca o con Tommaso? Discutetene in classe.

6   ESERCIZIO

Sostituite le parole in corsivo con le seguenti.

> zoom – autogrill – toast – cocktail – shampoo

a. Vorrei un *sapone per capelli*.

b. Buona questa *miscela di liquori vari*!

c. Un *panino imbottito fatto con due fettine abbrustolite* e un'aranciata, per favore.

d. Accidenti! Ho dimenticato l'*obiettivo che permette di avvicinare o di allontanare l'immagine*!

e. Sono stanco. Facciamo una sosta nella prossima *stazione di rifornimento e di ristoro su autostrada*?

7   DIALOGO

■ Senti, hai visto ieri sera in televisione la tribuna politica?
● Sì, l'ho vista.
■ Ma hai notato niente sul linguaggio che usavano?
● Beh, il linguaggio dei politici.
■ Sì, il linguaggio dei politici, però alla normale mancanza di chiarezza adesso s'aggiunge anche quest'uso indegno, indecoroso, bruttissimo oltretutto esteticamente ...
● Di che cosa?
■ Di parole ricavate e ricalcate sull'inglese.

8 ESERCIZIO

Alla domanda «Hai visto la tribuna politica?» Tommaso risponde: «Sì, l'ho vista.» Cosa avrebbe risposto a queste domande?

a. Hai sentito il discorso del ministro?
b. Ti sei accorto di quello che è successo ieri sera?
c. Ti sei reso conto di quello che vuole fare Mario?
d. Hai fatto caso a come era vestita Marina?
e. Hai pensato a invitare anche Paolo e Roberta?
f. Hai detto a Stefano che vorrei parlargli?
g. Hai parlato a Roberto del tuo progetto?

9 DETTATO

- Onestamente ____ _____ che _____ _____ restano nella lingua _____ coprono uno spazio che ____ _____ _____ non _____. Dire «vivo da solo» ____ __ ____ _____ _____ che dire «sono single». _____ single è una scelta, _____ da solo ____ _____ anche ____ _____ a cui uno è costretto.

- ____ , allora «_____ ___ _____ per scelta».

- ___ _____ _____!

- Ma no!

- ___ _____ _____!

- No, no, no.

- Va be', _____ , lasciamo perdere _____ non ti si convince. Non c'è niente da fare.

LEZIONE 15

10

LETTURA

Pitagora e il burocratese

di Luciano De Crescenzo

Tutto comiciò con Pitagora nel VI secolo avanti Cristo. Un giorno l'illustre filosofo disse ai suoi discepoli: «Ragazzi, qua gli uomini si dividono in due categorie: i matematici, che poi saremmo noi, e gli acusmatici, che sarebbero tutti gli altri. I primi posseggono la conoscenza (màthema in greco) e sono per questo sempre rispettati, gli altri invece non contano nulla: devono solo sentire e basta. Ciò premesso, è bene che voi da oggi in poi non vi facciate più capire: ogni volta che siete in presenza di un estraneo, ovvero di un acusmatico, parlate per codici, usando parole incomprensibili, se non addirittura dei numeri. Solo così riuscirete a conservare il potere». I discepoli non se lo fecero dire due volte e s'inventarono ipso facto il primo linguaggio per addetti ai lavori. Si racconta infine che uno degli allievi, tale Ippaso, abbia tradito il maestro e si sia messo a divulgare i segreti della setta, per la cronaca i numeri irrazionali. Ebbene non fece molta strada: colpito dalle maledizioni di Pitagora, naufragò a poche miglia da Crotone, mentre cercava disperatamente di prendere il largo. Da quel giorno, nel mondo accademico, i divulgatori furono sempre considerati dei traditori della categoria, degni del massimo disprezzo. Dal linguaggio accademico, al burocratese il passo è breve: resosi conto che l'incomprensibilità conferisce potere, anche il burocratese si è adeguato. E cosa ha fatto? Si è inventato tutta una serie di neologismi atti a gettare il cittadino nel più nero sconforto.(...) Facciamo qualche esempio: all'aeroporto un volo non parte all'ora stabilita? L'altoparlante annunzia che l'inconveniente è da attribuire al ritardato arrivo dell'aeromobile. Bisognerebbe chiedere all'autore dell'annunzio, se lui, quando parte, è solito dire alla moglie che il giorno dopo ha l'aeromobile alle sette, o se si limita a dire, come tutti i comuni mortali, che ha l'aereo. Con ogni probabilità userà quest'ultima espressione, desiderando rifilare a noi, che non gli abbiamo fatto nulla di male, il termine aeromobile. A Napoli, quando ci fu il colera, il telegiornale, invece di dare la colpa alle cozze, la dette ai mitili, e i napoletani non sapendo bene cosa fossero i mitili, continuarono a mangiarsi le cozze. Sempre in tv, non ho mai sentito un solo medico pronunciare la parola febbre: dicono tutti temperatura corporea, ritenendo forse che febbre sia un sostantivo troppo volgare per essere usato da persone del loro livello. La febbre uno se la può misurare anche da solo, se chiama un dottore è perché vuole sentirsi dire almeno che ha la temperatura corporea: altrimenti che lo ha chiamato a fare? L'importante per il burocrate è non farsi capire: più il suo linguaggio sarà incomprensibile, e più aumenterà il suo prestigio. (...) Non c'è limite al sadismo del burocrate: di esempi ne potrei fare a centinaia. Il più significativo di tutti, però, resta quello di piazza di Spagna, a Roma. Scendendo dalla scala di Trinità dei Monti, subito sulla destra, fa bella mostra di sé un cartello del Comune con la scritta «Stazionamento per auto pubbliche a trazione ippica», in altre parole parcheggio per carrozzelle. Ebbene, io vorrei proprio conoscere l'autore di questa frase. Vorrei trascinarlo in tv, in un'ora di massimo ascolto, per poi chiedergli cosa trova di così turpe nella parola carrozzella e per dargli un calcio nelle zone retrostanti, volgarmente dette culo.

(da *la Repubblica*, 29/12/93)

a. Perché, secondo Pitagora, i matematici venivano rispettati?

b. In che modo i discepoli di Pitagora avrebbero potuto conservare il potere?

c. Di che cosa si rese colpevole Ippaso?

d. Perché i burocrati usano un linguaggio incomprensibile?

e. Quali esempi limite di termini burocratici fornisce De Crescenzo?

> La gente vuole sentirsi dire che ha la temperatura corporea, altrimenti il medico | che lo ha chiamato a fare?
> perché lo ha chiamato?

⑪ ESERCIZIO

Completate le risposte secondo l'esempio.

> ○ Sai che faccio? Adesso lavo i vetri alle finestre.
> □ <u>Che li lavi a fare?</u>
> Non vedi che sta per piovere?

a. ○ Aspetta, prendo il pullover.

□ _____

Non fa mica freddo!

b. ○ Prendiamo la macchina per andare in centro?

□ _____

Poi non si sa mai dove parcheggiarla.

c. ○ Cosa regaliamo a Mario per il suo compleanno? Un libro?

□ _____

Quello non legge neanche il giornale.

d. ○ Prendo l'ombrello?

□ _____

Tanto non piove.

e. ○ Guarda, si è liberato un posto. Ti vuoi sedere?

□ _____

Tanto scendiamo alla prossima fermata.

f. ○ Sandro mi ha invitato alla sua festa. Che dici? Ci vado?

□ _____

C'è solo gente noiosa.

LEZIONE 15

⑫ **ESERCIZIO**

Cosa significano questi cartelli? Spiegatelo con le vostre parole.

⑬ **E ADESSO TOCCA A VOI!**

Trovate che nel vostro paese la pubblica amministrazione si rivolga ai cittadini con un linguaggio comprensibile? Vi è mai successo di non capire un avviso a causa del linguaggio oscuro nel quale questo era scritto? Ricordate qualche esempio di avviso difficilmente comprensibile? Credete che sia necessaria una riforma della lingua amministrativa?

14 ASCOLTO

In questa intervista il professor Raffaele Simone parla dell'influenza dei dialetti sulla lingua e del futuro dell'italiano.

a. Che cosa risulta in base alle rilevazioni fatte dalla DOXA e dall'ISTAT riguardo all'uso e alla diffusione dei dialetti?

b. Per quale motivo i dati forniti dai suddetti istituti sono attendibili solo in parte?

c. Dove sono più diffusi i dialetti in Italia?

d. Cosa avviene in città come Venezia, Milano e Napoli?

e. Cosa dovrebbero fare gli italiani nei prossimi anni?

15 E ADESSO TOCCA A VOI!

Con che frequenza e in quali situazioni parlate dialetto? Rimpiangete il fatto che i dialetti non si usino più come una volta?
Pensate che i dialetti abbiano un futuro o che finiranno per scomparire?

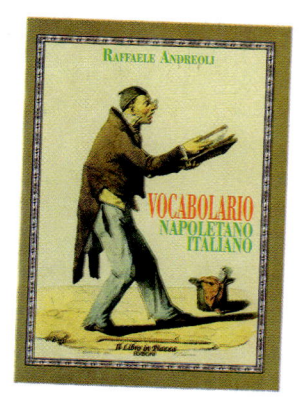

LEZIONE 15

(16) LETTURA

La poesia *Si fosse n'auciello*, che riportiamo qui sotto, è di Totò, nome d'arte di Antonio de Curtis (Napoli 1898 – Roma 1967), celebre attore teatrale e cinematografico napoletano. Popolarissimo per la sua eccezionale comicità fatta di una mimica irresistibile e di giochi di parole e nonsense divenuti proverbiali, Totò è meno conosciuto come autore di canzoni e di numerose poesie in dialetto napoletano.

Si fosse n'auciello

Si fosse n'auciello, ogne matina
vurria cantà 'ncoppa 'a fenesta toja:
«Bongiorno, ammore mio, bongiorno, ammore!»
E po' vurria zumpà 'ncoppa 'e capille
e chianu chiano, comme a na carezza,
cu stu beccuccio accussì piccerillo,
mme te mangiasse 'e vase a pezzechillo ...
si fosse nu canario o nu cardillo.

(17) ESERCIZIO

Completate la traduzione italiana della poesia di Totò.

_____ _____ un uccello, _____ _____

_____ _____

sulla tua _____:

«_____ , _____ _____ ,

_____ , _____!»

E poi _____ saltare _____ capelli

e piano piano, _____ una carezza,

con _____ beccuccio _____ piccolo,

ti mangerei di baci a pizzicotti ...

_____ _____ _____ canarino o _____ cardellino.

GRAMMATIK

Übersichtstabellen

Diese Tabellen enthalten die wichtigsten Grammatikkapitel des Kurses.
Die Zahlen in Klammern verweisen auf die Lektionen.

SUBSTANTIVE

Übersicht über die unregelmäßigen Pluralformen einiger Substantive (Ricominciamo)

Singular Maskulinum	→	Plural Femininum
il labbr**o**	→	le labbr**a**
il cigli**o**	→	le cigli**a**
il sopraccigli**o**	→	le sopraccigli**a**
il bracci**o**	→	le bracci**a**
il dit**o**	→	le dit**a**
il ginocchi**o**	→	le ginocchi**a**

ADJEKTIV

Der Komparativ (Lekt. 1)

▷ *più (meno) + Adjektiv + di + Substantiv oder Pronomen*

Il gioielliere era **più bianco di Guido**.
Il gioielliere era **più bianco di me**.   (... weißer als ...)

▷ *più (meno) + Adjektiv + che + Adjektiv*
Siamo andati al bar **più morti che vivi** per lo spavento.   (... mehr tot als lebendig ...)

▷ *(così) + Adjektiv + come + Adjektiv*
   (tanto) + Adjektiv + quanto + Adjektiv

Lui era **spaventato come me**.   (... genauso erschrocken wie ich.)
Lui era **spaventato quanto me**.   (... ebenso erschrocken wie ich.)

Adjektive auf «-bile» (Lekt. 11)

divisibile = che può essere diviso (trennbar)
mangiabile = che può essere mangiato (essbar)

GRAMMATIK

Die negative Vorsilbe «in-» (Lekt. 11)

divisibile	→	indivisibile
certo	→	incerto
mangiabile	→	immangiabile
bevibile	→	imbevibile
prudente	→	imprudente
logico	→	illogico
raggiungibile	→	irraggiungibile

Die negative Vorsilbe in- wird vor m-/b-/p- zu *im-*, vor l- zu *il-* und vor r- zu *ir-*.

PRONOMEN

Kombinierte Pronomen (Lekt. 4)

Übersicht (indirektes + direktes Objekt)

+	lo	la	li	le	ne
mi	me lo	me la	me li	me le	me ne
ti	te lo	te la	te li	te le	te ne
gli	glielo	gliela	glieli	gliele	gliene
le	glielo	gliela	glieli	glieli	gliene
Le	glielo	gliela	glieli	gliele	gliene
ci	ce lo	ce la	ce li	ce le	ce ne
vi	ve lo	ve la	ve li	ve le	ve ne
gli	glielo	gliela	glieli	gliele	gliene

Das indirekte Objekt steht vor dem direkten Objekt und verändert dabei seine Form. Die kombinierten Pronomen stehen allgemein vor dem Verb. Sie werden jedoch an den Infinitiv, das Gerundium und an die *tu / noi / voi*-Formen des Imperativs angehängt.

In Verbindung mit einem Modalverb werden die kombinierten Pronomen entweder vor dieses gestellt oder an den Infinitiv angehängt.

posso riporta**telo** – **te lo** posso riportare
(Ich kann es dir zurückbringen)

Direktes Objektpronomen + Lokalpartikel «ci» (Lekt. 13)

Vi accompagno io **a teatro**. → **Vi ci** accompagno io.
Ti accompagno io **a teatro**. → **Ti ci** accompagno io.
Mi accompagna Mario **a teatro**. → **Mi ci** accompagna Mario.
Ci accompagna Roberto **a teatro**. → **Ci** accompagna Roberto.

Lokalpartikel «ci» + direktes Objektpronomen (Lekt. 13)

Accompagno io **Massimo a teatro**. → **Ce lo** accompagno io.
Accompagno io **i tuoi genitori a teatro**. → **Ce li** accompagno io.

Die Relativpronomen «il quale, la quale, i quali, le quali» (Lekt. 3)

che	il quale la quale i quali le quali		con cui	con il quale con la quale con i quali con le quali

a cui	al quale alla quale ai quali alle quali	di cui	del quale della quale dei quali delle quali	in cui	nel quale nella quale nei quali nelle quali

Demonstrativpronomen in Verbindung mit Relativpronomen (Lekt. 8)

	Singular	Plural	Singular / Plural
Maskulinum	colui che quello che	coloro che quelli che	chi
Femininum	colei che quella che	coloro che quelle che	

GRAMMATIK

Die «si»- Konstruktion bei reflexiven Verben (Lekt. 2)

▷ **einfache Zeiten** → *ci + si + 3. Person Singular*

Lasciata Comacchio, si arriva a Ostellato, da dove **ci si immette** nel canale.
(Wenn man Comacchio hinter sich gelassen hat, kommt man nach Ostellato, von wo aus man in den Kanal einfährt.)

▷ **zusammengesetzte Zeiten** → *ci + si +* 3. Person Singular des Hilfsverbs + Partizip Perfekt im Plural

Ci si è diretti/ -e verso il bosco.
(Man ist Richtung Wald aufgebrochen.)

DAS VERB

Verben in Verbindung mit Pronomen (Lekt. 1, 7)

andarsene

	Präsens	**Passato prossimo**
(io)	me ne vado	me ne sono andato/-a
(tu)	te ne vai	te ne sei andato/-a
(lui)		se n' è andato
(lei)	se ne va	se n' è andata
(Lei)		se n' è andato/-a
(noi)	ce ne andiamo	ce ne siamo andati/-e
(voi)	ve ne andate	ve ne siete andati/-e
(loro)	se ne vanno	se ne sono andati/-e

cavarsela (zurechtkommen, davonkommen)

	Präsens	**Passato prossimo**
(io)	me la cavo	me la sono cavata
(tu)	te la cavi	te la sei cavata
(lui) (lei) (Lei)	se la cava	se l' è cavata
(noi)	ce la caviamo	ce la siamo cavata
(voi)	ve la cavate	ve la siete cavata
(loro)	se la cavano	se la sono cavata

Das Futur I (Lekt. 3, 4, 9)

Regelmäßige Verben   **essere**

aspettare	aspetter	**-ò**	sarò
scrivere	scriver	**-ai**	sarai
		-à	sarà
dormire	dormir	**-emo**	saremo
finire	finir	**-ete**	sarete
		-anno	saranno

dare → **darò**   fare → **farò**   stare → **starò**

Verben, die das -e- der Endung verlieren:

avere → **avrò**   sapere → **saprò**
dovere → **dovrò**   vedere → **vedrò**   andare → **andrò**
potere → **potrò**   vivere → **vivrò**

Verben, deren -e- der Endung zu -r- wird:

rimanere → **rimarrò**   tenere → **terrò**
venire → **verrò**   volere → **vorrò**

GRAMMATIK

Das Futur II (Futuro anteriore) (Lekt. 9)

Das Futur II wird mit den Formen von *avere* bzw. *essere* + Partizip Perfekt gebildet.

Die Konjugation mit **avere**   Die Konjugation mit **essere**

io	avrò	
tu	avrai	
lui	avrà	
lei	avrà	fatto
Lei		
noi	avremo	
voi	avrete	
loro	avranno	

io	sarò	andato/-a
tu	sarai	andato/-a
lui		andato
lei	sarà	andata
Lei		andato/-a
noi	saremo	andati/-e
voi	sarete	andati/-e
loro	saranno	andati/-e

Das Futur II steht meist in Nebensätzen nach Hauptsätzen im Futur. Zum weiteren Gebrauch des Futur II siehe im Arbeitsbuch, Lektion 9.

Konditional II (Condizionale passato) (Lekt. 7, 9)

Das Konditional II wird mit den Formen von *avere* bzw. *essere* + Partizip Perfekt gebildet.

Die Konjugation mit **avere**   Die Konjugation mit **essere**

io	avrei	
tu	avresti	
lui		
lei	avrebbe	fatto
Lei		
noi	avremmo	
voi	avreste	
loro	avrebbero	

io	sarei	andato/-a
tu	saresti	andato/-a
lui		andato
lei	sarebbe	andata
Lei		andato/ -a
noi	saremmo	andati/-e
voi	sareste	andati/-e
loro	sarebbero	andati/-e

Zum Gebrauch des Konditionals II siehe im Arbeitsbuch, Lektionen 7 und 9.

Das trapassato prossimo (Lekt. 5)

Die Konjugation mit **avere**

io	avevo	
tu	avevi	
lui		
lei	aveva	scelto
Lei		
noi	avevamo	
voi	avevate	
loro	avevano	

Die Konjugation mit **essere**

io	ero	entrato/ -a
tu	eri	entrato/ -a
lui		entrato
lei	era	entrata
Lei		entrato/ -a
noi	eravamo	entrati/ -e
voi	eravate	entrati/ -e
loro	erano	entrati/ -e

Eine Handlung, die vor einer anderen in der Vergangenheit liegt, wird durch das trapassato prossimo ausgedrückt.

Das passato remoto (Lekt. 10)

Regelmäßige Verben

	par**lare**	cred**ere**	cap**ire**
(io)	par**lai**	cred**ei** (**-etti**)	cap**ii**
(tu)	par**lasti**	cred**esti**	cap**isti**
(lui) (lei) (Lei)	par**lò**	cred**é** (**-ette**)	cap**ì**
(noi)	par**lammo**	cred**emmo**	cap**immo**
(voi)	par**laste**	cred**este**	cap**iste**
(loro)	par**larono**	cred**erono** (**-ettero**)	cap**irono**

Regelmäßige Verben auf -ere haben eine Kurzform auf -ei, -é, -erono und eine Langform auf -etti, -ette, -ettero. Wenn der Stamm des Verbes auf -t endet, verwendet man nur die Kurzform.

GRAMMATIK

Die Hilfsverben «avere» und «essere»

	avere		essere
io	ebbi	io	fui
tu	avesti	tu	fosti
lui		lui	
lei	ebbe	lei	fu
Lei		Lei	
noi	avemmo	noi	fummo
voi	aveste	voi	foste
loro	ebbero	loro	furono

Unregelmäßige Verben

Einige Verben, vor allem der Konjugation auf **-ere**, bilden ein unregelmäßiges passato remoto.

bere	leggere
bevvi	lessi
bevesti	leggesti
bevve	lesse
bevemmo	leggemmo
beveste	leggeste
bevvero	lessero

So z. B. auch:

scrivere	→	**scrissi/scrivesti**
prendere	→	**presi/prendesti**
scendere	→	**scesi/scendesti**
chiedere	→	**chiesi/chiedesti**
chiudere	→	**chiusi/chiudesti**
sapere	→	**seppi/sapesti**

Weitere unregelmäßige Verben

fare	dare	stare	dire	venire
feci	diedi (detti)	stetti	dissi	venni
facesti	desti	stesti	dicesti	venisti
fece	diede (dette)	stette	disse	venne
facemmo	demmo	stemmo	dicemmo	venimmo
faceste	deste	steste	diceste	veniste
fecero	diedero (dettero)	stettero	dissero	vennero

Zum Gebrauch des passato remoto siehe im Arbeitsbuch, Lekt. 10.

Congiuntivo presente (Konjunktiv Präsens) (Lekt. 6, 7, 10)

Regelmäßige Verben

		parl**are**	prend**ere**	part**ire**	cap**ire**
… che	io tu lui lei Lei	parl**i**	prend**a**	part**a**	cap**isca**
	noi voi loro	parl**iamo** parl**iate** parl**ino**	prend**iamo** prend**iate** prend**ano**	part**iamo** part**iate** part**ano**	cap**iamo** cap**iate** cap**iscano**

Unregelmäßige Verben

	io, tu lui, lei, Lei	noi	voi	loro
essere	sia	siamo	siate	siano
avere	abbia	abbiamo	abbiate	abbiano
andare	vada	andiamo	andiate	vadano
fare	faccia	facciamo	facciate	facciano
uscire	esca	usciamo	usciate	escano
venire	venga	veniamo	veniate	vengano
volere	voglia	vogliamo	vogliate	vogliano
stare	stia	stiamo	stiate	stiano
dare	dia	diamo	diate	diano
dovere	debba	dobbiamo	dobbiate	debbano
sapere	sappia	sappiamo	sappiate	sappiano
scegliere	scelga	scegliamo	scegliate	scelgano
rimanere	rimanga	rimaniamo	rimaniate	rimangano
salire	salga	saliamo	saliate	salgano
spegnere	spenga	spegniamo	spegniate	spengano
tenere	tenga	teniamo	teniate	tengano

GRAMMATIK

Congiuntivo imperfetto (Konjunktiv Imperfekt) (Lekt. 8, 11, 12)

Regelmäßige Verben

		parl**are**	prend**ere**	part**ire**	cap**ire**
… che	io / tu	parl**assi**	prend**essi**	part**issi**	cap**issi**
	lui / lei / Lei	parl**asse**	prend**esse**	part**isse**	cap**isse**
	noi	parl**assimo**	prend**essimo**	part**issimo**	cap**issimo**
	voi	parl**aste**	prend**este**	part**iste**	cap**iste**
	loro	parl**assero**	prend**essero**	part**issero**	cap**issero**

Unregelmäßige Verben

	essere	stare	dare
io	fossi	stessi	dessi
tu	fossi	stessi	dessi
lui / lei / Lei	fosse	stesse	desse
noi	fossimo	stessimo	dessimo
voi	foste	steste	deste
loro	fossero	stessero	dessero

Bildung des congiuntivo passato (Lekt. 6, 8)

Konjungtiv Präsens der Hilfsverben *essere* bzw. *avere* + Partizip Perfekt des Hauptverbs.

Io credo che i bambini di ieri **siano stati** uguali ai bambini di oggi.
(Ich glaube, daß die Kinder von damals genau so gewesen sind wie die Kinder von heute.)

Bildung des congiuntivo trapassato (Lekt. 13)

Konjunktiv Imperfekt der Hilfsverben *essere* bzw. *avere* + Partizip Perfekt des Hauptverbs.

Benché te l'**avessi detto**, non mi hai ascoltato.
(Obwohl ich es dir gesagt hatte, hast du mir nicht zugehört.)

Konjunktivauslöser (Lekt. 6, 7, 8, 11, 12, 13)

Der Konjunktiv wird hauptsächlich in Nebensätzen verwendet, wenn im Hauptsatz ein Verb erscheint, das folgendes ausdrückt:

▷ **Meinung/ Glauben**

Credo
Penso   che Lei **abbia** due bimbi.
Mi sembra

▷ **Zweifel**

Non so con che cosa **giochino**.

▷ **Aufforderung**

Lasciamo che i nostri bambini **crescano** giocando.

▷ **Wunsch oder Verlangen**

Ognuno | desidera / vuole / preferisce | che i suoi vicini lo **ignorino**.

▷ **Notwendigkeit**

È necessario che
Bisogna che   le inquiline **si siano parlate**.
Occorre che

▷ **Gemütszustand**

È preoccupante per me che i ladri **siano riusciti** ad entrare.
(Es ist besorgniserregend für mich, daß es den Dieben gelungen ist, einzudringen.)

Si temeva che il furto **fosse** opera di ladri specializzati.
(Man befürchtete, daß der Diebstahl das Werk von Spezialisten war.)

GRAMMATIK

Der Konjungtiv steht außerdem:

▷ nach **verneinenden Hauptsätzen**

Non è che **abbiano** detto ...
Mai che un medico **ci dica** ...

▷ in **Relativsätzen**, die von einem Aussagesatz abhängig sind, der einen Komparativ enthält

È la misura più severa che la giunta comunale **abbia** mai **preso**.
(Das ist die schärfste Maßnahme, die der Gemeindeausschuß je ergriffen hat.)

▷ nach einigen **Konjunktionen** wie

perché (mit finaler Bedeutung)

Loro insistono perché **si faccia** un cambio merce.
(Sie bestehen darauf, daß ein Warenaustausch gemacht wird.)

pima che

C'è stato un furto prima che **io venissi** ad abitare qui.
(Hier hat ein Diebstahl stattgefunden, bevor ich eingezogen bin.)

a meno che non

A meno che non **siate** assicurati, evitate di tenere in casa oggetti di valore.
(Vermeidet es, Wertgegenstände im Haus aufzubewahren, es sei denn, ihr seid versichert.)

come se

È venuta a riprendersi il figlio in questura, indifferente come se non **fosse successo** niente.
(Sie hat ihren Sohn im Polizeipräsidium abgeholt, gleichmütig, als ob nichts geschehen wäre.)

benché

Benché **fosse** stanco, Franco mi ha aiutato.
(Obwohl Franco müde war, hat er mir geholfen.)

Das Passiv (Lekt. 5, 10)

▷ *Hilfsverb essere + Partizip Perfekt des Hauptverbs*

La stanza **è illuminata da** una grande finestra.
(Das Zimmer wird durch ein großes Fenster beleuchtet.)

Le piste **sono** molto **usate dai** ciclisti.
(Die Radwege werden von den Radfahrern stark genützt.)

Nel 1993 **sono stati investiti** ben 177 ciclisti.
(1993 sind gut 177 Radfahrer überfahren worden.)

▷ *venire + Partizip Perfekt des Hauptverbs*
(dynamische Bedeutung)

La manutezione **viene** poco **curata**.
(Die Wartung wird nicht sehr sorgfältig durchgeführt.)

Le strade **vengono pulite** tutti i giorni.
(Die Straßen werden jeden Tag gereinigt.)

Beachten Sie, daß in zusammengesetzten Zeiten *essere* nicht durch *venire* ersetzt werden kann.

▷ *andare + Partizip Perfekt des Hauptverbs*
(Ausdruck einer Notwendigkeit oder Zweckmäßigkeit)

Il matrimonio **va festeggiato** alla grande.
(Die Hochzeit muß groß gefeiert werden.)

Le partecipazioni **vanno spedite** due mesi prima.
(Die Hochzeitsanzeigen müssen zwei Monate vorher verschickt werden.)

GRAMMATIK

Bedingungssätze (Lekt. 3, 8, 12, 13)

Ein Satz, der eine Bedingung ausdrückt, wird immer mit «se» eingeleitet.

Der reale Bedingungssatz

▷ Wenn die Bedingung realisierbar ist:

> Nebensatz = se + Indikativ Präsens
> Hauptsatz = Indikativ Präsens

Se non mi trova, può lasciare un messaggio.
(Wenn Sie mich nicht antreffen, können Sie eine Nachricht hinterlassen.)

> Nebensatz = se + Futur
> Hauptsatz = Futur

Se mi sarà possibile, Le telefonerò.
(Wenn es mir möglich ist, rufe ich Sie an.)

> Nebensatz = se + Indikativ Präsens
> Hauptsatz = Futur

Se mi lascia un recapito telefonico, La avvertirò.
(Wenn Sie mir eine Rufnummer hinterlassen, werde ich Sie benachrichtigen.)

Der potentielle Bedingungssatz

▷ Wenn die Bedingung vorraussichtlich nicht realisierbar ist:

> Nebensatz = se + Konjunktiv Imperfekt
> Hauptsatz = Konditional Präsens

Se vincessi alla lotteria per prima cosa comprerei una macchina.
(Wenn ich in der Lotterie gewinnen würde, würde ich mir zuerst ein Auto kaufen.)

▷ Wenn die Bedingung durchaus realisierbar ist, jedoch noch Zweifel bestehen:

> Nebensatz = se + Konjunktiv Imperfekt
> Hauptsatz = Futur

Se la cura non dovesse funzionare, (vorrà dire che) mi rivolgerò a un omeopata.
(Wenn die Behandlung nicht erfolgreich sein sollte, werde ich mich an einen Homäopaten wenden.)

Der irreale Bedingungssatz

▷ Wenn die Bedingung nicht realisiert werden konnte:

> Nebensatz = se + congiuntivo trapassato
> Hauptsatz = Konditional I oder II

Se te l'avessi detto prima, non sarebbe cambiato proprio nulla.
(Wenn ich es dir eher gesagt hätte, hätte sich gar nichts geändert.)

Se avessi accettato quel lavoro, adesso guadagnerei molto bene.
(Wenn ich die Arbeit angenommen hätte, würde ich jetzt sehr gut verdienen.)

> Nebensatz = se + Imperfekt Indikativ
> Hauptsatz = Imperfekt Indikativ

Se non fermavano Tardelli, non cambiava niente.
(Wenn sie Tardelli nicht aufgehalten hätten, hätte sich nichts geändert.)

Gerundium in Nebensätzen (Lekt. 2, 3, 5, 10)

Gerundium der Gegenwart

Die Handlungen im Hauptsatz und im Nebensatz sind gleichzeitig, das Subjekt ist identisch.

konditional   Volendo cominciare con la natura, si può fare un giro nel Parco Nazionale d'Abruzzo.
(Wenn man mit der Natur anfangen will, kann man einen Ausflug in den Nationalpark der Abruzzen machen.)

GRAMMATIK

temporal   Restando in attesa di un cortese riscontro, vi salutiamo cordialmente.
(In Erwartung einer Bestätigung, verbleiben wir mit freundlichen Grüßen.)

modal   Era entrato in autostrada scavalcando il guard-rail.
(Er gelangte auf die Autobahn, indem er über die Leitplanke kletterte.)

Gerundium der Vergangenheit

Die Handlung im Nebensatz erfolgt vor der im Hauptsatz, das Subjekt ist identisch.

parlare	→	avendo parlato
uscire	→	essendo uscito / uscita / usciti / uscite

Non avendo mai provato nient'altro non riuscivo a rispondermi.
(Darauf fand ich keine Antwort, weil ich nie etwas anderes kennengelernt hatte.)

Infinitivkonstruktionen

stare per + Infinitiv (Lekt. 1)

Eine Handlung steht/stand unmittelbar bevor.

Franco sta per riparare la macchina (comincerà tra poco).
(Franco ist im Begriff, das Auto zu reparieren.)

Nebensätze mit di + Infinitiv (Lekt. 6)

Crediamo di avere tutto il diritto di giocare.
(Wir glauben, das volle Recht zum Spielen zu haben.)

In der Regel ist dies nur möglich, wenn Haupt- und Nebensatz das gleiche Subjekt haben.

prima di + Infinitiv (Lekt. 11)

Prima di uscire di casa accertatevi che tutte le finestre siano ben chiuse …
(Bevor Sie das Haus verlassen …)

dopo + Infinitiv Perfekt (Lekt. 8)

(Infinitiv Perfekt: parlare → aver parlato; uscire → essere uscito/-a/-i/-e)

La giunta comunale è stata costretta a chiudere il centro al traffico, dopo essersi ritrovata con le spalle al muro per colpa dei ripetuti allarmi inquinamento.
(Der Gemeindeausschuß war gezwungen, das Zentrum für den Verkehr zu schließen, nachdem er durch wiederholte Smogalarme in die Enge getrieben worden war.)

La giunta comunale è stata costretta a chiudere il centro al traffico, dopo aver riscontrato nell'aria la presenza di diossina.
(Der Gemeindeausschuß war gezwungen, das Zentrum für den Verkehr zu schließen, nachdem er das Vorhandensein von Dioxin in der Luft festgestellt hatte.)

Die Zeitenfolge (Übersicht) (Lekt. 5, 9, 11, 12)

Verb des Hauptsatzes im:	Verb des Nebensatzes im:
presente	**presente** (Gleichzeitigkeit) **passato prossimo/imperfetto** (Vorzeitigkeit) **presente/futuro** (Nachzeitigkeit)
So che l'ingegnere	oggi è impegnato. ieri è stato impegnato tutto il giorno. era impegnato quando Lei ha telefonato. domani è sicuramente impegnato. domani sarà sicuramente impegnato.
Credo che l'ingegnere	oggi sia impegnato. ieri sia stato impegnato tutto il giorno. fosse impegnato quando Lei ha telefonato. domani sia impegnato. domani sarà impegnato.

GRAMMATIK

Verb des Hauptsatzes im:	Verb des Nebensatzes im:
passato prossimo (noch in bezug auf die Gegenwart)	**presente** (Gleichzeitigkeit) **passato prossimo/imperfetto** (Vorzeitigkeit) **presente/futuro** (Nachzeitigkeit)
Poco fa l'ingegnere mi ha detto che	oggi è impegnato. ieri è stato impegnato tutto il giorno. era impegnato quando Lei ha telefonato. domani è sicuramente impegnato. domani sarà sicuramente impegnato.

Verb des Hauptsatzes:	Verb des Nebensatzes im:
in einer Zeit der Vergangenheit	**imperfetto** (Gleichzeitigkeit) **trapassato prossimo** (Vorzeitigkeit) **condizionale passato** (Nachzeitigkeit)
Sapeva che Aveva saputo che Mi ha detto che Mi disse che	l'ingegnere quel giorno era in ufficio. l'ingegnere un giorno prima era stato in ufficio. l'ingegnere il giorno dopo sarebbe stato in ufficio.
Sperava che	l'ingegnere quel giorno fosse in ufficio. l'ingegnere il giorno prima fosse stato in ufficio. l'ingegnere il giorno dopo sarebbe stato in ufficio.

Die indirekte Rede (Lekt. 5, 9, 14)

Wortänderungen

direkte Rede		indirekte Rede
io	→	lui, lei
mio	→	suo
questo	→	quello
qui/qua	→	lì/là
oggi	→	quel giorno
ieri	→	il giorno prima
domani	→	il giorno dopo
prossimo	→	seguente/successivo
fra (temporale)	→	dopo

Verbformen

Nach einem Verb des Sagens/Fragens im Präsens verwendet man in der indirekten Rede die gleiche Zeit wie in der direkten Rede.

Nach einem Verb des Sagens/Fragens in einer Zeit der Vergangenheit ergeben sich die folgenden Änderungen:

Beim Indikativ:

direkte Rede		indirekte Rede
presente	→	imperfetto
passato prossimo	→	trapassato prossimo
futuro	→	condizionale passato

Mi ha risposto: «Non è colpa mia.»
Mi ha risposto che non era colpa sua.

Gli ho detto: «Lei è stato fortunato.»
Gli ho detto che lui era stato fortunato.

Mi ha detto: «Al ristorante ci andremo un'altra volta.»
Mi ha detto che al ristorante ci saremmo andati un'altra volta.

Beim Konjunktiv:

direkte Rede		indirekte Rede
presente	→	imperfetto
passato	→	trapassato

Mi ha detto: «Io trovo che tuo figlio abbia ragione.»
Mi ha detto che trovava che mio figlio avesse ragione.

Mi ha detto: «Non penso che Luigi abbia fatto qualcosa di male.»
Mi ha detto che non pensava che Luigi avesse fatto qualcosa di male.

GRAMMATIK

Beim Konditional:

direkte Rede	indirekte Rede
condizionale presente →	condizionale passato

Mi ha detto: «Verrei volentieri.»
Mi ha detto che sarebbe venuto volentieri.

Unverändert bleiben:

direkte Rede	indirekte Rede
imperfetto →	imperfetto
trapassato prossimo →	trapassato prossimo
congiuntivo trapassato →	congiuntivo trapassato
condizionale passato →	condizionale passato

Mi ha risposto: «La macchina da qualche parte la dovevo pur lasciare.»
Mi ha risposto che la macchina da qualche parte la doveva pur lasciare.

Mi ha detto: «Ti avevo avvisato.»
Mi ha detto che mi aveva avvisato.

Mi ha detto: «Ho mandato mio figlio in Inghilterra perché imparasse l'inglese.»
Mi ha detto che aveva mandato suo figlio in Inghilterra perché imparasse l'inglese.

Mi ha detto: «Io al Suo posto gli avrei graffiato la macchina.»
Mi ha detto che al mio posto gli avrebbe graffiato la macchina.

Ebenso unverändert bleiben:

direkte Rede	indirekte Rede
Infinitiv →	Infinitiv
Gerundium →	Gerundium
Partizip →	Partizip

Bei Imperativ gibt es zwei Möglichkeiten der Umsetzung in die indirekte Rede:

direkte Rede		indirekte Rede
imperativo	→	di + infinito che + congiuntivo imperfetto

«Siediti» mi ha detto.

Mi ha detto di sedermi.
Mi ha detto che mi sedessi.

Bedingungssätze:

direkte Rede		indirekte Rede
realer Bedingungssatz potentieller Bedingungssatz irrealer Bedingungssatz	→	se + congiuntivo trapassato + condizionale composto

Il capotreno ha detto: «Se quei tre non scendono, il treno resta fermo qui.»
Il capotreno ha detto che se quei tre non fossero scesi, il treno sarebbe rimasto fermo lì.

Gli ho detto: «Se fumassi di meno, non avresti la tosse.»
Gli ho detto che se avesse fumato di meno, non avrebbe avuto la tosse.

Fabrizio ha detto: «Se Lei avesse incontrato un maleducato come Lei, non se la sarebbe cavata così a buon mercato.»
Fabrizio ha detto che se l'automobilista avesse incontrato una persona maleducata come lui, non se la sarebbe cavata così a buon mercato.

WORTSCHATZ

Lektionswortschatz

Die durch **Fettdruck** hervorgehobenen Wörter gehören zum Zertifikatswortschatz der internationalen Zertifikatskonferenz.

RICOMINCIAMO!

①

ricominciare	wieder anfangen
l'**intervista**	Interview
consultarsi	sich beraten
riascoltare	nochmals hören
formulare	formulieren, bilden

②

lo **straniero**	Ausländer
breve	kurz
la biografia	Biographie

③

il brano	Textabschnitt
è tratto da	ist entnommen aus
trarre	entnehmen
separato	getrennt
l'**inizio**	Anfang
il protagonista	Hauptfigur, Protagonist
se stesso	sich selbst
il modo di vivere	Lebensweise
distante	entfernt
specchiare	spiegeln
il viso	Gesicht
contro	gegen; hier: in
l'oblò	hier: Fenster
in volo	auf dem Flug
l'**immagine** (f.)	Bild
contro quello sfondo acceso	gegen den leuchtenden Hintergrund
lo sfondo	Hintergrund
acceso	leuchtend, hell
il **capello**	Haar
fine	fein
l'**occhio**	Auge
gonfio	geschwollen
il labbro (pl. le labbra)	die Lippe
turgido	geschwollen
cascante	herabhängend
è ben consapevole di non avere un'età comunemente definita matura o addirittura anziana	es ist ihm wohl bewußt, daß dies allgemein nicht als ein reifes oder gar hohes Alter gilt
consapevole	bewußt
comunemente	allgemein
maturo	reif
anziano	älter
per la maggior parte	meistens
sposarsi	heiraten
più o meno	mehr oder weniger
una professione ben retribuita	ein einträglicher Beruf
raro	selten
fuggire	fliehen
il pretesto	Vorwand
con il pretesto	unter dem Vorwand
distante	entfernt
sé	sich
immersi in problemi	mit Problemen überhäuft
la **tassa**	Steuer
estivo	Sommer...
quando si trovano occasionalmente a parlarne	wenn sie zufällig einmal miteinander darüber sprechen
occasionalmente	zufällig, gelegentlich
si tratta di incombenze	es geht um Obliegenheiten
l'incombenza	Obliegenheit
del tutto differenti	vollkommen andersartig
del tutto	ganz
differente	andersartig, verschieden
ha una disponibilità di tempo	er kann über seine Zeit verfügen
la disponibilità	Verfügung
la diversità	Anderssein
svolgere	ausüben
artistico	künstlerisch
cosiddetto	sogenannt
accrescere	verstärken
radicato	verwurzelt
una propria casa riconoscibile come il «focolare domestico»	ein eigenes Haus, daß ihm einen «heimischen Herd» bieten könnte
è scapolo	er hat keinen Gefährten
lo scapolo	Junggeselle
avere in comune	gemeinsam haben
differenziarsi	verschieden sein

④

in ordine di apparizione	in der Reihenfolge ihres Erscheinens im Text
premettere	voranstellen, davor setzen
la treccia	Zopf
la fronte	Stirn
il sopracciglio (pl. le sopracciglia)	Augenbraue
lo zigomo	Jochbein
il **naso**	Nase
la **bocca**	Mund
i baffi	Schnurrbart
la **barba**	Bart
il mento	Kinn
il **collo**	Hals
liscio	glatt
riccio	kraus, gelockt
ondulato	gewellt
biondo	blond
brizzolato	grau meliert
calvo	kahl
sottile	dünn
carnoso	fleischig, voll

(6)

accomunare	verbinden, gemeinsam haben
l'**abitudine** *(f)*	Gewohnheit
il resoconto	Bericht

LEZIONE 1

(1)

Tutte a te capitano!	Das mußte natürlich wieder Dir passieren!
capitare	passieren
la disavventura	Mißgeschick
qualche giorno prima	einige Tage vorher
il gioielliere	Juwelier
il portasigarette	Zigarettenetui
il **mazzo di chiavi**	Schlüsselbund
la catenina	Halskette
l'anello	Ring
il rivelatore di metalli	Metalldetektor
la **luce**	Licht
la sirena	Sirene
la campana	Glocke, hier: Klingel
mostrare	zeigen
la pistola	Pistole
scappare	fliehen
chiarirsi	klar werden

(2)

andarsene	weggehen
succedere	passieren
avere al collo	um den Hals tragen
la madonnina	Madonnenbildchen
la doppia porta	doppelte Tür
suonare	klingeln
stare per fare qc.	im Begriff sein, etwas zu tun, etwas gerade tun wollen
il **campanello**	Klingel
suonare	läuten

(3)

la trasmissione radiofonica	Rundfunksendung
il documentario	Dokumentarfilm
la noce	Walnuß
il **programma**	Sendung
la barzelletta	Witz
il **carabiniere**	Karabiniere

(4)

il sostantivo	Substantiv
gli **occhiali**	Brille
il **violino**	Geige, Violine
il **calzolaio**	Schuster
il liutaio	Instrumentenbauer
l'ottico	Optiker
il falegname	Schreiner
l'orologiaio	Uhrmacher

(5)

d'oro	aus Gold
l'oro	Gold
il corallo	Koralle
gli **occhiali da sole**	Sonnenbrille
il **metallo**	Metall
il noce	Nußbaum
a 12 corde	mit 12 Saiten
lo stivaletto	Stiefel

(6)

scoppiare un temporale	ein Gewitter kommen
mettersi a tavola	sich zu Tisch begeben
mettersi a letto	sich ins Bett legen
piangere	weinen
il **rumore**	Lärm, Geräusch
dall'interno	von innen
andare via la corrente	der Strom ausfallen

(7)

tra l'altro	unter anderem
essere vestito	angezogen sein
il giaccone da marinaio	Matrosenjacke
con il collo alzato	mit hochgeschlagenem Kragen
il collo	Kragen
pulito	sauber
sporco	schmutzig
prendere per ...	mit ... verwechseln
il rapinatore	Räuber

(8)

il bermuda	Bermudashorts
il cappello di paglia	Strohhut
la paglia	Stroh

(9)

l'aspetto fisico	(äußeres) Aussehen
il **Natale**	Weihnachten

(10)

spaventato	erschrocken
quanto me	wie ich
eh, niente	na ja
a quel punto	dann
mettere via	wegstecken
morire di paura	vor Angst sterben
morire	sterben
la **paura**	Angst
il lenzuolo	Leinentuch
tutti e due	beide
più morti che vivi	halbtot, mehr tot als lebendig
lo spavento	Schreck
Madonna!	Mein Gott!
incredibile	unglaublich

(11)

timido	schüchtern
il papavero	Mohn
poverina!	die Arme!

WORTSCHATZ

povero	arm
Scozia	Schottland
il carbone	Kohle

12

stanco morto	todmüde
bagnato come un pulcino	pudelnaß
bagnato	naß
il pulcino	Kücken
innamorato cotto	vernarrt
innamorato	verliebt
ubriaco fradicio	total besoffen
ubriaco	betrunken
magro come un chiodo	mager wie eine Bohnenstange
magro	mager
il chiodo	Nagel
testardo come un mulo	stur wie ein Esel
testardo	stur
il mulo	Maultier

13

appariscente	auffallend, extravagant
furbo	schlau
stupido	dumm
svogliato	uninteressiert
ordinato	ordentlich
pignolo	pingelig
coraggioso	mutig
imprudente	unvorsichtig
brillante	brillant
vistoso	auffallend
essere un amore	sehr lieb sein
timido	schüchtern
riservato	zurückhaltend

15

il **fatto**	hier: Erlebnis, Ereignis
divertente	lustig
drammatico	dramatisch, aufregend
imbarazzante	peinlich

16

certo	gewiß
consolare	trösten
il **campeggio**	Camping
si è accorta di aver lasciato	sie hat gemerkt, daß sie vergessen hat
accorgersi	merken
tornare indietro	zurückfahren
in seconda fila	in der zweiten Reihe
la **fila**	Reihe
precipitarsi su	nach oben rennen, nach oben stürzen
la **sorpresa**	Überraschung
la **multa**	Strafzettel, Bußgeldbescheid
il **divieto di sosta**	Parkverbot
inutilmente	vergeblich
niente da fare	hier: aussichtslos
pregare	bitten
togliere la multa	den Bußgeldbescheid zurückziehen
non fare (altro) che	nichts anderes tun als
lamentarsi	jammern, klagen
perdere il treno	den Zug verlassen
alla fine	endlich
siccome	da, weil
essere in ritardo	zu spät sein
fare prima	hier: schneller ankommen
essere bloccato	dicht sein
impossibile	unmöglich
andare avanti	vorwärts fahren/gehen
il **Presidente della Repubblica**	Präsident der Republik
per fortuna	zum Glück
la fortuna	Glück
finché non	bis
per farla breve	kurz gesagt
mancare	fehlen
fare la spesa	einkaufen
il **motore**	Motor
spegnersi	hier: stehen bleiben, ausgehen
muoversi	sich bewegen
meno male (che)	zum Glück
da quelle parti	in der Gegend
il **portafoglio**	Brieftasche
in fretta e furia	in aller Eile
la **fretta**	Eile
grazie a Dio	Gott sei Dank
riavere	zurückbekommen
la condizione	Zustand
sostenere	behaupten
finché	solange
il guaio	Unannehmlichkeit, Mißgeschick
riderci sopra	darüber lachen
sta' su con la vita!	halt' Dich wacker!

17

l'azione contemporanea	gleichzeitige Handlung
l'intenzione	Absicht
la conseguenza	Folge
prendere una decisione	eine Entscheidung treffen
la **decisione**	Entscheidung

19

l'annotazione	Notiz
fare scalo	zwischenlanden
lo **sciopero**	Streik
pessimo	sehr schlecht

LEZIONE 2

1

Volevo chiederLe una cortesia	Ich wollte Sie um einen Gefallen bitten
la **barca**	Boot
il delta	Delta
il delta del Po	Po-Delta

navigare	befahren, zur See fahren	pieno	voll
il **fiume**	Fluß	gente desiderosa di …	Leute, die sich sehen nach …
gestire	verwalten	**offrire**	bieten
la darsena fluviale	Binnenhafen	pittoresco	malerisch
la darsena fluviale	Hafenbecken Fluß...	la vegetazione	Vegetation
Europa	Europa	mediterraneo	Mittelmeer
guidare	fahren	l'olivo	Olivenbaum
la patente nautica	Bootsführerschein	il vigneto	Weingut
l'itinerario	Route	il cipresso	Zypresse
la riviera del Brenta	Brenta Ufer	il contrasto	Gegensatz, Kontrast
la laguna veneta	Lagune von Venedig	la roccia	Fels
l'imbarcazione	Boot, Wasserfahrzeug	con un occhio diverso	mit anderen Augen
manovrare	manovrieren, bedienen	iniziare	beginnen
occorrere	nötig sein	la **strada statale**	Staatsstraße
se occorre	wenn nötig	il duomo	Dom
riscaldabile	heizbar	tardo-gotico	spätgotisch
ospitare	hier: Platz haben	il giardino botanico	botanischer Garten
essere formato da	bestehen aus	romanico	romanisch
la zona notte	Schlafraum	la **sosta**	Pause, Aufenthalt
prendere possesso	Besitz nehmen	il lungolago	Seepromenade, Seeufer
consegnare	hier: zurückgeben	l'altitudine	Höhe
sabato dopo	der darauffolgende Samstag	il panorama	Aussicht
via Porto Garibaldi	über Porto Garibaldi	servirsi	hier: zu Hilfe nehmen
l'anello navigabile	schiffbarer Ring	servendovi delle indicazioni riportate	mit Hilfe folgender Angaben
la città estense	Stadt der Esten	il **castello**	Burg, Schloß
immettersi	sich begeben, fahren	trecentesco	aus dem 14. Jahrhundert
la conca	Schleuse	**caratteristico**	charakteristisch
poco dopo	kurz danach	SS. Trinità	heilige Dreifaltigkeit
il centro agricolo	landwirtschaftliches Zentrum	l'affresco	Freske
probabile	wahrscheinlich	romantico	romantisch
l'origine	Herkunft	il borgo	Dorf
celebre	berühmt	**antico**	alt
Boscone	Eigenname eines Waldes	l'enoteca	Weinstube
proseguire	hier: weiterfahren	le mura	Stadtmauer
omonimo	gleichnamig	medioevale	mittelalterlich
il centro peschereccio	Fischerort	Rocca Scaligera	Skaliger-Burg
giungere	ankommen	la grotta	Grotte
la Bocca	hier: Mündung	il dipinto	Gemälde
raggiungere	erreichen	la chiesa parrocchiale	Pfarrkirche
il lido	Strand	④	
il porto canale	Kanalhafen	intrattenersi	sich unterhalten
il canale	Kanal	**prendere in affitto**	mieten
meritare	verdienen, es wert sein	⑤	
l'approdo	Anlegestelle	l'imbarazzo della scelta	die Qual der Wahl
il porticciolo	kleiner Hafen	qualche puntatina	einige Abstecher
lasciata Comacchio	wenn man Comacchio hinter sich gelassen hat	i **dintorni**	Umgebung
artificiale	künstlich	⑥	
passare	hindurchfahren	comportarsi	sich verhalten
la superstrada	Schnellstraße	il superiore	Vorgesetzter
la navigazione	Schiffahrt	la **proposta**	Vorschlag
in prossimità di	in der/die Nähe von	chiedere scusa	sich entschuldigen
la cartina	Plan, Karte	⑦	
nominato	genannt	consumare	verbrauchen
②		il pezzo di ricambio	Ersatzteil
la forma impersonale	unpersönliche Form	caotico	chaotisch
frequentato	besucht	affascinante	faszinierend
affollare	sich drängen auf		
il **campeggio**	Campingplatz		

WORTSCHATZ

il riso integrale	Vollkornreis
sano	gesund

8

elencato	aufgelistet, genannt
fare una tappa	Station machen
la tappa	Station, Rast, Etappe
approfittare dell'occasione	die Gelegenheit wahrnehmen

9

l'escursione	Ausflug
l'orso	Bär
il cervo	Hirsch
la tranquillità	Ruhe
la **natura**	Natur
intatto	intakt
le troverà	er/sie wird sie finden
la foresta	Wald
immenso	riesig, unermeßlich
raro	selten
compresa la recuperata lince	auch der wieder heimische Luchs
profondo	tief
l'altopiano	Hochebene
ampi spazi di solitudine	weite Räume der Einsamkeit
ampio	weit
lo **spazio**	Raum
la solitudine	Einsamkeit
il **silenzio**	Ruhe
ben dotato di strutture ricettive	touristisch gut erschlossen
la **zona**	Gebiet, Zone
montuoso	gebirgig
in parte	zum Teil
la stazione sciistica	Skiort
l'impianto di risalita	Lift
la sciovia	Skilift
capace di trasportare	in der Lage zu befördern
il **passeggero**	Fahrgast
numeroso	zahlreich
essere dislocato	hier: sich befinden
Aquilano	Gegend um L'Aquila
confortevole	komfortabel
la categoria	Kategorie, Klasse
prezioso	wertvoll, aufwendig
l'ippodromo	Pferderennbahn
la pista	Piste
il fouristrada	Geländewagen
il cross	Crossmotorrad
la riserva	Revier
l'ettaro	Hektar
protetto	geschützt
oltre un milione	über eine Million
il visitatore	Besucher
il centro faunistico	Tiergehege
l'oasi	Oase
l'artigianato	Kunsthandwerk
osservare	beobachten
selvatico	wild
avvicinarsi	sich nähern
l'abbeveraggio serale	abendliche Tränke
appartato	abgelegen, einsam
di selvaggia **bellezza**	von wilder Schönheit
carsico	karstig
la sorgente	Quelle
il salto	hier: Wasserfall
la cascata	Wasserfall
bene	gut
schietto	hier: rein
in realtà	in Wirklichkeit
il posto montano	Gebirgsort
meritare	verdienen
essere citato	zitiert werden
al di là di ogni suggerimento	von allen Vorschlägen abgesehen
la carta geografica	Landkarte
partire alla scoperta	auf Entdeckungsreise gehen
la **scoperta**	Entdeckung
ognuno troverà	jeder wird finden
ridotto	gekürzt
elencate le informazioni fornite dal testo riguardo a...	zählen Sie die Informationen auf, die der Text hinsichtlich der … liefert
la geografia	hier: die geographische Lage
la fauna	Fauna

10

in base a quali criteri	nach welchen Kriterien

11

qualcosa di più culturale	etwas Kulturelles
difatti	eben, genau
ben conservato	gut erhalten
riportare alla luce	hier: ausgraben, zugänglich machen
il foro	Forum
l'anfiteatro	Amphitheater
praticabile	begehbar
barocco	barock

12

saporito	kräftig (im Geschmack)
l'esecuzione	Interpretation
la fibra sintetica	Kunstfaser

13

la provenienza	Herkunft
concludere	beenden

14

riprodotto	abgebildet

15

il **volume**	Band
trarre	entnehmen
la poesia	Gedicht
riminese	aus Rimini
evviva	es lebe/leben
umili baluardi	bescheidene Bollwerke

umile	bescheiden
il baluardo	Bollwerk
la diga	Staudamm
contro	gegen
la recessione	Rezession
salvare	retten
la bilancia dei pagamenti	Zahlungsbilanz
il pigiama	Schlafanzug
cozzano le forchette contro il granito delle cotolette	die Gabel stoßen gegen steinharte Koteletts
si cammina inquadrati	man läuft eingeordnet
conquistare	erobern
il cono gelato	Eis in der Waffel
sibilare	summen
come aerei in picchiata	wie Flugzeuge im Sturzflug
sentire	wahrnehmen, spüren, riechen
la zanzara	Mücke
l'odore	Geruch
sensuale	sinnlich
la fogna (di canale)	Abwässer, Abzugskanal
adriatico	adriatisch
stellato	sternbesät
l'amato	Geliebter
ustionato	(von der Sonne) verbrannt
Sei come la Romagna della nota canzone?	Bist du wie die Romagna des berühmten Liedes?
noto	berühmt
frenare	hier: zurückhalten, bremsen
la **passione**	Leidenschaft
baciare	küssen
la cautela	Vorsicht
se no si spela	sonst geht ihr die Haut ab
se no	sonst
spelarsi	sich schälen, sich pellen
riferirsi	sich beziehen

⑯

la località balneare	Badeort
esagerato	übertrieben

LEZIONE 3

①

lasciare un messaggio	eine Nachricht hinterlassen
la **riunione**	hier: Besprechung
le **ferie**	Urlaub
la **sede**	hier: Firmensitz
fuori sede	außer Haus
essere al corrente	auf dem Laufenden sein
intero	ganz
ritelefonare	zurückrufen

②

parlare personalmente con lui	mit ihm persönlich sprechen
Le passo …	ich verbinde Sie mit …

③

fuori stanza	nicht im Zimmer
lasciar detto qualcosa	etwas ausrichten lassen
richiamare	zurückrufen
attendere in linea	am Apparat bleiben

④

per la celerità con la quale ci avete inviato il catalogo	für die sofortige/prompte Zusendung des Katalogs
relativo	bezüglich
il **prodotto**	Produkt
poiché	da, weil
avere intenzione di	etwas vorhaben
installare	installieren
prossimamente	bald
il sistema di allarme	Alarmanlage
mettersi in contatto	sich in Verbindung setzen
concordare	vereinbaren
restando in attesa di un cortese riscontro	in Erwartung Ihrer geschätzten Antwort
il riscontro	Erwiderung

⑤

fidarsi di qn.	jmdn. Vertrauen
ciecamente	blind
il **reparto**	Abteilung

⑥

il fax	Fax
esporre un problema	ein Problem darlegen
eventuale	eventuell
possibilità di alloggio	Unterkunftsmöglichkeit
congedarsi	sich verabschieden

⑦

l'agenda	Terminkalender
che io sappia	so weit ich weiß
riferire	Bescheid sagen
appena	sobald
il recapito telefonico	Telefonnummer
Le faremo sapere	wir werden Sie benachrichtigen
alloggiare	hier: übernachten
la ricezione	Rezeption
senz'altro	selbstverständlich
a quanto ne so io	so viel ich weiß
per quel che ne so	so weit ich weiß
a quanto mi risulta	so weit ich informiert bin

⑧

rientrare	zurückkommen
riprendere servizio	den Dienst wieder antreten
l'inizio	Anfang
essere a conoscenza	informiert sein
la **richiesta**	Bitte, Verlangen
la **promessa**	Versprechen

⑨

il futuro	Futur, Zukunft
raccomandata	Einschreiben
rintracciare	finden
l'eventualità	Fall, Möglichkeit
il suggerimento	Vorschlag

WORTSCHATZ

⑩
l'interno	Durchwahl(nummer)
la copisteria	Copyshop, Kopierladen
il sostituto	Stellvertreter
promessa sottoposta a condizione	Versprechen unter einer Bedingung

⑪
liberarsi	sich frei machen
dare un colpo di telefono	kurz anrufen
prima del previsto	früher als vorgesehen
raggiungere qn. al ristorante	jmdn. im Restaurant treffen
riprovare a telefonare	versuchen, wieder anzurufen
passare a prendere	abholen

⑫
dipendere da	abhängig sein von
il consiglio di facoltà	Fakultätsrat
studiare lettere	ital. Philologie studieren

⑭
Uccelli da gabbia e da voliera	Vögel in Käfigen und Volieren
l'**uccello**	Vogel
la **gabbia**	Käfig
la voliera	Voliere
il protagonista	Hauptfigur
guidare	führen
il corridoio	Flur
ogni tanto	ab und zu
fermarsi	stehen bleiben
bussare	klopfen
indicare	zeigen
la **mano**	Hand
con un brutto accento	mit einem häßlichen Akzent
l'accento	Akzent
farsi capire	sich verständlich machen
il **tipo**	Typ
stringere la mano	die Hand drücken
nemmeno	auch nicht
più che altro	hier: einfach
mi lascio condurre in giro	ich lasse mich herumführen
sorridere	lächeln
come meglio mi riesce	so gut ich kann
mostrare	zeigen
la **macchina da scrivere**	Schreibmaschine
la dattilografa personale	eigene Schreibkraft
per ora	fürs erste
se ti va bene	wenn es dir recht ist
porgere	reichen
il **foglio**	Blatt
firmare	unterschreiben
pensi che ti vada bene?	Ist dir das recht?
il soffitto	Decke
il mio lavoro consiste nel …	meine Arbeit besteht darin…
esaminare	prüfen
la serie	Reihe
il rapporto	Bericht
proveniente da…	kommend aus
raffrontare	vergleichen
il dato	Datum
disponibile	verfügbar
stendere	hier: zusammenstellen
il resoconto complessivo	Gesamtbericht
mandare	schicken
il polsino della camicia	Manschette
imbarazzato	verlegen
richiamare l'attenzione	die Aufmerksamkeit lenken
fare cenno	winken
me lo immagino	ich stelle ihn mir vor
l'istruzione	hier: Anweisung
definite nei dettagli	sehr detailliert
il dettaglio	Detail
quale sarà il mio stipendio	wie hoch mein Gehalt sein wird
impressionare	beeindrucken
venti volte quanto	das zwanzigfache von dem, was
il fascicolo	Akte
me li illustra	er erläutert sie mir
con grande cura	mit großer Sorgfalt
la cura	Sorgfalt
alzare	hier: abheben
la cornetta del telefono	Hörer des Telefons
lo schienale	Rückenlehne
regolabile	verstellbar
mi allungo all'indietro	ich lehne mich weit zurück
puntare i piedi	die Füße auf den Boden stellen
fare ruotare la sedia	den Sessel herumrollen lassen
il tasto	Taste
il ticchettio	Ticken
mi viene da ridere	mir ist zum Lachen
ridere	lachen

⑭
mettere in ordine cronologico	in die richtige zeitliche Reihenfolge bringen

⑮
l'astronomo	Astronom
l'infermiera	Krankenschwester
l'**interprete**	Dolmetscher
l'orefice	Goldschmied
il **postino**	Briefträger
creare	herstellen
spolverare	staubwischen
il motore	Motor
dirigere il traffico	den Verkehr regeln
assistere	hier: pflegen
l'**ammalato**	Kranker
consegnare	hier: austragen
osservare	beobachten
la **stella**	Stern

⑯
l'azione	Handlung

⑰

il ministero	Ministerium
il pastificio	Nudelfabrik
il maglificio	Strickwarenfabrik
il mobilificio	Möbelfabrik
l'ufficio commerciale	Vertriebsabteilung
responsabile	verantwortlich
orientale	östlich
occidentale	westlich
centrale	mittel...
settentrionale	nördlich
meridionale	südlich
l'**orario di lavoro**	Arbeitszeit
flessibile	gleitend
fisso	fest
l'atmosfera	hier: Arbeitsklima, Atmosphäre
vitale	lebendig,
vario	vielseitig
precedente	vorig

⑱

il **punto di vista**	hier: Meinung
in parte	zum Teil
il lavoro viene prima di tutto	die Arbeit geht vor allem anderen vor
prima di tutto	vor allem
smettere	aufhören
intellettuale	intellektuell
manuale	handwerklich
lo **Stato**	Staat
monotono	eintönig
confrontare	vergleichen
motivare	begründen
l'**opinione**	Meinung

LEZIONE 4

①

Sarà che sono un po' pignolo	Vielleicht bin ich ein wenig pingelig
chiedere in prestito qualcosa a qualcuno	jmdn. bitten, etwas auszuleihen
definire	bezeichnen
il racconto	Erzählung
contenuto	enthalten
Navi in bottiglia	Flaschenschiffe
la **nave**	Schiff
emozionante	aufregend
divertente	unterhaltsam
interessante	interessant
appassionante	faszinierend
avvincente	spannend
commovente	rührend
la riga	Zeile
l'**abitudine** (f.)	Gewohnheit
l'appunto	Notiz
il margine	Rand
sottolineare	unterstreichen
l'orecchietta	Eselsohr
piegare	falten
nevrotico	neurotisch
intollerante	intolerant
pignolo	pingelig
vanitoso	eitel
meticoloso	penibel, übergenau
avaro	geizig
testardo	stur
geloso	hier: überempfindlich
preciso	genau
sentimentale	sentimental

②

dispiacere o meno	jdm. etwas ausmachen oder nicht
osare	wagen
la recensione	Buchbesprechung, Rezension
stuzzicare	neugierig machen
no … sì … certo	nein … doch eigentlich
riportare	schon zurückgeben, zurückbringen
essere di ritorno	zurückkommen, zurücksein

③

la stilografica	Füller
i gemelli	Manschettenknöpfe
la **rivista**	Illustrierte

④

fare vedere	zeigen
il **fiore**	Blume
il mazzo	Strauß

⑤

prestare	leihen
il **pettine**	Kamm
il **costume da bagno**	Badeanzug, Badehose
la **tenda**	Zelt
il sacco a pelo	Schlafsack

⑥

lasciare il segno	markieren
il viziaccio	schlechte Gewohnheit
mi fa venire una nevrosi	es geht mir auf die Nerven
la nevrosi	Neurose
il segnalibro	Lesezeichen
tenere con cura	mit Sorgfalt behandeln
la cura	Sorgfalt
far prendere acqua	naß werden lassen
qualcosa del genere	etwas Ähnliches
tenere custodito	unter Verschluß halten
il tesoro	Schatz

⑦

apprensivo	ängstlich
certi scherzi	gewisse Scherze
lo **scherzo**	Scherz
scrupoloso	skrupelhaft, gewissenhaft
dire in giro	herumerzählen
lasciare le cose in giro	Dinge herumliegen lassen
rigido	streng

WORTSCHATZ

in caso di necessità	im Notfall

8

convincere	überreden, überzeugen
cambiare idea	die Meinung ändern
vanitoso	eitel
non sapere dire di no	nicht widerstehen können

9

offendere	beleidigen
faticoso	anstrengend

11

essere fissato con l'ordine	ein Ordnungsfanatiker sein

12

il compact	CD
trattare	behandeln
rimettere	zurücklegen
la custodia	Hülle
restituire (-isc-)	zurückgeben
pieno	voll
l'impronta	Fingerabdruck
tenere a qc.	auf etwas achten

13

far parte di …	zu … gehören
il finalista	Kandidat der Endrunde
il premio letterario	Literaturpreis
la regola ferrea	eiserne Regel
la regola	Regel
ferreo	eisern
il finale a sorpresa	Schluß mit Überraschungseffekt
il finale	Schluß
la sorpresa	Überraschung
la voce	Stimme
il nastro	Band
il segnale acustico	Signalton
implorare	anflehen
perdonare	verzeihen
farsi vivo	sich melden
il bip	«Tüt»
costringere	zwingen
riattaccare	auflegen
accorato	tief betrübt, herzhinreißend
sparito	verschwunden
il vuoto	Leerstelle
riempire	füllen
in precedenza	in voraus
utilizzare	nutzen
a ben pensarci	eigentlich
la voce di una donna diversa	die Stimme einer anderen Frau
voce incorporea	Stimme, die nicht von einem Menschen stammen kann
a lungo	lange
l'intervallo	Zeitabstand
infine	schließlich
guarire	gesund werden
squillare	läuten

il cuore in gola	mit Herzklopfen
il cuore	Herz
la gola	Hals
supplichevole	anflehend
sentirsi a proprio agio	sich wohl fühlen

16

l'intervista	Interview
il professore ordinario	ordentlicher Professor
la linguistica	Sprachwissenschaft
il rapporto	Verhältnis
unico	einzigartig
per quanto riguarda	in bezug auf
il quotidiano	Tageszeitung
quanti … in percentuale	wieviel Prozent der …
la fonte di sapere	Informationsquelle
la fonte	Quelle
sapere	Wissen
la cultura	Kultur
la copia di giornale	Zeitungsexemplar
stampare	drucken

17

la scena	Szene
avvenire	geschehen, sich ereignen
fitto	hier: vollgestopft
la pila	Stapel
il best-seller	Bestseller
efficiente	hier: tüchtig, fähig
il bazar	Basar
il poster	Plakat
il calendario	Kalender
avere l'aria tranquilla	einen gelassenen Eindruck machen
guardarsi intorno	sich herumschauen
spaesato	verloren, verwirrt
essere vestito	angezogen sein
il gusto	Geschmack
l'eleganza	Eleganz
l'aspetto	Aussehen
rivelare	hier: verraten
la posizione socio-culturale	gesellschaftliche Stellung, sozialkulturelle Stellung
carino	hübsch
preciso	genau
l'imbarazzo	Verlegenheit
come si fa a dire …?	wie kann man bloß sagen …?
la saggistica	Essayistik
la narrativa	erzählende Literatur
il giallo	Kriminalroman
la novità	Neuigkeit
un libro vale l'altro	ein Buch ist soviel wert wie das andere
di seguito	nacheinander
affrettarsi	sich beeilen
la soggezione	Scheu
uscirsene	hinausgehen
Opinioni di un clown	Ansichten eines Clowns
l'eccezione	Ausnahme
il dramma	Drama
nazionale	national

sociale	sozial
da allora	seit damals
il paese è profondamente mutato	das Land hat sich grundlegend verändert
mutare	sich verändern
il consumo	Konsum
il livello di reddito	Einkommensniveau
il livello	Niveau
il reddito	Einkommen
l'**automobile**	Auto
la **mostra**	Ausstellung
alto	hier: groß
magro	schlank
tranne una cosa	etwas ausgenommen
il livello di lettura	(Maß der) Lesebereitschaft
la statistica	Statistik
la persona laureata	Akademiker
ovvero	das heißt
qualcosa come	ungefähr
dichiarare	hier: angeben, erklären
badate bene	merken Sie sich
badare	aufpassen, sich merken
per chiudere il quadro	um das Bild abzurunden
il manager	Manager
neppure	nicht einmal
davvero vergognoso	wirklich eine Schande
davvero	wirklich
vergognoso	hier: beschämend

⑱
l'**espressione**	Ausdruck
l'indicazione	Angabe
la riga	Zeile
lo spazio vuoto	Leerstelle
il genere	Genus, Geschlecht
il **numero**	Numerus, Zahl

⑳
il comportamento	Verhalten

LEZIONE 5

①
Com'è successo?	Wie ist es passiert?
rammollito	Weichling
pedalare	radfahren
a tutta birra	mit höchster Geschwindigkeit
il ciclista	Radfahrer
sorpreso e multato	ertappt und bestraft
la **Stradale**	Straßenwacht, -polizei
la bici	(Fahr)rad
pedalare	hier: in die Pedale treten
la corsia di sorpasso	Überholspur
la corsia	Spur
il sorpasso	Überholvorgang, Überholmanöver
originario di Malo	aus Malo
la **provincia**	Provinz
correre	rasen
piegato sul manubrio	über den Lenker gebückt
il manubrio	Lenker
le auto in corsa	die vorbeifahrenden Autos
scartare	ausweichen
l'agente	Polizeibeamter
la pattuglia	Polizeistreife
pedalava con quanto fiato aveva in gola	er trat aus Leibeskräften in die Pedale, er strampelte aus Leibeskräften
dovevo raggiungere gli amici	ich wollte zu meinen Freunden
dichiarare	erklären
il poliziotto	Polizist
sgranare gli occhi	große Augen machen
che c'è di male a …?	was ist denn schlimm daran, zu …?
l'autostrada è fatta per accorciare le distanze	die Autobahn ist dazu da, Entfernungen zu überwinden
coraggioso	mutig
il **campo**	Feld
scavalcare il guard-rail	über die Leitplanke steigen
in stato confusionale	in einem verwirrten Zustand
raccomandare	empfehen, raten
simile	ähnlich, solch
la **sciocchezza**	Dummheit

②
promettere	versprechen

③
sostenere	behaupten

⑤
la corsia di emergenza	Standspur
con una ruota a terra	mit einem Platten
la ruota	Reifen
il divieto di sosta	Parkverbot
il **pedone**	Fußgänger
il **marciapiede**	Bürgersteig
singolare	hier: besonders
assistere	hier: erleben
il **fatto**	Fall
insolito	ungewöhnlich

⑥
l'ospedale	Krankenhaus
andare a trovare	besuchen (gehen)
farsi male	sich verletzen
la **spalla**	Schulter
il **petto**	Brust
il **fianco**	Hüfte
il **braccio** (*pl.* le braccia)	Arm
il gomito	Ellbogen
il polso	Handgelenk
la **mano**	Hand
il **dito** (*pl.* le dita)	Finger, Zeh
la **gamba**	Bein
il ginocchio (*pl.* le ginocchia)	Knie
la caviglia	Knöchel
il **piede**	Fuß

WORTSCHATZ

di chi è …?	wem gehört …?
la **motocicletta**	Motorrad
il fanale	Licht
la forcella	Gabel
anteriore	vorder
raffigurare	darstellen
l'**incidente**	Unfall
a che velocità andava Claudio?	Wie schnell fuhr Claudio?
la **velocità**	Geschwindigkeit
km/h (chilometri all'ora)	Km/h (Stundenkilometer)
la riparazione	Reparatur

7
avere torto	Unrecht haben
dare la precedenza	Vorfahrt gewähren
bravo!	Bravo!
una siepe piuttosto altina	eine ziemlich hohe Hecke
la siepe	Hecke, Zaun
il muso della macchina	Schnauze des Autos

8
lo stop	Stopschild
fermarsi	stehenbleiben
il **limite di velocità**	Geschwindigkeitsbegrenzung
osservare	beachten
rallentare	langsamer fahren
le strisce pedonali	Zebrastreifen

9
il **segnale stradale**	Verkehrsschild
il **senso vietato**	Einfahrtverbot
il divieto di svolta a sinistra	Linksabbiegeverbot
il passaggio a livello con barriere	beschrankter Bahnübergang
la sosta vietata	Parkverbot
la direzione obbligatoria	vorgeschriebene Fahrtrichtung
il divieto di sorpasso	Überholverbot

10
la sanzione	Strafe
applicare una sanzione	eine Strafe verhängen
il ritiro della patente	Führerscheinentzug
definitivo	endgültig
la rimozione della vettura	Abschleppen des Kfz
la vettura	Kraftfahrzeug
la pena detentiva	Gefängnisstrafe
la ripetizione	Wiederholung
l'**esame di guida**	Fahrprüfung
lo stato di ebbrezza	Trunkenheitszustand
superare	überschreiten
allacciare	hier: anlegen
la cintura di sicurezza	Sicherheitsgurt
suonare il clacson	hupen
il clacson	Hupe
in prossimità di …	in der Nähe von …
soccorrere	Hilfe leisten
investire	anfahren
durante la manovra di parcheggio	beim Parken
danneggiare	beschädigen
allontanarsi	sich entfernen

11
per quel poco che ricordo …	soweit ich mich erinnern kann …
la **soluzione**	Lösung
agevolare	hier: entgegenkommen
il prezzo di favore	Freundschaftspreis
anticipare	vorschießen
ridare	zurückgeben
piano piano	hier: nach und nach
la sella	Sitzbank
il tubo di scappamento	Auspuffrohr
la ruota	Reifen
il parafango	Kotflügel
lo specchietto retrovisore	Rückspiegel
il manubrio	Lenker
la sella	Sattel
il **freno**	Bremse
il parafango	Schutzblech
la pompa	Pumpe
il raggio	Speiche
il pedale	Pedal
il telaio	Rahmen
lo specchietto retrovisore	Außenspiegel
il parabrezza	Windschutzscheibe
il tergicristallo	Scheibenwischer
il cofano	Motorhaube
il fanale	Scheinwerfer
il **faro**	Scheinwerfer
la **targa**	Nummernschild
i paraurti	Stoßstange
la portiera	Tür
lo sportello	Tür
il **finestrino**	Fenster

12
ammaccarsi	sich verbeulen, beschädigt werden
piegarsi	sich verbiegen
la vespa	Motorroller
la frizione	Kupplung, Gangschaltung
spezzarsi	(zer)brechen

13
frenare	bremsen
perdere il controllo	die Kontrolle verlieren
sbandare	ins Schleudern geraten
andare a sbattere contro …	gegen … stoßen/schleudern

14
il **mezzo**	(Verkehrs-) Mittel
alternativo	alternativ
diffondersi	sich verbreiten
la pista ciclabile	Fahrradweg
l'isola pedonale	Fußgängerzone
il pasdaran	"Militant"
il fondamentalista	Fundamentalist
gettarsi	sich werfen, sich stürzen
impavido	furchtlos
arrampicarsi	hinaufklettern

la salita	ansteigender Weg
in volata	wie im Fluge
l'impresa eroica	Heldentat
lo sguardo	Blick
superficiale	oberflächlich
la metropoli	Metropole
non può che …	kann nur …
eroismo	Heldenmut
cittadino	städtisch
si è arrivati a vietare	man hat jetzt verboten
perfino	sogar
l'**uso**	Gebrauch
il lungomare	Seepromenade
le automobili regnano sovrane	die Autos herrschen überlegen
sfogarsi	sich abreagieren
ben 2500 metri per un metro e mezzo di larghezza	gerade mal 2500 Meter lang und 1,5 Meter breit
la larghezza	Breite
realizzare	verwirklichen
grazie a …	dank …
i mondiali	Fußballweltmeisterschaft
il tragitto	Strecke
migliorare	besser werden
il fatto acquisto	Allgemeingut
a Forlì spetta il primato	Forlì gebührt der erste Rang
spettare	zustehen, gebühren
il primato	Vorrang
come del resto	wie schließlich auch
la **vittima**	Opfer
la **guerra**	Krieg
vantare	stolz sein auf
la manutenzione	Instandhaltung
curare	pflegen
posteggiare	parken
indisturbato	ungestört
in continua evoluzione	in ständiger Entwicklung
corrispondere al giudizio di …	dem Urteil von … entsprechen
accettabile	annehmbar

⑮

rialzarsi	wieder aufstehen

⑯

rispettare	beachten
punire	bestrafen
deviare	umleiten
il patrono	Schutzheiliger

⑰

con che frequenza …?	wie oft …?
spostarsi	hier: sich bewegen
fanatico	Fanatiker

⑱

fornire	hier: geben
la viabilità	Straßenzustand
il notiziario	Bericht
la pioggia battente	starker Regen
il rallentamento	Verlangsamung
la frana	Erdrutsch
l'allagamento	Überschwemmung
la **nebbia**	Nebel

LEZIONE 6

①

Non so che dirLe	Ich weiß nicht, was ich Ihnen sagen soll
sopra	über
sotto	unter
il motivo	Grund
lamentarsi	sich beschweren

②

avere una cortesia da chiedere	eine Bitte an jmdn. haben
vivace	lebhaft
fare un sonnellino	ein Nickerchen machen
buttare	werfen
la **palla**	Ball

③

il ministero	Ministerium
il Ministero degli Esteri	Außenministerium

④

da queste parti	hier in der Nähe

⑤

la **parete**	Wand
essere desolato	leid tun
sto cercando di ambientarmi	ich versuche, mich einzuleben
cercare di	versuchen
ambientarsi	sich einleben

⑥

chiedere comprensione	um Verständnis bitten

⑦

la palazzina	Wohnhaus
gentile	freundlich
cordiale	herzlich
cortese	höflich
abbaiare	bellen
il musicista	Musiker/-in
esercitarsi	üben
concentrarsi	sich konzentrieren
la bestiaccia	Köter, Bestie
l'inquilino	Hausbewohner
il piano di sotto	unteres Stockwerk
il piano terra	Erdgeschoß
composto di	bestehend aus
in passato	früher, in der Vergangenheit
il passato	Vergangenheit
calmarsi	sich beruhigen
non è colpa sua	es ist nicht seine Schuld
la **colpa**	Schuld

WORTSCHATZ

essere abituato	gewohnt sein
il **suono**	Klang

⑧

gli affari di famiglia	Familienangelegenheiten
antipatico	unsympathisch
gettandoci addosso dei secchi pienissimi d'acqua	und schüttet uns eimerweise Wasser auf den Kopf
gettare addosso	auf jmdn. werfen
il secchio	Eimer
dare retta	beachten
avere il diritto di	das Recht auf … haben
l'argomento	Thema
infelice	hier: unzufrieden
inviare	schicken
in ogni altra parte del mondo	hier: überall in der Welt
la **parte**	Teil
il **mondo**	Welt
al mare come in montagna	sowohl am Meer als auch auf den Bergen
all'aperto	draußen
come mamma	als Mutter
mi sembra vergognoso	es scheint mir, eine Schande zu sein
vergognoso	beschämend, schändlich
il condominio	Miethaus
giocare a pallone	fußballspielen
andare sui pattini	rollschuhfahren
i pattini	Rollschuhe
rincorrersi	sich haschen
creare schiamazzo	Lärm machen
lo schiamazzo	Lärm
scemo	dumm
da entrambe le parti	von beiden Seiten
il rispetto	Rücksicht
la tolleranza	Toleranz
l'infanzia	Kindheit
il **mal di testa**	Kopfschmerzen
il **mal di denti**	Zahnschmerzen
il **dente**	Zahn
la depressione	Depression
fatalmente	zufälligerweise
coricarsi	ins Bett gehen, sich hinlegen
sotto l'aspetto del gioco	was das Spielen betrifft
insofferente	unduldsam
crescere	wachsen
la maturità	Reife
l'istinto	Instinkt

⑨

da che cosa dipendono?	Wovon hängen sie ab?
dipendere	abhängig sein
secondo me	meiner Meinung nach
pretendere	verlangen
l'esigenza	Bedürfnis

⑩

l'asserzione	Aussage, Behauptung
l'opinione	Meinung
fare progressi	Fortschritte machen
essere viziato	verwöhnt sein
il pregiudizio	Vorurteil

⑪

dovunque	überall
intollerante	intolerant
il **diritto**	Recht

⑬

napoletano	Neapolitaner, aus Neapel
esordire	debütieren
Così parlò Bellavista	Also sprach Bellavista
immediatamente	sofort
estrarre	entnehmen
l'abitazione	Behausung
il viale di accesso	Zugang
la camera di rappresentanza	Wohnzimmer, Empfangszimmer
cioè, voglio dire, non è che …	und es ist nicht etwa so, daß …
nossignore	nein, nein
eccetera eccetera	und so weiter und so weiter
la convinzione	Überzeugung
ignorare	nicht zur Kenntnis nehmen
ricambiare indifferenza	ebenfalls Gleichgültigkeit zeigen
l'indifferenza	Gleichgültigkeit
nei suoi riguardi	ihm gegenüber
per forza	geht ja auch gar nicht anders, na klar, natürlich
a Napoli ci sono le corde tese per stendere i panni	in Neapel sind die Wäscheleinen gespannt
la corda	Leine
stendere i panni	die Wäsche aufhängen
il **palazzo**	Wohnhaus
la **notizia**	Nachricht
correre	hier: hin und her laufen
diffondersi	sich verbreiten
stendere	spannen
è necessario che …	es ist notwendig, daß …
suddetto	obengenannt
parlarsi	miteinander sprechen
mettersi d'accordo	sich absprechen
facciamo una bella cosa	wir machen etwas Feines
appendere il bucato	die Wäsche aufhängen
appendere	aufhängen
il bucato	Wäsche
quando fate il bucato?	Wann haben Sie Waschtag?
così non ci possiamo tozzare	so kommen wir uns nie ins Gehege
dopo stesa la prima corda	nachdem sie die erste Leine gespannt haben, …
le nostre signore diventeranno più intime	unsere Damen werden sich besser kennenlernen
litigare	sich zanken, streiten
riappacificarsi	sich wieder versöhnen
mettersi insieme	sich verbünden
il **sistema**	System
inconveniente	hier: Schattenseite
avere un prezzo da pagare	seinen Preis haben

nulla	nichts
tenere nascosto	geheimhalten
la **speranza**	Hoffnung
le corna	hier: Ehebruch
vincita al lotto	Lottogewinn
la diarrea	Durchfall
essere di pubblico dominio	allen bekannt sein

⑮
vicinato	die Nachbarschaft

LEZIONE 7

①
Mio figlio come al solito	Mein Sohn, wie immer
come al solito	wie gewöhnlich
baciarsi	sich küssen
la classe	Klasse
essere sospeso	vom Unterricht ausgeschlossen werden
il preside	Schulleiter
sorprendere	überraschen
teneramente	zärtlich
abbracciati	umarmt
essere seduto	sitzen
il davanzale	Fensterbank
la punizione	Strafe
nessun intento repressivo	keine repressive Absicht
il capo dell'istituto	Schulleiter
il provvedimento	Maßnahme
severo	streng
per rispetto di …	aus Rücksicht auf …
l'istituzione scolastica	schulische Einrichtung
il regolamento	hier: Schulordnung
chiaro	klar
la decisione	Entscheidung
sollevare polemiche	Diskussionen auslösen
trovarsi uniti	einig sein
protestare	protestieren
giudicare	beurteilen
eccessivo	hier: übertreiben
annunciare uno sciopero	einen Streik ankündigen
l'aula	Klassenzimmer
lo scandalo	Skandal
assistere alla scena	der Szene beiwohnen
assistere	beiwohnen, anwesend sein
solidale	solidarisch
avventato	voreilig
la ramanzina	Strafpredigt
difendersi	sich verteidigen
chiudere un occhio	ein Auge schließen
la mentalità	Mentalität, Denkweise
sorpassato	überholt
recarsi	sich begeben
ma quale atto scandaloso!	Das war doch kein skandalöser Vorgang!
vietare	verbieten
grave	schlimm

②
antiquato	altmodisch

③
una cosa antipatica	etwas Unangenehmes

④
comportarsi	sich verhalten
l'**importanza**	Bedeutung

⑤
l'opinione	Meinung
lo scandalo	Skandal
ai miei tempi	zu meiner Zeit
l'invidia	Neid
la spina dorsale	Rückgrat
serio	ernst
roba da matti!	sowas Verrücktes!

⑥
la **ragazza**	hier: Freundin
debole	schwach
essere troppo esigente	zu hohe Anforderungen stellen

⑦
che faccia!	Was (machst du) für ein Gesicht?
la **faccia**	Gesicht
rispondere a monosillabi	einsilbig antworten
fare un discorso insieme	sich miteinander unterhalten
piantato davanti al televisore	vor dem Fernseher hockend
pretendere	verlangen
un attimino troppo esigente	ein klein wenig zuviel verlangen
combinazione ha voluto che …	der Zufall wollte, daß …
la combinazione	Zufall
identico	identisch

⑧
sottostante	unterstehend
essere all'antica	altmodisch sein
ragionare	vernünftig reden
essere inutile	zwecklos sein
il vocabolario	Wörterbuch
arrabbiarsi	sich aufregen, wütend werden
la padella	Pfanne

⑨
la locuzione	Redewendung, Umschreibung
indulgente	nachgiebig
altruista	altruistisch
ottimista	optimistisch
paziente	geduldig
ingenuo	naiv
sopportare	vertragen, aushalten
fidarsi	vertrauen

WORTSCHATZ

aspettarsi	erwarten
perdonare	verzeihen

10
il dato di fatto	allgemein geltende Tatsache
la considerazione personale	persönliche Meinung/ Überlegung

11
in anticipo	vorzeitig, verfrüht
il direttore generale	Generaldirektor

12
onestamente	ehrlich gesagt
l' **esperienza**	Erfahrung
il **fatto**	Tatsache
positivo	positiv
anziché	anstatt
il desiderio	Wunsch
staccarsi	sich lösen
legittimo	legitim, berechtigt
attraverso forme sbagliate	auf falsche Weise

13
stancarsi	müde werden
badare	aufpassen

15
comprensivo	hier: verständnisvoll

16
seccato	verärgert, gereizt
per forza	unbedingt
è l'ultima che Le fa	schon wieder hat er Ihnen eins ausgewischt
con la scusa	mit der Ausrede
assunto	eingestellt
sfogarsi	seinen Ärger Luft machen
agitato	gereizt
probabilmente	möglicherweise
stimare	schätzen
efficiente	tüchtig, fähig
la distribuzione	hier: Verteilung
la cosa non La riguarda	die Angelegenheit betrifft Sie nicht
riguardare	betreffen
affollato	überfüllt

17
il motorino	Motorroller
essere pronto per	bereit sein für ...
abituale	gewöhnlich
la pigrizia	Faulheit
scomparire	verschwinden
la neve	Schnee
inutile controbattere	es hat keinen Sinn, dagegen anzukämpfen
che sia la sete di soldi	sei es das Verlangen nach Geld
l'indipendenza	Unabhängigkeit
la **differenza**	Unterschied
irremovibile	unerschütterlich

la felicità	Glück
raccogliere	pflücken
la **mela**	Apfel
il canile	hier: Hundezwinger
a contatto con gli animali	im Umgang mit Tieren
l'**animale**	Tier
nonostante	trotz
inverno	Winter
spupazzarsi	aufpäppeln
a pagamento	gegen Bezahlung
la curiosità	Neugierde
consolarsi	sich trösten
appartenere	gehören
all'universo degli adulti	zur Erwachsenenwelt
commentare	kommentieren, erläutern
il **papà**	Vati
fatto sta che	Tatsache ist, daß
intraprendente	unternehmungslustig
darsi un gran da fare	sich große Mühe geben, sich abrackern
pur di ...	nur um ...
sudare sette camicie	sieben Hemden durchschwitzen
proverbiale	sprichwörtlich
l'istituto alberghiero	Hotelfachschule
cavarsela	zurechtkommen
ogni tanto	ab und zu
la conoscenza	Bekanntschaft
il conforto	Trost
valere la pena	der Mühe wert sein
è un disastro	hier: er ist eine Katastrophe
alle soglie dell'esame ...	kurz vor der Prüfung
incoraggiare	ermutigen
l'animatrice	Animateurin
l'aiuto bagnino	Badegehilfe
mi tocca stare	ich muß bleiben
l'**ombrellone**	Sonnenschirm
guai a parlarne!	Gar nicht daran zu denken!
fortunata	glücklich
suggerire	empfehlen, anraten
il proprietario	Besitzer
l'acquario	Aquarium
mi andava bene	es paßte mir
gratis	unentgeltlich
insistere	hier: auf etwas bestehen
fare un cambio merce	ein Tauschgeschäft machen
la **merce**	Ware
rimettere in funzione	wieder in Gang bringen
un po' vecchiotto	ein bißchen vergammelt
sguarnito	abgetakelt
sentire la mancanza di qn.	Sehnsucht haben nach ...

19
come te la cavi con ...?	wie kommst du zurecht mit ...?
le faccende domestiche	Hausarbeit
cucire	nähen
il programma di scrittura	Textverarbeitungs- programm
avere pazienza	Geduld haben
friggere	braten
pestare i piedi	auf die Füße treten

la **pulizia**	Putzarbeit	l'interpellato	Angesprochener
portare a stirare	zum Bügeln bringen	a compensare	als Ausgleich für
attaccare i bottoni	Knöpfe annähen	**in parte**	zum Teil
la gara di slalom	Slalomrennen	scarso	mangelnd, gering
		la scarsa originalità degli italiani	der Mangel an Phantasie der Italiener
20		significativo	bedeutend
coincidere	übereinstimmen	fare beneficiziena	spenden, eine Spende machen
la legenda	hier: Punkteskala		
sì, assolutamente	ja, unbedingt	la beneficenza	Wohltat, Spende
dipende	es kommt darauf an	dispensare	hier: auszahlen
non del tutto	nicht ganz	previdente	vorsorglich, voraussehend
minorenne	minderjährig	miliardario	in Milliardenhöhe
obbedire	gehorchen	il fatalismo	Fatalismus
senza far storie	ohne großes Theater, ohne wenn und aber	congenito	angeboren
		tuttavia	jedoch
il figlio unico	Einzelkind	spingere qn. a qc.	jmdn. zu etwas bringen
educare	erziehen	**rinunciare**	verzichten
allo stesso modo	gleichermaßen	alcunchè	hier: nichts
senza ruoli prestabiliti	ohne vorbestimmte Rollen	**ottenere**	erzielen
la maggior parte	die meisten	agognato	ersehnt
maschio	männlich	la vittoria	Gewinn
picchiare	schlagen	dichiarare	erklären
il **dovere**	Pflicht	essere disposto a ...	bereit sein
prendersi cura	sich kümmern	il **Paese**	Land
la cura	Pflege, Fürsorge	appartenente	gehörend
efficace	wirksam, wirkungsvoll	la schiera	Schar
la paga settimanale	Taschengeld	cinico	zynisch, Zyniker
il lusso	Luxus	specifico	hier: direkt
rientrare	zurückkommen	rivolgere una domanda	eine Frage stellen
entro le dieci di sera	bis 10.00 Uhr abends	distribuire in beneficienza	für wohltätige Zwecke spenden
a 16 anni	mit 16 Jahren		
oggigiorno	heutzutage	verificare	nachprüfen
argomentare	begründen	la sincerità	Ehrlichkeit
		una maggioranza relativa	hier: eine relative Mehrheit
LEZIONE 8		la maggioranza	Mehrheit
		compreso tra	zwischen
(1)		arriverebbe al 50 %	würde es zu 50 % bringen
Ma perché non prendi l'autobus?	Warum nimmst du nicht den Bus?	lo zoccolo duro	harter Kern
		non mollare l'osso	die Beute nicht hergeben
il sondaggio	Umfrage	mollare	locker lassen
il **sogno**	Traum	l'osso	Knochen
essere in cima	an der Spitze liegen	in prima persona	hier: selbst
la cima	Gipfel	la speranza	Hoffnung
proibito	hier: unerschwinglich, verwehrt	rientrare	hier: gehören zu
		restante	übrig
provare	beweisen	lo schema	Schema
indirettamente	indirekt	**scappare**	abhauen
la ricerca	Untersuchung	il vincitore	Gewinner
commissionare	in Auftrag geben		
il Tg2	Fernsehnachrichten im 2. Programm	**(2)**	
		evidenziato	hier: aufgeführt
attraverso il sistema delle interviste telefoniche	mit dem System der Telefoninterviews	viceversa	umgekehrt
		(3)	
il sistema	System	porsi le domande	sich Fragen stellen
la lotteria di Capodanno	Neujahrslotterie	l'un l'altro	gegenseitig
per prima cosa	zuerst	**raccogliere**	sammeln
leggermente	leicht	verificare	feststellen, überprüfen
la percentuale	Prozentsatz	somigliare	ähneln
coloro che	diejenige, die		
il tetto	Dach		

WORTSCHATZ

4
scherzosamente	scherzhaft
fare notare	merken lassen, hinweisen auf
il passo carrabile	Ein- und Ausfahrt
l'ingresso in centro	Zufahrt zum Zentrum
il parcheggio sotterraneo	Tiefgarage
organizzare	organisieren
efficiente	effizient
il servizio pubblico	öffentlicher Verkehrsdienst
tollerante	tolerant
parcheggiare irregolarmente	falsch parken

5
eh, poverina!	hier: Tja, meine Liebe
tu certo parli bene perché …	du hast gut reden, weil …
sei a un autobus di distanza	du brauchst nur einen Bus zu nehmen
non ne dubito	das bezweifle ich nicht
dubitare	zweifeln
prima	früher
sereno	ruhig, sorglos
macché!	Ach was! Ach wo!
a che ti serve …?	was nützt dir …?
servire	nützen
mezz'ora in più	eine halbe Stunde länger
avvelenato	hier: verbittert
il mezzo pubblico	öffentliches Verkehrsmittel

6
avere problemi di peso	Gewichtsprobleme haben
la tosse	Husten

7
il sindaco	Bürgermeister
il **cavallo**	Pferd
piuttosto formale	ziemlich formal
indossare	anziehen
a disposizione	zur Verfügung
partecipare	teilnehmen
la missione spaziale	Raumfahrt
il portafogli	Brieftasche
senza alcuna informazione	ohne jegliche Auskunft
il proprietario	Besitzer

8
l'amministrazione comunale	Stadtverwaltung
rendere efficiente il servizio pubblico	für effiziente öffentliche Verkehrsmittel sorgen
il **cittadino**	Bürger
la demagogia	Demagogie
essere dell'idea	der Meinung sein
il **comune**	Gemeinde, Gemeinderat
impegnarsi	sich engagieren, sich einsetzen
povero	arm
eleggere	wählen
poveretti!	Die Armen!
stare aggrappato a qc.	sich an etwas klammern
migliorare	verbessern
il **servizio**	Dienst
quanto sei ingenua!	Wie naiv du bist!

9
morire di fame	vor Hunger sterben
morire	sterben
crescere	wachsen
la foca	Seehund
sexy	sexy
vestirsi	sich anziehen
far ridere i polli	sich lächerlich machen
l'aspetto	Aussehen
distinto	vornehm, fein
il vagabondo	Vagabund
intellettuale	intellektuell
la gru	Kranich

10
goloso	naschhaft, gefräßig
lo zabaione	ital. Eissorte
su misura	nach Maß

13
di pessimo umore	sehr schlecht gelaunt
la villetta	kleine Villa, Haus
ancora peggio	noch schlimmer
sarebbe il meno	das wäre das Wenigste
spaventare	Angst machen, abschrecken
prendersela comoda	es sich bequem machen

14
il mese invernale	Wintermonat
più a rischio	risikoreicher
la giunta	Gemeinderat
la diossina	Dioxin
l'**aria**	Luft
«auto razionate»	«Autos rationiert»
lo smog	Smog
rispolverato	abgestaubt
la cantina	Keller
la misura	Maßnahme
efficace	wirksam
costringere	zwingen
ritrovarsi con le spalle al muro	mit dem Rücken zur Wand stehen, in der Klemme stecken
per colpa di ripetuti allarmi inquinamento	wegen wiederholter Smogalarme
l'allarme	Alarm
l'inquinamento	Umweltverschmutzung
e degli assalti da più fronti di veleni	und wegen des Angriffs von Giftem auf verschiedenen Fronten
l'assalto	Angriff
il fronte	Front, Seite
il veleno	Gift
l'ozono	Ozon
il benzene	Benzol
in ordine di tempo	in chronologischer Reihenfolge
correre ai ripari più estremi	zu den äußersten Mitteln greifen
il doppio blocco settimanale delle auto private	das zweimal wöchentliche Fahrvebot für Privatautos

entrare in vigore	in Kraft treten
nei mesi più fragili sotto il profilo della qualità dell'aria	in der hinsichtlich der Luftqualität empfindlichsten Monate
fragile	hier: empfindlich
sotto il profilo di	was … betrifft
la **qualità**	Qualität
il blocco	Block, Sperre
il provvedimento	Maßnahme
popolare	hier: vom Volk begrüßt
correre il rischio	Gefahr laufen
la **protesta**	Protest
il tracollo ambientale	ökologischer Zusammenbruch
il **coraggio**	Mut
introdurre	einführen
in via sperimentale	probeweise
il litigio	Streit
appiedati	nicht motorisiert
la polemica	Polemik
il commerciante	Händler
infuriato	wütend, entrüstet
fare sul serio	ernst meinen

⑮
la **legge**	Gesetz
la **via d'uscita**	Ausweg
il **governo**	hier: Verwaltung
la contaminazione	Verunreinigung
il disastro	Desaster, Katastrophe

⑰
nioso	langweilig
arrogante	arrogant
caotico	chaotisch

⑱
l'infinito passato	Infinitiv Perfekt
il divorzio	Scheidung
sentire il bisogno	das Bedürfnis haben
il **bisogno**	Bedürfnis

⑲
spingere	dazu bringen
salato	gesalzen
raddoppiare	verdoppeln
la **benzina**	Benzin
l'**uso**	Gebrauch
diminuire	mindern
rendere gratuiti i trasporti pubblici	die kostenlose Nutzung der öffentlichen Verkehrsmittel einführen
limitare	begrenzen
la circolazione dei veicoli privati	Individualverkehr
il veicolo	Kraftfahrzeug
munire	versehen
il parchimetro	Parkuhr
la **zona pedonale**	Fußgängerzone
giudicare	schätzen

LEZIONE 9

①
Ancora segui le diete?	Machst du immer noch Diät?
Il segno zodiacale	Sternzeichen
il **segno**	Zeichen
riconoscersi	sich wiedererkennen
la stella	Stern
il Toro	Stier
il gourmet	Feinschmecker
i Gemelli	Zwillinge
il Leone	Löwe
il Sagittario	Schütze
inventare	erfinden
segno per segno	Sternzeichen für Sternzeichen
l'influsso	Einfluß
il pianeta	Planet
l'Ariete	Widder
la personalità dominatrice	dominierende Persönlichkeit
il cibo	Nahrungsmittel
sostanzioso	nahrhaft
sostenere ritmi incalzanti	ein hektisches Leben führen
il **pasto**	Mahlzeit
disordinato	hier: unregelmäßig
ai fornelli	am Herd
il fornello	Kochplatte
pretendere	verlangen
il cuoco	Koch
provetto	meisterhaft
trattarsi	sich behandeln
il re	König
curioso	hier: interessant
meno che	außer
al massimo	höchstens
l'uovo al tegamino	Spiegelei
rischiare	riskieren
bruciare	hier: anbrennen lassen
essere disponibile	hier: dazu bereit sein
improvvisare	improvisieren
il Cancro	Krebs
romantico	romantisch
affettuoso	lieb
cancerino	der im Sternzeichen des Krebs Geborene
dedicare	widmen
la disponibilità	Bereitschaft
mettersi a dieta	sich auf Diät setzen
portare a termine	beenden
farsi sorprendere	sich überraschen lassen
voler dire	bedeuten
non badare a spese	keine Kosten scheuen
la **spesa**	Ausgabe
abbondanza	Fülle
la Vergine	Jungfrau
parsimonioso	sparsam
la formica	Ameise
lo spreco	Verschwendung

WORTSCHATZ

la **linea**	Linie
l'aspetto	Aspekt, Seite
nutrirsi	sich ernähren
la Bilancia	Waage
sminuzzare	zerkleinern
la briciola	Brösel
impastare	Teig kneten
la traccia	Spur
la farina	Mehl
tendere	neigen
la razionalità	Rationalität
la precisione	Genauigkeit
piuttosto che	eher … als
lo Scorpione	Skorpion
maldestro	ungeschickt
eccessivo	hier: maßlos
talmente … che …	so …, daß …
attraenti	reizend
passarci sopra	darüber hinwegsehen
indifferente	gleichgültig
resistere	widerstehen
il Sagittario	Schütze
considerarsi	sich halten
il pioniere	Pionier
la **scoperta**	Entdeckung
gastronomico	gastronomisch
il Capricorno	Steinbock
il programmatore	Programmierer
il ricettario	Kochbuch
avere uno stomaco di ferro	einen guten Magen haben
lo **stomaco**	Magen
il ferro	Eisen
quel che passa il frigorifero	das, was im Kühlschrank ist
l'Acquario	Wassermann
si va da un estremo all'altro	man geht von einem Extrem ins andere
addirittura	sogar
essere assorbiti da un'attività	von einer Tätigkeit in Beschlag genommen sein
coinvolgere	hier: in Anspruch nehmen
l'**artista**	Künstler
attendere	hier: abwarten
l'ispirazione	Inspiration
fantasioso	phantasievoll
la creatività	Kreativität
i Pesci	Fische
sopraffino	sehr fein
il buongustaio	Feinschmecker
rivelare senso pratico	praktischen Sinn zeigen
ricavare	hier: improvisieren
di tutto rispetto	hier: ganz ordentlich

③
di preciso	genau
per motivi di salute	der Gesundheit zuliebe
per motivi estetici	der Schönheit zuliebe
prevedere	vorsehen

④
la pancetta	Bäuchlein
il prete	Priester

⑤
rinnovare	renovieren
sistemare	herrichten
mettere da parte	hier: auf die hohe Kante legen

⑥
osservare una dieta rigorosa	eine strenge Diät halten
sano	gesund
in forma	fit
la ginnastica	Gymnastik
l'unico che si ritrova con questo po' po' di circonferenza	der einzige, der so einen schönen Umfang mit sich trägt
mica sei un ragazzino!	Du bist doch kein Jüngling mehr!
mica	doch nicht

⑦
concordare	anpassen
cieco	blind
geloso	eifersüchtig
incostante	wankelmütig
permaloso	empfindlich
sordo	taub
fino in fondo	bis zum Ende
alzare la voce	lauter reden, schreien

⑧
essere disposto a …	bereit sein zu …

⑨
piccolo galateo della salute	kleine Gesundheitsfibel
qualunque	egal welcher
lo stile alimentare	Ernährungsstil
opportuno	angebracht
concentrarsi	sich konzentrieren
abbondare	hier: übertreiben
esteticamente	ästhetisch
piacevole	angenehm
masticare	kauen
assaporare	genießen
la trasgressione	hier: Maßlosigkeit
ideale	ideal
il senso di colpa	Schuldgefühl
il **rapporto**	Beziehung
coincidere	übereinstimmen
avere cura di qc.	für etwas sorgen
sostanzioso	gehaltvoll
la colazione a base di frutta	Obstfrühstück
in eccesso	hier: zuviel
mettere in programma	programmieren, planen
un paio di giorni salutisti	ein paar gesunde Tage

⑩
sopraindicato	obengenannt
rispettare	hier: beachten
l'**errore**	Fehler
commettere	begehen
frequentemente	oft

11

il carabieniere	Karabiniere, Gendarm
uccidere	umbringen

12

l'anniversario	Jahrestag
venire a trovare	besuchen
tenere il gatto	hier: die Katze zu sich nehmen

13

fare le ultime spese	die letzten Einkäufe machen
avere la pretesa di …	hier: behaupten
stare antipatico	unsympathisch sein
antipatico	unsympathisch
non Le resta che	es bleibt Ihnen nichts anderes übrig
inventarsi una scusa	eine Ausrede finden
prescrivere	verschreiben
rigoroso	hier: streng

14

il manager	Manager
il direttore vendite	Verkaufsdirektor
l'industria	Industrie
l'elettrodomestico	Elektrohaushaltsgerät
magro	mager, schlank
la **pancia**	Bauch
avere la pancia pronunciata	einen ausgeprägten Bauch haben
non c'è da meravigliarsi	kein Wunder
meravigliarsi	sich wundern
ingrassare	zunehmen
in effetti	tatsächlich
è un incallito sedentario	er bewegt sich viel zu wenig
i chili in più	die überschüssigen Kilos
il calo di tono	Sinken der Spannkraft
vivere	erleben
riflettere	überlegen
ammettere	zugeben
sul piano personale	auf der persönlichen Ebene
limitare	begrenzen
il timore	Angst
la svolta	Wende
negativo	negativ
essere colto	gepackt werden
la crisi depressiva	depressive Krise
il dietologo	Ernährungswissenschaftler
ritrovare	zurückfinden
la **forma**	Kondition
l'**energia**	Energie
clamoroso	eklatant
principale	hier: wesentlich, grundlegend
saltare la prima colazione	das Frühstück auslassen
piuttosto frugale	ziemlich bescheiden
saltuariamente alternato	in gelegentlichem Wechsel mit
impegnativo	hier: schwer, schwerverdaulich
di pessimo umore	sehr schlechter Laune
abbondante	reichlich
riposo notturno	Nachtruhe
digerire	verdauen
conclusione:	Fazit:
la mancata colazione	das fehlende Frühstück
condizionare	entscheidend beeinflußen
in negativo	in negativer Weise
giustificarsi	sich rechtfertigen
pronto	hier: in der Lage
affrontare	in Angriff nehmen
consumare	hier: essen, verzehren
il panino frettoloso	eiliges Brötchen
moderato	bescheiden
il **rischio**	Risiko
professionale	beruflich, Berufs…
distogliere	ablenken
il proposito	Vorsatz
sfuggire	entkommen
il tranello	Falle, Hinterhalt
impostare il pranzo	die Mahlzeit ausrichten
la crema di verdure	Gemüsecremesuppe
il passato di verdura	pürierte Gemüsesuppe
l'ortaggio	Gemüse
suggerire	empfehlen
quantità a parte	abgesehen von der Menge
il **grasso**	Fett
tenere occupato	hier: belasten
l'apparato digerente	Verdauungsapparat

15

sinfonico	symphonisch
lirico	lyrisch
la pipa	Pfeife

17

l'abitudine alimentare	Eßgewohnheit

LEZIONE 10

1

la partecipazione	Heiratsanzeige
la bomboniera	Bonbonniere
l'auto a noleggio	Mietauto
il ricevimento	Empfang
la **guida**	Ratgeber
utile	nützlich
emozionato	aufgeregt, freudig erregt
annunciare	ankündigen
il testimone	Trauzeuge
la cerimonia	Zeremonie
la meta	Ziel
il viaggio di nozze	Hochzeitsreise
l'**inizio**	Anfang
il certificato	Bescheinigung
l'**invitato**	Eingeladener
la **spesa**	Ausgabe, Kosten
sostenere spese	Kosten bestreiten
storcere il naso	die Nase rümpfen
festeggiare	feiern

WORTSCHATZ

il matrimonio va festeggiato	die Hochzeit muß gefeiert werden
alla grande	in großem Stil
celebrare	feierlich begehen
la coppia	Paar
scambiarsi le fedi	die Ringe tauschen
la fede	Ehering
la cornice	Rahmen
la **chiesa**	Kirche
il banchetto	Festessen
indimenticabile	unvergeßlich
il giro d'affari intorno agli sposi	der Umsatz im Heiratsgeschäft
il giro d'affari	Umsatz
superare	übersteigen
miliardo	Milliarde
fare un po' di conti	ein wenig rechnen
la **lista**	Liste
voce per voce	Punkt für Punkt
il prezzo minimo	Mindestpreis
il prezzo massimo	Höchstpreis
l'acconciatura	Kopfschmuck
il **parrucchiere**	Friseur
il bouquet	Blumenstrauß
la carrozza	Kutsche

②

con sufficiente anticipo	rechtzeitig vorher
il **documento**	Urkunde, Unterlage
l'anagrafe	Einwohnermeldeamt
il certificato di battesimo	Taufurkunde
la cresima	Firmung

④

confidarsi con qn.	sich jmdm. anvertrauen
la permanente	Dauerwelle
tagliare	schneiden
le mèches	Strähnchen
affittare	mieten
noleggiare	leihen
rinfresco	Empfang
condividere	teilen
la **scelta**	Wahl

⑤

è una cosa, guardi	es ist so eine Geschichte, sage ich Ihnen
la novità	Neuigkeit
sposarsi in comune	standesamtlich heiraten
che male c'è?	Was ist schon dabei?

⑦

ripensare	nochmals überlegen
il risparmio	Ersparnis

⑪

peccato!	Schade!

⑫

assillare	hier: beschäftigen
il **regista cinematografico**	Filmregisseur
amareggiato	verbittert
avviato	gutgehend
lo studio legale	Anwaltskanzlei
l'aspettativa	Erwartung
subentrare in qc.	etwas übernehmen
la delusione	Enttäuschung
studioso	fleißig
ribelle	widerspenstig
autorità	Autorität
avere simpatia per qn.	jmdn. mögen
essere scuro in volto	eine finstere Miene haben
il volto	Gesicht

⑬

il diario	Tagebuch
la narratrice	Erzählerin
la convivenza	Zusammenleben
sobrio	bescheiden, anspruchslos
entrare in guerra	in den Krieg eintreten
per ragioni di sicurezza	aus Sicherheitsgründen
rifugiarsi	flüchten
il palazzo nobiliare	vornehmes Wohnhaus
cupo	düster, dunkel
pesante	schwer
la **luce**	Licht
scarso	knapp
sinistro	unheilvoll, verhängnisvoll
sentirsi stringere il cuore	Beklommenheit verspüren
il **cuore**	Herz
da appena sei mesi	erst seit sechs Monaten
appena	gerade, erst
lo **stato**	Zustand
lo smarrimento	Verlorenheit
distrarre	ablenken, zerstreuen
un giorno sì e uno no	alle zwei Tage
entrambi	beide
la **passione**	Leidenschaft
arroccato	verschanzt
il cocuzzolo	Gipfel
il presepe	Krippe
rasserenarsi	sich aufheitern
l'insetto	Insekt
il mucchio	Haufen
le scienze naturali	Naturwissenschaft
lo devo a lui	ich verdanke es ihm
dovere	hier: verdanken
il termine	Ende
riprendere	wiederaufnehmen
la domestica	Hausangestellte
la faccenda	hier: Hausarbeit
borghese	bürgerlich
programmare	planen
per il resto	ansonsten, sonst
percorrere	gehen
avanti e indietro	hin und zurück
con passo furioso	im stürmischen Schritt
il **pensiero**	Gedanke
fare chiarezza	Klarheit schaffen
amare	lieben
l'abbaglio	Blendung
provare	fühlen
la tenerezza	Zärtlichkeit
l'**amore**	Liebe

14
il passato remoto	Präteritum
la letteratura	Literatur
il paragrafo	hier: Abschnitt
il seguito	Fortsetzung

17
avere una fame da lupo	einen Bärenhunger haben

17
l'autrice	Autorin
attento	aufmerksam
l'osservatrice	Beobachterin
il pregio	Vorzug
il **difetto**	Fehler, Laster
sul piano di	auf der Ebene von
il **punto di vista**	Sichtweise
il costume	Brauch

18
il pregiudizio	Vorurteil
il connazionale	Landsmann
rassomigliare	ähneln

LEZIONE 11

1
il furto	Diebstahl
digiunare	fasten
il **ladro**	Dieb
il cagnolino	kleiner Hund
intenerirsi	weich werden
il maltolto	unrecht erworbenes Gut
di fronte a	angesichts
la disperazione	Verzweiflung
il **dolore**	Schmerz
la vicenda	Geschehen
insolito	ungewöhnlich
il bottino	Beute
la banda	Bande
manolesta	«langfingrig»
commuoversi	gerührt sein
il digiuno	Fasten
il volpino	Spitz
la razza	Rasse
rubare	stehlen
consueto	üblich
il guinzaglio	Hundeleine
essere sufficiente	ausreichen
la distrazione	Zerstreuung
approfittare	ausnutzen
afferrare	packen
il quattrozampe	Vierbeiner
la zampa	Pfote
sparire	verschwinden
sporgere denuncia	Anzeige erstatten
la denuncia	Anzeige
nonostante	trotz
la ricerca	Nachforschung
la traccia	Spur

temere	fürchten
l'opera	Werk
appartenere	gehören
pregiato	wertvoll
numeroso	zahlreich
piombare	fallen
vero e proprio	echt
la depressione	Depression
semplice	einfach
rappresentare	darstellen
rappresenta un punto fermo	hier: er stellt eine Säule seiner Existenz dar
l'**affetto**	hier: Zuwendung
irrinunciabile	unverzichtbar
preoccupato	besorgt
la prospettiva	Perspektive
ricoverare in ospedale	ins Krankenhaus einliefern
l'ospedale	Krankenhaus
tramite	mittels, durch
lanciare un appello	appellieren
accorato	bewegend, zu Herzen gehend
valere	wert sein
il ricavato	Ertrag
la felicità	Glück
legato	festgebunden

3
abbandonare	verlassen
augurarsi	sich wünschen
lasciarsi intenerire	sich erweichen lassen

4
invivibile	lebensfeindlich, unmenschlich
indescrivibile	unbeschreiblich
inabitabile	unbewohnbar
indimenticabile	unvergeßlich
illegibile	unlesbar
irresistibile	unwiderstehlich
immangiabile	ungenießbar
irripetibile	unwiederholbar
impresentabile	unvorstellbar
inaccettabile	unannehmbar
subire un cambiamento	eine Veränderung erfahren
il cambiamento	Änderung

5
affezionato	zugetan
possedere	besitzen

6
il **portiere**	Hausmeister
svolgersi	passieren
verificarsi	sich ereignen
il terrazzo condominiale	Gemeinschaftsterrasse
calarsi con una fune	sich abseilen
la fune	Seil
il **vetro**	Glasscheibe
l'argenteria	Silberware
il **quadro**	Bild

WORTSCHATZ

(7)
prima che	bevor
preoccupante	besorgniserregend

(8)
la fuga di gas	Gasaustritt
il **gas**	Gas
l'impianto di riscaldamento	Heizungsanlagen
esplodere	hier: platzen
la conduttura dell'acqua	Wasserleitung
il principio di incendio	Ausbruch eines Feuers
l'incendio	Brand
la gravità	Schwere, Härte, Ausmaß
grave	schwer

(9)
difendersi	sich verteidigen
proteggere	schützen
l'angoscia	Angst
continuo	hier: ewig
assente	abwesend
diminuire	vermindern
l'accorgimento	hier: Tip, Kniff
accertarsi	sich vergewissern
la tapparella	Rollade
abbassato	heruntergezogen
chiudere a chiave	abschließen
la porta blindata	Panzertür
provvisto di	versehen mit
la serratura di sicurezza	Sicherheitsschloß
la serratura	Schloß
applicato	hier: angebracht
a meno che non	sei es
l'oggetto di valore	Wertsache
a portata di mano	griffbereit
nascondere	verstecken
il libretto di risparmio	Sparbuch
custodire	aufbewahren
la cassaforte	Panzerschrank
assentarsi	abwesend sein
depositare	deponieren
la cassetta di sicurezza	Fach im Tresor
la persona di fiducia	Vertrauensperson
la **fiducia**	Vertrauen
svuotare	leeren
la cassetta delle lettere	Briefkasten
lo spioncino	Gucker
lo sconosciuto	Unbekannter
fidarsi	vertrauen

(10)
l'espressione impersonale	unpersönlicher Ausdruck
reggere	regieren, stehen mit

(11)
la norma	Regel
ritenere	schätzen
indispensabili	notwendig

(12)
la riunione di condominio	Versammlung der Mitbewohner

l' **avviso**	Ankündigung
mettere d'accordo	eine Einigung erzielen
collettivo	gemeinsam

(15)
la **preoccupazione**	Besorgnis, Befürchtung
il rimedio	Gegenmaßnahme

(16)
il mago dello scippo	Taschendiebkünstler, Meister des Handtaschendiebstahls
il mago	Magier
lo scippo	Handtaschendiebstahl
sfoggiare	prunken
il brillante	Brilliant
il **segreto**	Geheimnis
svelto	schnell
nel suo campo	auf seinem Gebiet
il **campo**	Gebiet
il professionista	Profi
valutare	schätzen
calcolare il rischio	das Risiko abschätzen
calcolare	rechnen, abschätzen
lo scippatore	Handtaschendieb
una signora troppo attaccata alla sua borsa	eine Frau, die zu sehr an ihrer Tasche hing
il poliziotto	Polizist
svelto	schnell
è finito così in questura stretto fra due «falchi»	so ist er im Polizeipräsidium gelandet, zwischen zwei «Polypen» eingezwängt
la Questura	Polizeipräsidium
il falco	Falke; hier: Polizist
in borghese	in Zivil
antiscippo	antitaschendiebstahl
raro	rar, selten
noto	bekannt
la squadra mobile	Einsatzkommando
il rione	Stadtviertel
il compare	hier: Kompagnon, Spezi
procurarsi	sich beschaffen
la **discoteca**	Diskothek
il pub	Pub
notare	bemerken
la **candela per l'avviamento**	Zündkerze
frantumare	zerbrechen
afferrare	packen
appoggiato	gelegen
la vittima	Opfer
avere i riflessi pronti	schnell reagieren
allungare una mano	die Hand ausstrecken
il manico	Henkel
resitere agli strattoni	dem heftigen Zerren standhalten
lo strattone	heftiges Zerren, heftiger Ruck
secondi preziosi	wertvolle Sekunden
piombare addosso a qn.	sich auf jmdn. Stürzen
caricare	hier: verfrachten
sino a	bis

solito	üblich	il **successo**	Erfolg
l'iter	Weg, Gang	rendere famoso	berühmt machen
l'identificazione	Feststellung der Personalien	il cantautore	Liedermacher
		il cabarettista	Kabarettist
l'interrogatorio	Verhör	la storia illustrata	Bildergeschichte
il verbale	Protokoll	l'**aiuto**	Hilfe
lo scricciolo	Zaunkönig; hier: Knirps	il drago	Drache
con i capelli a spazzola	mit einer Bürstenfrisur	passare guai	in Schwierigkeiten geraten
la spazzola	Bürste	fiutava che aria tira	er witterte, woher der Wind wehte
non si è scomposto	er hat keine Miene verzogen	fiutare	beschnüffeln, wittern
scomporsi	die Fassung verlieren	sgobbare	schuften
venire a recuperare	abholen	occhio!	hier: schau hin!
venire a riprendere	abholen	la lambretta	Mofa
indifferente	gleichgültig	fingere di	so tun als ob
come se	als ob	montare	draufsteigen
denunciare	anzeigen	che rogna nera	was für ein Pech
l'evasione scolastica	Nichterfüllung der Schulpflicht	la pantera	Funkstreifenwagen
		e lo beve la madama	und die Polizei schnappt ihn
inviare	senden		
la relazione	Bericht	la madama	hier: Jargon für «Polizei»
il tribunale dei minori	Jugendgericht	manomesso	geschlagen
sottrarre alla potestà dei genitori	der elterlichen Gewalt entziehen	il raggio	hier: Gefängnistrakt
		il processo	Prozeß
toccarsi	berühren	venire fuori	herauskommen
il brillante	Brillant	s'è beccato un bel tre mesi	er hat sich eine drei-monatige Gefängnisstrafe eingefangen
infilato al dito	auf den Finger gesteckt		
voltarsi	sich hinwenden		
		beccarsi	sich holen
⑱		il giudice	Richter
l'asino	Esel	il fervorino	Strafpredigt
la civetta	Kauz	è uscito col condono	er ist auf Bewährung entlassen worden
il coniglio	Kaninchen		
la lumaca	Schnecke	il condono	Straferlaß
il mulo	Maultier, Maulesel	il tipo duro	harter Kerl
l'oca	Gans		
il pavone	Pfau	㉒	
il pollo	Huhn	simulare	vortäuschen
il rospo	Kröte		

LEZIONE 12

la vipera	Viper		
la volpe	Fuchs	①	
stupido	dumm	**raffreddato**	erkältet
astuto	listig	Siamo spiacenti	Wir bedauern
un cattivo **studente**	ein schlechter Student	paradossale	paradox
pauroso	ängstlich	l'ironia	Ironie
testardo	dickköpfig	l'invenzione	Erfindung
cogliere l'occasione	die Gelegenheit ergreifen	letterario	literarisch
offendere qn.	jmdn. beleidigen	il **medico**	Arzt
farsi ingannare	sich täuschen lassen	ideale	ideal
		mai che …	nie kommt es vor, daß …
⑲		accurato	sorgfältig
truccato	geschminkt	la **visita**	Untersuchung
imbarazzato	verlegen	non andiamo niente bene	es geht uns überhaupt nicht gut
arrogante	arrogant		
sicuro di sé	selbstsicher	la sincerità	Ehrlichkeit
la sala operatoria	Operationssaal	**perciò**	deshalb
		il **dovere**	Pflicht
⑳		imporsi	nötig erscheinen
subire	erleiden	rigoroso	streng
㉑			
la ballata	Ballade		

WORTSCHATZ

il regime di vita	Lebensweise
di ferro	eisern
il veleno	Gift
neanche sentirne parlare	kommt nicht in Frage
il **vitto**	Kost
basarsi	hier: wesentlich bestehen aus
il salume	Wurstware
la selvaggina	Wild
la paprica	Paprika
la mostarda	Senfsoße
tutt'al più	höchstens
di quando in quando	ab und zu, selten
in quanto a …	was … angeht
dolere	leid tun
vanno banditi	sie sind zu ächten
bandire	ächten
rassegnarsi	sich abfinden
il toccasana	Allheilmittel
l'aspetto	hier: Seite
l'**attività** quotidiana	Beschäftigung, Tätigkeit täglich
la notte bianca	schlaflose Nacht
pretendere	verlangen
di altro genere	anderer Art
qui sta la base di…	darauf beruht…
la guarigione	Genesung
il rimedio	Heilmittel
farsi una ragione	Vernunft annehmen
darci dentro	sich Mühe geben
un medico simile	so ein Arzt, solch ein Arzt
simile	ähnlich
prescrivere	verschreiben
proibire	verbieten

②

miracoloso	fabelhaft, wunderbar
la democrazia	Demokratie

③

fare la spesa	einkaufen
rifare il letto	das Bett machen

④

scioccare	schockieren
condire	würzen, abschmecken
l'aceto balsamico	Balsamessig

⑥

starnutire	niesen
essere allergico a …	allergisch sein
il polline	Pollen
la fragola	Erdbeere
la formaldeide	Formaldehyd
la **polvere**	Staub
lo spray	hier: Nasenspray
il **fazzoletto**	Taschentuch
il **mal di testa**	Kopfschmerz
la vertigine	Schwindelgefühl
la nausea	Überkeit
il **mal di stomaco**	Magenschmerzen
lo **stomaco**	Magen

mangiare roba in scatola	Konserven essen
mangiare in bianco	Diät essen
soddisfatto	zufrieden
la **cura**	hier: Therapie
andare avanti a tentativi	herumprobieren
l'effetto collaterale	Nebenwirkung
l'analisi	Untersuchung
convinto	überzeugt

⑦

curarsi	sich heilen
la medicina tradizionale	Schulmedizin
la terapia	Therapie
alternativo	alternativ

⑧

l'attacco d'asma	Asthmaanfall
terribile	schrecklich
il **pronto soccorso**	Notaufnahme
il cortisone	Kortison
al che	worauf
la pastiglia	Tablette
capirci qc.	etwas davon verstehen

⑨

ammalarsi	krank werden
ubriacarsi	sich betrinken

⑩

l'agopuntura	Akupunktur
la chiropratica	Chiropraktik
la fitoterapia	Pflanzenheilkunde
la pranoterapia	Handauflegen
lo shiatsu	Shiatsu
l'osteopatia	Osteopathie
l'ayurveda	Ayurveda
la naturpatia	Naturheilkunde
la reflessologia	Fußreflexzonenmassage
la **medicina**	Medizin
la cifra	hier: Zahl
i dati	Daten
fornito	geliefert
l'operatore	hier: Tätige
il settore	hier: Gebiet
affidarsi	sich anvertrauen
il malanno	hier: Krankheit
il fisioterapista	Physiotherapeut
che utilizzano metodi di cura	die Behandlungsmethoden anwenden
utilizzare	anwenden
distribuire	hier: vertreiben
il prodotto	Produkt
omeopatico	homöopathisch
che producono un giro d'affari pari a 1000 miliardi di Lire	die einen Umsatz von 1000 Milliarde Lire machen
pari a …	entsprechend
il campo	Gebiet
furoreggiare	großen Erfolg haben
la moda passeggera	zeitlich begrenzter Trend
la frontiera	Grenze
il **motivo**	Grund

il ricorso	Anwendung	lentamente	langsam
fare uso	Gebrauch machen	riattivare	reaktivieren
naturale	natürlich	la mappa	hier: Zeichnung
dannoso	schädlich	dettagliato	detailliert
la risorsa	Möglichkeit, Mittel	segnalare	anzeigen
guarire	heilen	sollecitare	anregen
la medicina ufficiale	Schulmedizin	migliorare	verbessern
puntare	zielen	il funzionamento	Funktionsfähigkeit
prevenire	vorbeugen	il cervello	Gehirn
praticare	ausüben	il polmone	Lunge
il paziente	Patient	il **cuore**	Herz
		il rene	Niere

⑪

fare ricorso	anwenden

⑫

l'aspetto	hier: Seite

⑬

soddisfare	zufriedenstellen
stenografare	stenographieren

⑭

competente	kompetent
essere del parere	der Meinung sein
il **parere**	Meinung
il rimedio	Heilmittel
l'allergia	Allergie

⑮

avvisare	benachrichtigen
mettersi a ...	anfangen

⑯

il **risultato**	Ergebnis
fare passare	hier: beseitigen
l'analgesico	Schmerzmittel
il **disturbo**	Beschwerde
provocare	hervorrufen
il timore	Angst
dipendente	abhängig
scettico	skeptisch
la seduta	Sitzung
rivolgersi a qn.	sich an jmdn. wenden
poverino!	Der Arme!
insistere	beharren
rifiutare	ablehnen
ultimamente	in letzter Zeit
efficace	wirksam
agire	wirken
il **malato**	Kranke
massaggiare	massieren
la pianta del piede	Fußsohle
il **punto**	Punkt
l'organo	Organ
secondo i principi	nach den Regeln
intervenire	hier: behandeln
la **zona**	Zone
la pressione	Druck
eseguire	ausführen
inspirare	einatmen
espirare	ausatmen

l'intestino tenue	Dünndarm
l'intestino	Darm
l'osso sacro	Steißbein
l'osso	Knochen
il tronco inferiore	unterer Rumpf
la vescica	Blase

⑰

la guerra	hier: Kampf
lo stress	Streß
senza alcun dubbio	zweifellos
l'argomento	Thema
tanto che	so daß
il convegno	Kongreß
il simposio	Symposium
il dibattito	Streitgespräch
al punto che ...	so oft, daß
a forza di parlarne	vom darüber Reden
riguardare	betreffen
il giovane rampante	junger Aufsteiger
considerare	betrachten
il senso di disagio	Unbehagen
dimostrare	beweisen
il rapporto	hier: Zusammenhang
la cardiopatia	Herzkrankheit
la gastrite	Gastritis
l'ulcera	Geschwür
la malattia infettiva	Infektionskrankheit
i più colpiti	die am meisten Betroffenen
stressato	gestreßt
stressarsi	sich stressen
sfibrante	entnervend, aufreibend
la preparazione	Vorbereitung
l'interrogazione	Abfrage
la femmina	Frau, Mädchen
il maschio	Mann, Junge
il rapporto sessuale	Geschlechtsverkehr
il **Paese**	Land
quanto a ...	was ... betrifft
colpire (isc)	treffen
la consequenza	Folge
la **salute**	Gesundheit
la **causa**	Ursache
il punteggio	Punktewertung
la **situazione**	Situation
di frequente	oft
presentarsi	vorkommen
di rado	selten
corrispondere	entsprechen
la **conversazione**	Gespräch

WORTSCHATZ

distrarsi	sich die Zeit vertreiben
il **foglio**	Blatt
la figura geometrica	geometrische Form/Figur
fuori posto	nicht an seinem Platz
notare	merken
al volo	hier: sofort
superefficiente	supertüchtig
impiegare il tempo	etwas mit der Zeit anfangen
rilassato	entspannt
di continuo	ständig
contraddire	widersprechen
avere la meglio	sich besser durchsetzen
sommare	addieren
vario	verschieden
la tensione	Spannung
essere in grado di …	in der Lage sein, zu
affrontare	hier: sich stellen
superare	hier: fertig werden mit …
la serenità	Heiterkeit
possedere	besitzen
il filtro	Filter
potente	stark
considerare	halten für
equilibrato	ausgeglichen
pur essendo sottoposti a …	obwohl Sie … ausgesetzt sind
essere sottoposto	ausgesetzt sein
la capacità	Fähigkeit
contrastare	hier: bekämpfen
di grande portata	von großer Tragweite
potenziare	stärken
la capacità di difesa	Abwehrkraft
la tecnica di rilassamento	Entspannungstechnik
l'attività fisica	sportliche Betätigung
accusare sintomi di stress	Streßsymptome merken

⑱
Che rimedi adottate …?	Welche Gegenmaßnahmen benützen Sie …?

LEZIONE 13

①
Se me l'avessi detto prima …	Wenn du es mir früher gesagt hättest …
essere seduto	sitzen
rimproverare	vorwerfen

②
maledetto	verdammt

③
farsi sentire	sich melden

④
prendere spunto	ausgehen von
l'avvenimento storico	historisches Ereignis
vicendevolmente	gegenseitig
a. C. (= avanti Cristo)	vor Christus
fondare	gründen
la lingua neolatina	romanische Sprache
uccidere	töten, umbringen
i Normanni	Normannen
conquistano	erobern
scoprire	entdecken
iniziare	beginnen
la Rivoluzione Francese	Französische Revolution
inventare	erfinden
la lampadina	Lampe, Birne
elettrico	elektrisch
la penicillina	Penizillin
cadere	fallen
il **muro**	Mauer

⑤
la mezz'ala	Mittelstürmer
la Nazionale Italiana di calcio	ital. Fußballnationalmannschaft
segnare un gol	ein Tor schießen
il gol	Tor
la finale della Coppa del Mondo	Endspiel des Weltcups
fermare	stoppen
lo spogliatoio	Umziehkabine
l'ala destra	rechter Flügel
slacciare	hier: aufmachen (Schnürsenkel)
riallacciare	(wieder) zubinden
battere i tacchetti	mit den Absätzen trommeln
tenere la testa rovesciata all'indietro	den Kopf zurückwenden
tenere le mani aggrappate a due attaccapanni	mit den Händen zwei Kleiderhaken umklammert halten
l'attaccapanni	Kleiderhaken
accennare ad alzarsi	sich anschicken aufzustehen
la scena	Szene
urlare	schreien
il pugno chiuso	geballte Faust
il pugno	Faust
le gambe a mille	wie rasend
la faccia da pazzo	mit irrem Gesichtsausdruck
tirare giù	hier: herunterholen
con quell'orgasmo dentro	mit diesem enthusiastischen Gefühl
lo **stadio**	Stadion
scuotere il capo	den Kopfschütteln
la linea di fondo	Grundlinie
il calciatore	Fußballspieler
il **campo**	Spielfeld
vendere	verkaufen

⑥
la forma colloquiale	Umgangsform
semplificare	vereinfachen
la forma ipotetica	hypotetische Form

⑦
il **calcio**	Fußball
la partecipazione	Anteilnahme
generare entusiasmo	Begeisterung wecken

l'entusiasmo	Begeisterung	innamorarsi	sich verlieben
praticare uno sport	eine Sportart ausüben	disprezzare	verachten, verschmähen
lo spettatore	Zuschauer	è una cosa che mi muove la bile	das ist etwas, daß mir die Galle zum Überlaufen bringt

8
senti chi parla!	hört, hört!
e dagli!	hier: schon wieder!
benchè	obwohl
indispensabile	unbedingt notwendig
figurati!	ach was!

9
per forza	unbedingt
restarsene	bleiben

10
piacevole	angenehm
generose	großzügig
tornasene	zurückkommen
anzi	übrigens
lasciare tranquillo	in Ruhe lassen
buon divertimento!	viel Spaß!
il **divertimento**	Spaß

14
la macchina non vuole saperne di partire	der Wagen will nicht anspringen
fare benzina	tanken
essere a posto	in Ordnung sein
non farci caso	nicht beachten
fare storie	hier: Theater machen
superficiale	oberflächlich

15
il **secolo**	Jahrhundert
la commedia	Komödie
rappresentare	aufführen
La locandiera	Mirandolina (auch: Die Wirtin)
sedurre	verführen
dichiararsi	sich bekennen
il nemico	Feind
l'atto	Akt
la scena	Szene
eccellentissimo	hier: hochwohlgeboren
il marchese	Marquis
eppure	jedoch
non so che farne	ich kann nichts damit anfangen
fare il cascamorto	Süßholz raspeln
mi esibiscono di sposarmi	sie erbieten sich, mich zu heiraten
rustico come un orso	ruppig wie ein Bär
trattare	behandeln
sì bruscamente	hier: grob, barsch
questi è il primo forestiere	er ist der erste Fremde
capitato	zufällig geraten
la locanda	Gasthaus
trattare	hier: zu tun haben mit …
non dico che tutti in un salto s'abbiano a innamorare	ich verlange nicht, daß sich alle im Handumdrehen zu verlieben hätten

terribilmente	fürchterlich
per l'appunto	gerade, erst recht
mi ci metto di picca	ich lege mich an
la nobiltà non fa per me	der Adel ist nichts für mich
la nobiltà	Adel (Stand)
la ricchezza	Reichtum
stimare	schätzen
vagheggiata	ersehnt
adorata	angebetet
la debolezza	Schwäche
maritarsi	heiraten
onestamente	ehrlich
la libertà	Freiheit
voglio burlarmi di tante caricature d'amanti spasimanti	ich will mich über soviele Karikaturen von schmachtenden Liebhabern lustig machen
usar tutta l'arte	die ganze Kunst einsetzen
abbattere	niederschlagen
conquassare	zerbrechen
barbaro	barbarisch
duro	hart
produrre	schaffen

16
sostenere	behaupten
fare a meno di qc.	hier: darauf verzichten
adatto	geeignet
fare male	schaden

17
tavolta	manchmal
non potere soffrire	nicht ausstehen können

LEZIONE 14

1
Ma è roba da matti!	So etwas Verrücktes!
denunciare	anzeigen
indisciplinato	undiszipliniert
il richiamo	Verwarnung, Hinweis
il **controllore**	Schaffner
il capotreno	Zugführer
bloccare	hier: stoppen
il convoglio	hier: Zug
fin quando	bis
portare via	hier: abführen
prendere a …	beginnen
insultare	beleidigen, beschimpfen
il ferroviere	Eisenbahnangestellter
il mugugno	Unmutsäußerung
il pendolare	Pendler
la denuncia	Anzeige
l'interruzione	Unterbrechung
il pubblico servizio	öffentliche Dienstleistung

WORTSCHATZ

riprendere	wieder aufnehmen
la marcia	hier: Fahrt
diretto a …	in Richtung …
il treno locale	Nahverkehrszug
collegare	verbinden
essere a metà del tragitto	auf halber Strecke sein
all'altezza di …	auf der Höhe von …
classificato	hier: bezeichnet
valere	gelten
il muratore	Maurer
resistere	widerstehen
ripassare	wieder vorbeigehen
sbuffare fumo	paffen
la legge	Gesetz
far rispettare	Achtung verschaffen
fare finta di …	so tun, als ob …
la discussione	Diskussion, Streit
accendersi	entbrennen, sich entzünden
intervenire	hier: sich einmischen
mettere mano a …	hier: hinzuziehen
il registro delle multe	Strafregister
succede il parapiglia	es ist ein Durcheinander
il capostazione	Bahnhofsvorsteher
la Polfer (polizia ferroviaria)	Bahnpolizei
rispondere di …	sich verantworten wegen
la minaccia	Drohung

②
severo	streng
chiudere un occhio	ein Auge zudrücken
consentito	gestattet

⑤
per forza!	kein Wunder!
fare una litigata	streiten
il cretino	Dummkopf
mancarci poco	nahe dran sein
c'è mancato poco che gli mettessi le mani addosso	ich wäre beinahe handgreiflich mit ihm geworden
mettere la mani addosso a qn.	handgreiflich werden mit jmdn.

⑥
la scala	Treppe
essere assalito	angegriffen werden
mordere	beißen
la rotaia del tram	Straßenbahnschiene
finire sotto una macchina	Überfahren werden, unter einem Auto landen
prendere la scossa	einen Stromschlag erhalten
il fon	Haartrockner
restarci secco	verrecken
scivolare	rutschen
battere la testa	mit dem Kopf aufschlagen

⑦
girare	herumfahren

⑨
assicurare	versichern

⑪
non poterne più di qc.	etwas nicht mehr verkraften
il ciarlatano	Scharlatan
non fare che piangere	nicht aufhören zu weinen

⑫
ciascuno	jeder
evviva!	hier: Gott sei Dank!
sporcare	verschmutzen
il sostenitore	Befürworten
l'iniziativa	Initiative
il degrado	Verkommen, Niedergang
sputare	spucken
fare la pipì	pinkeln
la panchina	Bank
seminare	hier: Überall verstreuen
la siringa	Spritze
la pubblica amministrazione	öffentliche Hand, Behörden
folto	dicht
l'erbaccia	Unkraut
lo sterpo	dürrer Ast
educato	hier: wohlerzogen
in pubblico	in der Öffentlichkeit
l'**ambiente**	Umwelt
spingere	anstoßen
malmenare	schlagen
il prossimo	der Nächste
il gestaccio	Drohgebärde
la boccaccia	Grimasse
strombazzare	ertönen lassen
il consenso	Zustimmung
ignorare	ignorieren
la richiesta	Hinweis
trascurare	vergessen, vernachlässigen

⑬
incivile	ungezogen
il decalogo	Gebotsregister

⑭
l'arroganza	Arroganz
pazzesco	verrückt
avere a che fare con qn.	mit jmdm. zu tun haben
il maleducato	schlecht erzogener Mensch
fare presente a qn.	jmdm. klar machen
essere fortunato	Glück haben
cavarsela a buon mercato	gut davon kommen
nel frattempo	in der Zwischenzeit
radunarsi	sich versammeln
graffiare	verkratzen
meritarsi	verdienen

⑲
il discorso diretto	direkte Rede
il discorso indiretto	indirekte Rede
invariato	unverändert

⑳
il principe	Prinz
abbracciare	umarmen
respingere	ablehnen

pretendere	verlangen
l'infanzia	Kindheit
il corpetto	Leibchen, Weste
azzurro pallido	blaßblau
il cuore le veniva attanagliato	ihr Herz wurde gepeinigt
con la compitezza puntigliosa di chi si sente in colpa	mit der eigensinnigen Höflichkeit dessen, der sich schuldig fühlt
sentirsi in colpa	sich schuldig fühlen
equamente	gleichmäßig
la facezia	Witz, Scherz
animalescamente	tierisch
sentiva la corrente di desiderio che scorreva dal cugino verso l'intrusa	sie spürte, wie die Begierde von ihrem Vetter zu diesem Eindringling strömte
l'intruso	Eindringling
aggrapparsi	sich festklammern
il **particolare**	Detail
notare	merken
la grazia	Grazie
volgare	vulgär
il mignolo	kleiner Finger
levato in alto	erhoben
il neo	Muttermal, Pigment
rossastro	rötlich
la **pelle**	Haut
il **tentativo**	Versuch
represso a metà	auf halben Wege unterdrückt
vivacemente	hier: deutlich, lebhafter
la durezza di spirito	Starrheit des Geistes
insignificante	unbedeutend
bruciati dal fascino sensuale	vom sinnlichen Zauber entbrannt
fiducioso	vertrauensvoll
disperato	verzweifelt
precipitato	heruntergestürzt
la grondaia	Wasserrinne
il piombo	Blei
disgustarsi	Ekel empfinden
dinanzi a	vor
la traccia	Zeichen
palese	offensichtlich
l'educazione	Erziehung
ahimè	leider

㉑

il dettaglio	Detail
a prima vista	auf dem ersten Blick
pura forma	reine Formsache
macchiarsi	sich bekleckern
il galateo	Anstandsbuch, Knigge
ammesso	gestatten, erlaubt
lo stuzzicadenti	Zahnstocher
precedere	vorgehen
viceversa	umgekehrt
logico	logisch

LEZIONE 15

①

come si dice computer in italiano?	Wie sagt man Computer auf Italienisch?
Non v'è chi oggi non pronunci ... parole straniere	Es gibt kaum jemand, der heutzutage keine Fremd- wörter benutzt
pronunciare	aussprechen
sfoggiare	hier: angeben mit, protzen mit
la **conoscenza**	Kenntnis
l'infarinatura	hier: Ahnung
il vocabolo	Vokabel
ricorrere	zurückgreifen
essere presente	anwesend sein
l'acquisto	Einkauf
la sala esposizione	Ausstellungsraum
sito	gelegen
dirimpetto	gegenüber
coltivare un sentimento	ein Gefühl pflegen
stabilire un 'feeling'	ein Feeling haben
il convivente	Lebensgefährten
la scampagnata	Ausflug ins Grüne
l'entroterra	Hinterland
il tagliando	hier: Rezeptanteil
la quota	Anteil
esimio	hochverehrt
impagabile	unbezahlbar
il superburocrate	Superbürokrat
imporre	aufzwingen
il termine	Terminus, Begriff
sin da ...	von ... an
la bambina	Kindermädchen
il dirigente	leitender Angestellter
bensì	sondern
aziendale	betrieblich, Betriebs...
il ricambio	hier: Umsatz
procurarsi	sich besorgen
il soggiorno di studio	Studienaufenthalt
il trattenimento	Empfang
la registrazione	Registrierung
il **soldato**	Soldat
presidare posti	Posten beziehen
il posto di blocco	hier: Kontrollposten
il professionista	Profi
il dilettante	Amateur
considerarsi	hier: sich betrachten als ...
all'infinito	endlos, ewig
colpevole	schuldhaft, sträflich
la tolleranza	Toleranz
il narcisimo	Narzismus
l'operatore dell'informazione stampata e televisiva	der im Medienbereich Tätige
causare	hervorrufen
pedissequo	sklavisch, haargenau
la ripetizione	Wiederholung
il significato	Bedeutung
travisato	falsch (verstanden)
ebete	schwachsinnig

WORTSCHATZ

l'intercalare	hier: Einfügung
il pleonasmo	Pleonasmus
evolversi	dich entwickeln
frapporre	hier: in den Weg legen
l'ostacolo	Hindernis
colonizzare	kolonisieren

3
abusare	mißbrauchen

4
la **presenza**	Vorhandensein
il politico	Politiker
oscuro	hier: schwer verständlich
il rischio	Risiko
il dilagare	Ausbreiten

6
il **sapone**	Seife
la miscela	Mischung aus …
il panino imbottito	belegtes Brötchen
abbrustolito	geröstet
accidenti!	verdammt
l'obiettivo	Objektiv
la **sosta**	Rast, Pause
il rifornimento	hier: Tanken, Auftanken
il ristoro	hier: Rastsätte

7
la tribuna politica	politische Runde
il linguaggio	hier: Jargon
la mancanza di chiarezza	Mangel an Klarheit
indegno	unwürdig
indecoroso	unschicklich
anzitutto	vor allem
esteticamente	ästhetisch gesehen
ricavato	entnommen
ricalcato	nachgeahmt

8
rendersi conto di …	verstehen

9
coprire	einnehmen
lo **spazio**	Platz
la **scelta**	Wahl
essere costretto a …	gezwungen sein
convincere	überzeugen, überreden

10
il burocratese	Beamtensprache
illustre	berühmt, bedeutend
il filosofo	Philosoph
il discepolo	Schüler
dividersi	sich teilen
la categoria	Kategorie
il matematico	Matematiker
l'acusmatico	Akusmatiker, Unwissender
possedere (posseggo)	besitzen
la **conoscenza**	Kenntnis
rispettare	schätzen, achten, respektieren
non contare nulla	überhaupt nicht zählen
ciò premesso	dies vorausgeschickt
l'estraneo	Fremder
da oggi in poi	von heute an
ovvero	das heißt
in presenza	in Anwesenheit
parlare per codici	eine verschlüsselte Sprache sprechen
incomprensibile	unverständlich
conservare il potere	die Macht aufrecherhalten
il potere	Macht
non farselo dire due volte	sich nicht zweimal sagen lassen
inventarsi	erfinden
ipso facto	sofort
il primo linguaggio	die erste Sprache
per addetti ai lavori	hier für Eingeweihte
l'**allievo**	Schüler
tale	gewisser
tradire	verraten
mettersi a …	beginnen
divulgare	verbreiten
il **segreto**	Geheimnis
la setta	Sekte
per la cronaca	hier: um genauer zu sein
il numero irrazionale	irrationale Zahl
ebbene	nun gut
fare strada	weit kommen
colpito dalle maledizioni di Pitagora	vom Fluch des Pytagoras getroffen
naufragare	Schiffbruch erleiden
il miglio	Meile
disperatamente	verzweifelt
prendere il largo	die Weite suchen
accademico	akademisch
il divulgatore	Verbreiter
considerare	halten für …
il traditore	Verräter
la categoria	hier: Branche
degno di disprezzo	verachtenswert
degno	wert
il disprezzo	Verachtung
il passo è breve	es ist ein kleiner Schritt
resosi conto	nachdem er begriffen hatte
rendersi conto	begreifen
l'incomprensibilità	Unverständlichkeit
conferire	verleihen
adeguarsi	sich anpassen
il neologismo	Neologismus, Neubildung
atto a …	geschaffen um …
gettare il cittadino nel più nero sconforto	den Bürger in das tiefste Unbehagen versetzen
all'ora stabilita	fahrplanmäßig
l'altoparlante	Lautsprecher
annunziare	ankündigen
l'inconveniente	Unannehmlichkeit
è da attribuire	es ist zuzuschreiben
al ritardo arrivo dell'aeromobile	der verspäteten Ankunft des Luftfahrzeuges
è solito dire	er pflegt zu sagen
limitarsi a dire	sich darauf beschränken zu sagen

il comune mortale	gewöhnlicher Sterblicher
con ogni probalità	aller Wahrscheinlichkeit nach
rifilare	verpassen
il colera	Cholera
il mitilo	Miesmuschel
pronunziare	aussprechen
la **febbre**	Fieber
la **temperatura**	Temperatur
corporeo	körperlich
ritenere	schätzen, meinen
misurare	messen
che lo ha chiamato a fare?	weshalb hat er ihn gerufen?
aumentare	steigen
il prestigio	Prestige, Ansehen
il limite	Grenze
il sadismo	Sadismus
significativo	bedeutend
far bella mostra di sé	sich in seiner ganzen Schönheit zeigen
il cartello	Schild
la **scritta**	Inschrift
stazionamento per auto pubbliche a trazione ippica	Stellplatz für öffentliche mit Pferdekraft betriebene Fahrzeuge
la carrozzella	Pferdekutsche
trascinare	zerren, schleifen, schleppen
in un'ora di massimo ascolto	zur Zeit der höchsten Einschaltquote
turpe	schändlich
dargli un calcio nelle zone restrostanti	ihm einen Fußtritt in die hinteren Körperteile geben
il calcio	Fußtritt
il culo	Arsch

⑬

l'**avviso**	Hinweisschild
a causa di	wegen
il linguaggio oscuro	schwer verständliche Sprache
la riforma	Reform
la lingua amminitrastiva	Verwaltungssprache

⑭

l'influenza	Einfluß
il dialetto	Dialekt
risultare	sich ergeben
la rilevazione	Untersuchung
la diffusione	Verbreitung
suddetto	obengenannt
attendibile	zuverlässig
avvenire	geschehen

⑮

la frequenza	Häufigkeit
rimpiangere	bedauern
finire per scomparire	letztendlich verschwinden

⑯

riportare	wiedergeben
il nome d'arte	Künstlername
celebre	berühmt
l'attore teatrale e cinematografico	Theater- und Filmschauspieler
popolarissimo	sehr bekannt
la comicità	Komik
la mimica	Mimik
irresistibile	unwiderstehlich
il gioco di parole	Wortspiel
il nonsense	Nonsens, Unsinn
divenuto	geworden
proverbiale	sprichwörtlich

⑰

la **traduzione**	Übersetzung
la carezza	Liebkosung
il beccuccio	Schnäbelchen
il pizzicotto	Kniff, Zwick
il canarino	Kanarienvogel
il cardellino	Stieglitz, Distelfink

WORTSCHATZ

Alphabetisches Wörterverzeichnis

Die erste Zahl (fett) gibt die Nummer der Lektion an, die zweite Zahl den Lernschritt.
Der Buchstabe **r** bezieht sich auf Texte / Abbildungen aus der Lektion «Ricominciamo».

a

a 12 corde **1** 5
a base di **9** 9
a ben pensarci **4** 13
a causa di **15** 13
a compensare **8** 1
a contatto con **7** 17
a disposizione **8** 7
a forza di ... **12** 17
a lungo **4** 13
a meno che non **11** 9
a pagamento **7** 17
a portata di mano **11** 9
a prima vista **14** 21
a quanto ... **3** 7
a quel punto **1** 10
a trazione ippica **15** 10
a tutta birra **5** 1
a ... anni **7** 20
abbaglio **10** 13
abbaiare **6** 7
abbandonare **11** 3
abbassato **11** 9
abbattere **13** 15
abbeveraggio **2** 9
abbondante **9** 14
abbondanza **9** 1
abbondare **9** 9
abbracciare **14** 20
abbracciati **7** 1
abbrustolito **15** 6
abitazione **6** 13
abituale **7** 17
abitudine **r** 6
abitudine alimentare **9** 17
abusare **15** 3
accademico **15** 10
accendersi **14** 1
accennare a ... **13** 5
accento **3** 13
accertarsi **11** 9
acceso **r** 3
accettabile **5** 14
accidenti! **15** 6
accomunare **r** 4
acconciatura **10** 1
accorato **4** 13/ **11** 1
accorciare **5** 1
accorgersi **1** 16
accorgimento **11** 9
accrescere **r** 3
accurato **12** 1
accusare **12** 17
aceto balsamico **12** 4
acquario **7** 17
Acquario **9** 1
acquisto **15** 1
acusmatico **15** 10
adatto **13** 16
addetto ai lavori **15** 10
addirittura **9** 1

adeguarsi **15** 10
adorato **13** 15
adottare un rimedio **12** 18
adriatico **2** 15
aeromobile **15** 10
affare **6** 8
affascinante **2** 7
afferrare **11** 1
affetto **11** 1
affettuoso **9** 1
affezionato **11** 5
affidarsi **12** 10
affittare **10** 4
affollare **2** 2
affollato **7** 16
affresco **2** 2
affrettarsi **4** 17
affrontare **9** 14/ **12** 17
agenda **3** 7
agente **5** 1
agevolare **5** 11
aggrapparsi **14** 20
agire **12** 16
agitato **7** 16
agognato **8** 1
agopuntura **12** 10
ahimé **14** 20
ai miei tempi **7** 5
aiuto **11** 21
aiuto bagnino **7** 17
al che **12** 8
al di là di **2** 9
al massimo **9** 1
al punto che ... **12** 17
al volo **12** 17
ala destra **13** 5
alcunché **8** 1
alla fine **1** 16
alla grande **10** 1
allacciare **5** 10
allagamento **5** 18
allarme **8** 14
alle soglie di ... **7** 17
allergia **12** 14
allievo **15** 10
allo stesso modo **7** 20
alloggiare **3** 7
allontanarsi **5** 10
allungare una mano **11** 16
allungarsi **3** 13
all'altezza di ... **14** 1
all'aperto **6** 8
all'indietro **13** 5
all'infinito **15** 1
all'ora stabilita **15** 10
alternativo **5** 14
alternato **9** 14
altitudine **2** 2
alto **14** 17
altoparlante **15** 10
altopiano **2** 9
altruista **7** 9

alzare **3** 13
alzare la voce **9** 7
amante spasimante **13** 15
amare **10** 13
amareggiato **10** 12
amato **2** 15
ambientarsi **6** 5
ambiente **14** 12
ammaccarsi **5** 12
ammalarsi **12** 9
ammalato **3** 15
ammesso **13** 21
ammettere **9** 14
amministrazione comunale **8** 8
amore **10** 13
ampio **2** 9
anagrafe **10** 2
analgesico **12** 16
analisi **12** 6
ancora peggio **8** 13
andar bene **3** 13/ **7** 17
andare a sbattere **5** 13
andare a trovare **5** 6
andare avanti **1** 16
andare avanti a tentativi **12** 6
andare da un estremo all'altro **9** 1
andare sui pattini **6** 8
andare via la corrente **1** 6
andarsene **1** 2
anello **1** 1
anello navigabile **2** 1
anfiteatro **2** 11
angoscia **11** 9
animale **7** 17
animalescamente **14** 20
animatrice **7** 17
anniversario **9** 12
annotazione **1** 19
annunciare **10** 1
annunciare uno sciopero **7** 1
annunziare **15** 10
anteriore **5** 6
anticipare **5** 11
antico **2** 2
antipatico **6** 8
antiquato **7** 2
antiscippo **11** 16
anzi **13** 10
anziano **7** 2
anziché **4** 3
anzitutto **15** 7
apparato digerente **9** 14
appariscente **1** 13
appartato **2** 9
appartenente **8** 1
appartenere **7** 17
appassionante **4** 1
appena **3** 7/ **10** 13
appendere **6** 13

appiedati **8** 14
applicare una sanzione **5** 10
applicato **11** 9
appoggiato **11** 16
apprensivo **4** 7
approdo **2** 1
approfittare **11** 1
approfittare dell'occasione **2** 8
appunto **4** 1
Aquilano **2** 9
argenteria **11** 6
argomentare **7** 20
argomento **6** 8/ **12** 17
aria **8** 14
Ariete **9** 1
arrabbiarsi **7** 8
arrampicarsi **5** 14
arrivare a vietare **5** 14
arroccato **10** 13
arrogante **8** 17
arroganza **14** 14
artificiale **2** 1
artigianato **2** 9
artista **9** 1
artistico **r** 3
asino **11** 18
aspettarsi **7** 9
aspettativa **10** 12
aspetto **4** 17/ **9** 1
aspetto fisico **1** 9
assalto **8** 14
assaporare **9** 9
assentarsi **11** 9
assente **11** 9
asserzione **6** 10
assicurare **14** 9
assillare **10** 12
assistere **3** 15/ **5** 5/ **7** 1
assunto **7** 16
astronomo **3** 15
astuto **11** 18
atmosfera **3** 17
attaccapanni **13** 5
attaccare i bottoni **7** 19
attaccato a qc. **11** 16
attacco d'asma **12** 8
attanagliare **14** 20
attendere **9** 1
attendere in linea **3** 3
attendibile **15** 14
attento **10** 17
attività **9** 1/ **12** 1
attività fisica **12** 17
atto **13** 15
atto a ... **15** 10
atto scandaloso **7** 1
attore teatrale e cinematografico **15** 16
attraenti **9** 1
aula **7** 1
aumentare **15** 10

auto a noleggio **10** 1
auto pubblica **15** 10
automobile **4** 17
autorità **10** 12
autrice **10** 17
avanti e indietro **10** 13
avaro **4** 1
avere a che fare con qn. **14** 14
avere al collo **1** 2
avere cura di qc. **9** 9
avere i riflessi pronti **11** 16
avere il diritto di **6** 8
avere in comune **r** 3
avere intenzione di **3** 4
avere la meglio **12** 17
avere la pancia pronunciata **9** 14
avere la pretesa di ... **9** 13
avere l'aria tranquilla **4** 17
avere pazienza **7** 19
avere problemi di peso **8** 6
avere simpatia per qn. **10** 12
avere torto **5** 7
avere un prezzo de pagare **6** 13
avere una cortesia da chiedere **6** 2
avere una fame da lupo **10** 16
avere uno stomaco di ferro **9** 1
avvelenato **8** 5
avvenimento storico **13** 4
avvenire **4** 17
avventato **7** 1
avviato **10** 12
avvicinarsi **2** 9
avvincente **4** 1
avvisare **12** 15
avviso **11** 12/ **15** 13
ayurveda **12** 10
aziendale **15** 1
azione **3** 15
azione contemporanea **1** 17
azzurro pallido **14** 20
a. C. (=avanti Cristo) **13** 4

b

baciare **2** 15
baciarsi **7** 1
badare **4** 17
baffi **1** 4
bagnato **1** 12
bagnato come un pulcino **1** 12
ballata **11** 21
baluardo **2** 15
bambinaia **15** 1
banchetto **10** 1
banda **11** 1
bandire **12** 1
barba **r** 4
barbaro **13** 15
barca **2** 1

barocco **2** 11
barzelletta **1** 3
basarsi **12** 1
battere i tacchetti **13** 5
battere la testa **14** 6
bazar **4** 17
beccarsi **11** 21
beccuccio **16** 17
bellezza **2** 9
benché **13** 8
bene **2** 9
beneficienza **8** 1
bensì **15** 1
benzene **8** 14
benzina **8** 19
bermuda **1** 8
bestiaccia **6** 7
best-seller **4** 17
bici **5** 1
Bilancia **9** 1
bilancia dei pagamenti **2** 15
biografia **r** 2
biondo **r** 4
bip **4** 13
bisogno **8** 18
bloccare **14** 1
blocco **8** 14
bocca **r** 4
Bocca **2** 1
boccaccia **14** 12
bomboniera **10** 1
borghese **10** 13
borgo **2** 2
Boscone **2** 1
bottino **11** 1
bouquet **10** 1
braccio **5** 6
brano **r** 3
bravo! **5** 7
breve **r** 2
briciola **9** 1
brillante **1** 13
brillante (il) **11** 16
brizzolato **r** 4
bruciare **9** 1
bruciato **14** 20
bruscamente **13** 15
bucato **6** 13
buon divertimento! **13** 10
buongustaio **9** 1
burlarsi **13** 15
burocratese **15** 10
bussare **3** 13
buttare **6** 2

c

cabarettista **11** 21
cadere **13** 4
cagnolino **11** 1
calarsi con una fune **11** 6
calciatore **13** 5
calcio **13** 7/ **15** 10
calcolare **11** 16
calcolare il rischio **11** 16
calendario **4** 17

calmarsi **6** 7
calo di tono **9** 14
calvo **r** 4
calzolaio **1** 4
cambiamento **11** 4
cambiare idea **4** 8
camera di rappresentanza **6** 13
campana **1** 1
campanello **1** 2
campeggio **1** 16/ **2** 2
campo **5** 1/ **11** 16/ **13** 5
canale **2** 1
canarino **16** 17
cancerino **9** 1
Cancro **9** 1
candela per l'avviamento **11** 16
canile **7** 17
cantautore **11** 21
cantina **8** 14
caotico **2** 7
capace di trasportare **2** 9
capacità **12** 17
capacità di difesa **12** 17
capelli a spazzola **11** 16
capello **r** 3
capirci qc. **12** 8
capitare **1** 1
capitato **13** 15
capo dell'istituto **7** 1
capostazione **14** 1
capotreno **14** 1
cappello di paglia **1** 8
Capricorno **9** 1
carabiniere **1** 3
caratteristico **2** 2
carbone **1** 11
cardellino **16** 17
cardiopatia **12** 17
carezza **16** 17
caricare **11** 16
caricatura **13** 15
carino **4** 17
carnoso **r** 4
carrozza **10** 1
carrozzella **15** 10
carsico **2** 9
carta geografica **2** 9
cartello **15** 10
cartina **2** 1
cascante **r** 3
cascata **2** 9
caso **1** 18
cassaforte **11** 9
cassetta delle lettere **11** 9
cassetta di sicurezza **11** 9
castello **2** 2
catalogo **3** 4
categoria **2** 9/ **15** 10
catenina **1** 1
causa **12** 17
causare **15** 1
cautela **2** 15
cavallo **8** 7
cavarsela **7** 17

cavarsela a buon mercato **14** 14
caviglia **5** 6
celebrare **10** 1
celebre **2** 1
celerità **3** 4
centrale **3** 17
centro agricolo **2** 1
centro faunistico **2** 9
centro peschereccio **2** 1
cercare di ... **6** 5
cerimonia **10** 1
certificato **10** 1
certificato di battesimo **10** 2
certo **1** 16
cervello **12** 16
cervo **2** 9
che c'è di male a ...? **5** 1
che faccia! **7** 7
chiarirsi **1** 1
chiaro **7** 1
chiedere comprensione **6** 6
chiedere in prestito qc. **4** 1
chiedere scusa **2** 6
chiesa **10** 1
chiesa parrocchiale **2** 2
chiodo **1** 12
chiropratica **12** 10
chiudere a chiave **11** 9
chiudere il quadro **4** 17
chiudere un occhio **7** 1/ **14** 2
ciarlatano **14** 11
ciascuno **14** 12
cibo **9** 1
ciclista **5** 1
ciecamente **3** 5
cieco **9** 7
cifra **12** 10
cima **8** 1
cinico **8** 1
cintura di sicurezza **5** 10
ciò premesso **15** 10
cipresso **2** 2
circolazione **8** 19
circonferenza **9** 6
cittadino **5** 14
cittadino (il) **8** 8
civetta **11** 18
clacson **5** 10
clamoroso **9** 14
classe **7** 1
classificato **14** 1
clown **4** 17
cocuzzolo **10** 13
cofano **5** 11
cogliere l'occasione **11** 18
coincidere **7** 20
coinvolgere **9** 1
colera **15** 10
collegare **14** 1
collettivo **11** 12
collo **r** 4/ **1** 7
colonizzare **15** 1
coloro che **8** 1
colpa **6** 7

WORTSCHATZ

colpevole **15** 1
colpire **12** 17
colpito da qc. **15** 10
coltivare un sentimento **15** 1
combinazione **7** 7
come al solito **7** 1
come del resto **5** 14
come mamma **6** 8
come se **11** 16
come si dice ...? **15** 1
come si fa a ...? **4** 17
comicità **15** 16
commedia **13** 15
commentare **7** 17
commerciante **8** 14
commettere **9** 10
commissionare **8** 1
commovente **4** 1
commuoversi **11** 1
compact **4** 12
compare **11** 16
competente **12** 14
compitezza **14** 20
comportamento **4** 20
comportarsi **2** 6/ **7** 4
composto di **6** 7
comprensivo **7** 15
compreso **2** 9
compreso tra **8** 1
comune **8** 8
comune mortale **15** 10
comunemente **r** 3
con il collo alzato **1** 7
con la scusa **7** 16
con passo furioso **10** 13
con sufficiente anticipo **10** 2
con un occhio diverso **2** 2
conca **2** 1
concentrarsi **6** 7/ **9** 9
concludere **2** 13
conclusione **9** 14
concordare **3** 4/ **9** 7
condire **12** 4
condivedere **10** 4
condizionare **9** 14
condizione **1** 16/ **3** 10
condominio **6** 8
condono **11** 21
condurre in giro **3** 13
conduttura dell'acqua **11** 8
conferire **15** 10
confidarsi con **10** 4
confortevole **2** 9
conforto **7** 17
confrontare **3** 18
congedarsi **3** 6
congenito **8** 1
congiuntivo **6** 9
coniglio **11** 18
connazionale **10** 18
cono gelato **2** 15
conoscenza **7** 17/ **15** 1/ **15** 10
conquassare **13** 15
conquistare **2** 15
consapevole **r** 3

consegnare **2** 1/ **3** 15
conseguenza **1** 17
consenso **14** 12
consentito **14** 2
conservare il potere **15** 10
conservato **2** 11
considerare **12** 17/ **15** 10
considerarsi **9** 1/ **15** 1
considerazione personale **7** 10
consiglio di facoltà **3** 12
consistere in ... **3** 13
consolare **1** 16
consolarsi **7** 17
consueto **11** 1
consultarsi **r** 1
consumare **2** 7/ **9** 14
consumo **4** 17
contaminazione **8** 15
contenuto **4** 1
continuo **11** 9
contraddire **12** 17
contrastare **12** 17
contrasto **2** 2
contro **r** 3/ **2** 15
controbattere **7** 17
controllore **14** 1
convegno **12** 17
conversazione **12** 17
convincere **4** 8
convinto **12** 6
convinzione **6** 13
convivente **15** 1
convivenza **10** 13
convoglio **14** 1
copia di giornale **4** 16
copisteria **3** 10
coppia **10** 1
coprire **15** 9
coraggio **8** 14
coraggioso **1** 13
corallo **1** 5
corda **6** 13
cordiale **6** 7
coricarsi **6** 8
corna **6** 13
cornetta del telefono **3** 13
cornice **10** 1
corpetto **14** 20
corporeo **15** 10
corrente di desiderio **14** 20
correre **5** 1/ **6** 13
correre ai ripari **8** 14
correre il rischio **8** 14
corridoio **3** 13
corrispondere **12** 17
corrispondere al giudizio di.. **5** 14
corsia **5** 1
corsia di emergenza **5** 5
corsia di sorpasso **5** 1
cortese **3** 4/ **6** 7
cortesia **2** 5
cortisone **12** 8
cosa antipatica **7** 3
cosiddetto **r** 3

costringere **4** 13/ **8** 14
costume **10** 17
costume da bagno **4** 5
cozzare **2** 15
creare **3** 15
creare schiamazzo **6** 8
creatività **9** 1
crema di verdure **9** 14
crescere **6** 8
cresima **10** 2
cretino **14** 5
crisi depressiva **9** 14
criterio **2** 9
cross **2** 9
cucire **7** 19
culo **15** 10
cultura **4** 16
culturale **2** 11
cuoco **9** 1
cuore **4** 13/ **12** 16
cupo **10** 13
cura **3** 13/ **4** 6/ **7** 20
curare **5** 14
curarsi **12** 7
curiosità **7** 17
curioso **9** 1
custodia **4** 12
custodire **11** 9

d

da allora **4** 17
da entrambe le parti **6** 8
da oggi in poi **15** 10
da quelle parti **1** 16
da queste parti **6** 4
dall'interno **1** 6
danneggiare **5** 10
dannoso **12** 10
darci dentro **12** 1
dare la precedenza **5** 7
dare retta **6** 8
dare un calcio **15** 10
dare un colpo di telefono **3** 11
darsena **2** 1
darsena fluviale **2** 1
darsi un gran da fare **7** 17
dati **12** 10
dato **3** 13
dato di fatto **7** 10
dattilografa personale **3** 13
davanzale **7** 1
davvero **4** 17
debole **7** 6
debolezza **13** 15
decalogo **14** 13
decisione **1** 17
dedicare **9** 1
definire **4** 1
definitivo **5** 10
definito **3** 13
degno **15** 10
degno di disprezzo **15** 10
degrado **14** 12
del tutto **r** 3

delta **2** 1
delta del Po **2** 1
delusione **10** 12
demagogia **8** 8
democrazia **12** 2
dente **6** 8
denuncia **11** 1
denunciare **11** 16
depositare **11** 9
depressione **6** 8
desiderio **7** 12
dettagliato **12** 16
dettaglio **3** 13
deviare **5** 16
di altro genere **12** 1
di chi è ...? **5** 6
di continuo **12** 17
di ferro **12** 1
di frequente **12** 17
di fronte a **11** 1
di grande portata **12** 17
di pessimo umore **8** 13/ **9** 14
di preciso **9** 3
di quando in quando **12** 1
di rado **12** 17
di seguito **4** 17
di tutto rispetto **9** 1
dialetto **15** 14
diario **10** 13
diarrea **6** 13
dibattito **12** 17
dichiarare **4** 17/ **5** 1
dichiararsi **13** 15
dietologo **9** 14
difatti **2** 11
difendersi **7** 1
difetto **10** 17
differente **r** 3
differenza **7** 17
differenziarsi **r** 3
diffondersi **5** 14
diffusione **15** 14
diga **2** 15
digerire **9** 14
digiunare **11** 1
digiuno **11** 1
dilagare **15** 4
dilettante **15** 1
diminuire **8** 19/ **11** 9
dimostrare **12** 17
dinanzi a **14** 20
dintorni **2** 5
diossina **8** 14
dipende **7** 20
dipendente **12** 16
dipendere **3** 12
dipinto **2** 2
dire in giro **4** 7
diretto a ... **14** 1
direttore generale **7** 11
direttore vendite **9** 14
direzione obbligatoria **5** 9
dirigente **15** 1
dirigere il traffico **3** 15
dirimpetto **15** 1

diritto **6** 11
disastro **8** 15
disavventura **1** 1
discepolo **15** 10
discorso diretto **14** 19
discorso indiretto **14** 19
discoteca **11** 16
discussione **14** 1
disgustarsi **14** 20
disordinato **9** 1
dispensare **8** 1
disperatamente **15** 10
disperato **14** 20
disperazione **11** 1
dispiacere o meno **4** 2
disponibile **3** 13
disponibilità **r** 3/ **9** 1
disprezzare **13** 15
disprezzo **15** 10
distante **r** 3
distanza **5** 1
distinto **8** 9
distogliere **9** 14
distrarre **10** 13
distrarsi **12** 17
distrazione **11** 1
distribuire **12** 10
distribuire in beneficienza **8** 1
distribuzione **7** 16
disturbo **12** 16
dito **5** 6
diventare intimi **6** 13
divenuto **15** 16
diversità **r** 3
divertente **1** 15/ **4** 1
divertimento **13** 10
dividersi **15** 10
divieto di sorpasso **5** 9
divieto di sosta **1** 16
divieto di svolta a sinistra **5** 9
divorzio **8** 18
divulgare **15** 10
divulgatore **15** 10
documentario **1** 3
documento **10** 2
dolere **12** 1
dolore **11** 1
domestica **10** 13
dominatrice **9** 1
doppia porta **1** 2
doppio blocco **8** 14
d'oro **1** 5
dotato **2** 9
dovere (il) **7** 20
dovere qc. a qn. **10** 13
dovunque **6** 11
drago **11** 21
dramma **4** 17
drammatico **1** 15
dubitare **8** 5
duomo **2** 2
durezza di spirito **14** 20
duro **13** 15

e

e dagli! **13** 8
è necessario che ... **6** 13
ebbene **15** 10
ebete **15** 1
eccellentissimo **13** 15
eccessivo **7** 1/ **9** 1
eccetera eccetera **6** 13
eccezione **4** 17
educare **7** 20
educato **14** 12
educazione **14** 20
effetto collaterale **12** 6
efficace **7** 20/ **8** 14
efficiente **4** 17/ **7** 16/ **8** 4
eh, niente **1** 10
eh, poverina! **8** 5
eleganza **4** 17
eleggere **8** 8
elencare **2** 9
elencato **2** 8
elettrico **13** 4
elettrodomestico **9** 14
emozionante **4** 1
emozionato **10** 1
energia **9** 14
enoteca **2** 2
entrambi **10** 13
entrare in guerra **10** 13
entrare in vigore **8** 14
entro **7** 20
entroterra **15** 1
entusiasmo **13** 7
eppure **13** 15
equamente **14** 20
equilibrato **12** 17
erbaccia **14** 12
eroismo **5** 14
errore **9** 10
esagerato **2** 16
esame di guida **5** 10
esaminare **3** 13
escursione **2** 9
esecuzione **2** 12
eseguire **12** 16
esercitarsi **6** 7
esibire **13** 15
esigente **7** 7
esigenza **6** 9
esimio **15** 1
esordire **6** 13
esperienza **7** 12
espirare **12** 16
esplodere **11** 8
esporre **3** 6
espressione **4** 18
espressione impersonale **11** 10
essere a conoscenza **3** 8
essere a metà di qc. **14** 1
essere a posto **13** 14
essere abituato **6** 7
essere al corrente **3** 1
essere allergico a ... **12** 6
essere all'antica **7** 8

essere assalito **14** 6
essere assorbiti da qc. **9** 1
essere bloccato **1** 16
essere citato **2** 9
essere colto **9** 14
essere costretto a ... **15** 9
essere da attribuire **15** 10
essere del parere **12** 14
essere dell'idea **8** 8
essere desolato **6** 5
essere di pubblico domino **6** 13
essere di ritorno **4** 2
essere dislocato **2** 9
essere disponibile **9** 1
essere disposto a ... **8** 1/ **9** 8
essere esigente **7** 6
essere fatto per **5** 1
essere fissato **4** 11
essere formato da **2** 1
essere fortunato **14** 14
essere il meno **8** 13
essere in cima **8** 1
essere in grado di ... **12** 17
essere in ritardo **1** 16
essere inutile **7** 8
essere presente **15** 1
essere pronto per **7** 17
essere scuro in volto **10** 12
essere seduto **7** 1
essere solito **15** 10
essere sospeso **7** 1
essere sottoposto a ... **12** 17
essere sufficiente **11** 1
essere tratto da **r** 3
essere un amore **1** 13
essere un disastro **7** 17
essere vestito **1** 7
essere viziato **6** 10
esserci **15** 1
estense **2** 1
esteticamente **9** 9/ **15** 7
estivo **r** 3
estraneo **15** 10
estrarre **6** 13
estremo **8** 14
ettaro **2** 9
Europa **2** 1
evasione scolastica **11** 16
eventuale **3** 6
eventualità **3** 9
evidenziato **8** 2
evolversi **15** 1
evviva **2** 15/ **14** 12

f

faccenda **10** 13
faccende domestiche **7** 19
faccia **7** 7
faccia da pazzo **13** 5
facezia **14** 20
falco **11** 16
falegname **1** 4
fanale **5** 6/ **5** 11
fanatico **5** 17

fantasioso **9** 1
far bella mostra di sé **15** 10
far parte di ... **4** 13
far prendere acqua **4** 6
far ridere i polli **8** 9
far rispettare **14** 1
fare a meno di qc. **13** 16
fare beneficienza **8** 1
fare benzina **13** 14
fare cenno **3** 13
fare chiarezza **10** 13
fare finta di ... **14** 1
fare il cascamorto **13** 15
fare la pipì **14** 12
fare la spesa **1** 16
fare male **13** 16
fare notare **8** 4
fare passare **12** 16
fare presente a qn. **14** 14
fare prima **1** 16
fare progressi **6** 10
fare ricorso **12** 11
fare ruotare **3** 13
fare sapere **3** 7
fare scalo **1** 19
fare storie **13** 14
fare strada **15** 10
fare sul serio **8** 14
fare un cambio merce **7** 17
fare un discorso **7** 7
fare un po' di conti **10** 1
fare un sonnellino **6** 2
fare una bella cosa **6** 13
fare una litigata **14** 5
fare una tappa **2** 8
fare uso **12** 10
fare vedere **4** 4
farina **9** 1
faro **5** 11
farsi capire **3** 13
farsi ingannare **11** 18
farsi male **5** 6
farsi sentire **13** 3
farsi sorprendere **9** 1
farsi una ragione **12** 1
farsi vivo **4** 13
fascicolo **3** 13
fascino sensuale **14** 20
fatalismo **8** 1
fatalmente **6** 8
faticoso **4** 9
fatto **1** 15/ **5** 5/ **7** 12
fatto acquisito **5** 14
fatto sta che **7** 17
fauna **2** 9
fax **3** 6
fazzoletto **12** 6
febbre **15** 10
fede **10** 1
felicità **7** 17
femmina **12** 17
ferie **3** 1
fermare **13** 5
fermarsi **3** 13
ferreo **4** 13
ferro **9** 1

257

WORTSCHATZ

ferroviere **14** 1
fervorino **11** 21
festeggiare **10** 1
fianco **5** 6
fiato **5** 1
fibra sintetica **2** 12
fidarsi **3** 5/ **7** 9
fiducia **11** 9
fiducioso **14** 20
figlio unico **7** 20
figura geometrica **12** 17
figurati! **13** 8
fila **1** 16
filosofo **15** 10
filtro **12** 17
fin quando **14** 1
finale **4** 13
finalista **4** 13
finché **1** 16
finché non **1** 16
fine **r** 3
finestrino **5** 11
fingere di **11** 21
finire in questura **11** 16
finire per scomparire **15** 15
finire sotto una macchina **14** 6
fino in fondo **9** 7
fiore **4** 4
firmare **3** 13
fisioterapista **12** 10
fisso **3** 17
fitoterapia **12** 10
fitto **4** 17
fiume **2** 1
fiutare **11** 21
flessibile **3** 17
fluviale **2** 1
foca **8** 9
focolare domestico **r** 3
foglio **3** 13
fogna **2** 15
folto **14** 12
fon **14** 6
fondamentalista **5** 14
fondare **13** 4
fonte **4** 16
forcella **5** 6
foresta **2** 9
forestiere **13** 15
forma **9** 14
forma colloquiale **13** 6
forma impersonale **2** 2
forma ipotetica **13** 6
forma sbagliata **7** 12
formaldeide **12** 6
formica **9** 1
formulare **r** 1
fornello **9** 1
fornire **5** 18
fornito **12** 10
foro **2** 11
fortuna **1** 16
fortunata **7** 17
fragile **8** 14
fragola **12** 6

frana **5** 18
frantumare **11** 16
frapporre **15** 1
frenare **2** 15
freno **5** 11
frequentato **2** 2
frequentemente **9** 10
frequenza **5** 17/ **15** 15
fretta **1** 16
frettoloso **9** 14
friggere **7** 19
frizione **5** 12
fronte (il) **8** 14
fronte (la) **r** 4
frontiera **12** 10
frugale **9** 14
fuga di gas **11** 8
fuggire **r** 3
fune **1** 6
funzionamento **12** 16
fuori posto **12** 17
fuori sede **3** 1
fuori stanza **3** 3
fuoristrada **2** 9
furboreggiare **12** 10
furbo **1** 13
furto **11** 1
futuro **3** 9

g

gabbia **3** 13
galateo **9** 9/ **14** 21
gamba **5** 6
gara di slalom **7** 19
gas **11** 8
gastrite **12** 17
gastronomico **9** 1
geloso **4** 1/ **9** 7
gemelli **4** 3
Gemelli **9** 1
generare entusiasmo **13** 7
genere **4** 18
generoso **13** 10
gentile **6** 7
geografia **2** 9
gerundio **2** 8
gestaccio **14** 12
gestire **2** 1
gettare addosso **6** 8
gettare qn. nello sconforto **15** 10
gettarsi **5** 14
giaccone da marinaio **1** 7
giallo **4** 17
giardino botanico **2** 2
ginnastica **9** 6
ginocchio **5** 6
giocare a pallone **6** 8
gioco di parole **15** 16
gioielliere **1** 1
giovane rampante **12** 17
girare **14** 7
giro d'affari **10** 1
giudicare **7** 1/ **8** 19
giudice **11** 21

giungere **2** 1
giunta **8** 14
giustificarsi **9** 14
gol **13** 5
gola **4** 13
goloso **8** 10
gomito **5** 6
gonfio **r** 3
gourmet **9** 1
governo **8** 15
graffiare **14** 14
granito **2** 15
grasso **9** 14
gratis **7** 17
grave **7** 1/ **11** 8
gravità **11** 8
grazia **14** 20
grazie a Dio **1** 16
grazie a ... **5** 14
grondaia **14** 20
grotta **2** 2
gru **8** 9
guai a parlarne! **7** 17
guaio **1** 16
guardarsi intorno **4** 17
guarigione **12** 1
guarire **4** 13/ **12** 10
guerra **5** 14/ **12** 17
guida **10** 1
guidare **2** 1/ **3** 13
guinzaglio **11** 1
gusto **4** 17

i

i chili in più **9** 14
i più colpiti **12** 17
ideale **9** 9
identico **7** 7
identificazione **11** 16
ignorare **6** 13/ **14** 12
illegibile **11** 4
illustrare **3** 13
illustre **15** 10
imbarazzante **1** 15
imbarazzato **3** 13
imbarazzo **4** 17
imbarazzo della scelta **2** 5
imbarcazione **2** 1
immaginare **3** 13
immagine (f.) **r** 3
immangiabile **11** 4
immediatamente **6** 13
immenso **2** 9
immerso **r** 3
immettersi **2** 1
impagabile **15** 1
impastare **9** 1
impavido **5** 14
impegnarsi **8** 8
impegnativo **9** 14
impianto di risalita **2** 9
impianto di riscaldamento **11** 8
impiegare il tempo **12** 17
implorare **4** 13

imporre **15** 1
imporsi **12** 1
importanza **7** 4
impossibile **1** 16
impostare **9** 14
impresa eroica **5** 14
impresentabile **11** 4
impressionare **3** 13
impronta **4** 12
improvvisare **9** 1
imprudente **1** 13
in anticipo **7** 11
in base a **2** 10
in borghese **11** 16
in caso di necessità **4** 7
in continua evoluzione **5** 14
in corsa **5** 1
in eccesso **9** 9
in effetti **9** 14
in forma **9** 6
in fretta e furia **1** 16
in negativo **9** 14
in ordine di apparizione **r** 4
in ordine di tempo **8** 14
in parte **2** 9/ **8** 1
in passato **6** 7
in picchiata **2** 15
in precedenza **4** 13
in presenza **15** 10
in prima persona **8** 1
in prossimità di **2** 1
in pubblico **14** 12
in quanto a ... **12** 1
in realtà **2** 9
in seconda fila **1** 16
in stato confusionale **5** 1
in un salto **13** 15
in via sperimentale **8** 14
in volata **5** 14
in volo **r** 3
inabitabile **11** 4
inaccettabile **11** 4
incallito **9** 14
incendio **11** 8
incidente **5** 6
incivile **14** 13
incombenza **r** 3
incomprensibile **15** 10
incomprensibilità **15** 10
inconveniente **6** 13/ **15** 10
incoraggiare **7** 17
incorporeo **4** 13
incostante **9** 7
incredibile **1** 10
indecoroso **15** 7
indegno **15** 7
indescrivibile **11** 4
indicare **3** 13
indicazione **2** 2/ **4** 18
indifferente **9** 1
indifferenza **6** 13
indimenticabile **10** 1
indipendenza **7** 17
indirettamente **8** 1
indisciplinato **14** 1
indispensabile **13** 8

indisturbato **5** 14
indossare **8** 7
indulgente **7** 9
industria **9** 14
infanzia **6** 8
infarinatura **15** 1
infelice **6** 8
infermiera **3** 15
infilato al dito **11** 16
infine **4** 13
infinito passato **8** 18
influenza **15** 14
influsso **9** 1
infuriato **8** 14
ingenuo **7** 9/ **8** 8
ingrassare **9** 14
ingresso in centro **8** 4
iniziare **2** 2/ **13** 14
iniziativa **14** 12
inizio **r** 3
innamorarsi **13** 15
innamorato **1** 12
innamorato cotto **1** 12
inquadrato **2** 15
inquilino **6** 7
inquinamento **8** 14
insetto **10** 13
insignificante **14** 20
insistere **7** 17/ **12** 16
insofferente **6** 8
insolito **5** 5
inspirare **12** 16
installare **3** 4
insultare **14** 1
intatto **2** 9
intellettuale **3** 18
intenerirsi **11** 1
intento **7** 1
intenzione **1** 17
intercalare **15** 1
interessante **4** 1
interno **3** 10
intero **3** 1
interpellato **8** 1
interprete **3** 15
interrogatorio **11** 16
interrogazione **12** 17
interruzione **14** 1
intervallo **4** 13
intervenire **12** 16/ **14** 1
intervista **r** 1
intervista telefonica **8** 1
intestino **12** 16
intestino tenue **12** 16
intollerante **4** 1
intraprendente **7** 17
intrattenersi **2** 4
introdurre **8** 14
intruso **14** 20
inutile **7** 17
inutilmente **1** 16
invariato **14** 19
inventare **9** 1
inventarsi **9** 13/ **15** 10
invenzione **12** 1
inverno **7** 17

investire **5** 10
inviare **6** 8/ **11** 16
invidia **7** 5
invitato **10** 1
invivibile **11** 4
ippodromo **2** 9
ipso facto **15** 10
ironia **12** 1
irregolarmente **8** 4
irremovibile **7** 17
irresistibile **11** 4
irrinunciabile **11** 1
irripetibile **11** 4
isola pedonale **5** 14
ispirazione **9** 1
istinto **6** 8
istituto alberghiero **7** 17
istituzione scolastica **7** 1
istruzione **3** 13
iter **11** 16
itinerario **2** 1

k

km/h (chilometri all'ora) **5** 6

l

labbro (pl. le labbra) **r** 3
ladro **11** 1
laguna veneta **2** 1
lambretta **11** 21
lamentarsi **1** 16/ **6** 1
lampadina **13** 4
lanciare un appello **11** 1
larghezza **5** 14
lasciar detto qualcosa **3** 3
lasciare il segno **4** 6
lasciare le cose in giro **4** 7
lasciare tranquillo **13** 10
lasciare un messaggio **3** 1
lasciarsi intenerire **11** 3
legato **11** 1
legenda **7** 20
legge **8** 15/ **14** 1
leggermente **8** 1
legittimo **7** 12
lentamente **12** 16
lenzuolo **1** 10
Leone **9** 1
letterario **12** 1
letteratura **10** 14
levato in alto **14** 20
liberarsi **3** 11
libertà **13** 15
libretto di risparmio **11** 9
lido **2** 1
limitare **8** 19
limitarsi a dire **15** 10
limite **15** 10
limite di velocità **5** 8
lince **2** 9
linea **9** 1
linea di fondo **13** 5
lingua amministrativa **15** 13

lingua neolatina **13** 4
linguaggio **15** 7
linguaggio oscuro **15** 13
linguistica **4** 16
lirico **9** 15
liscio **r** 4
lista **10** 1
litigare **6** 13
litigio **8** 14
liutaio **1** 4
livello **4** 17
livello di lettura **4** 17
località balneare **2** 16
locanda **13** 15
locandiera **13** 15
locuzione **7** 9
logico **14** 21
lotteria di Capodanno **8** 1
luce **1** 1/ **10** 13
lumaca **11** 18
lungolago **2** 2
lungomare **5** 15
lusso **7** 20
l'un l'altro **8** 3

m

macché! **8** 5
macchiarsi **14** 21
macchina da scrivere **3** 13
madama **11** 21
Madonna! **1** 10
madonnina **1** 2
maggior parte **7** 20
maggioranza **8** 1
maglificio **3** 17
mago **11** 16
mago dello scippo **11** 16
magro **1** 12/ **4** 17/ **9** 14
magro come un chiodo **1** 12
mai che ... **12** 1
mal di denti **6** 8
mal di stomaco **12** 6
mal di testa **6** 8/ **12** 6
malanno **12** 10
malato **12** 16
malattia infettiva **12** 17
maldestro **9** 1
maledetto **13** 2
maledizione **15** 10
maleducato **14** 14
malmenare **14** 12
maltolto **11** 1
manager **4** 17
mancanza di chiarezza **15** 7
mancarci poco **14** 3
mancare **1** 16
mancato **9** 14
mandare **3** 13
mangiare in bianco **12** 6
manico **11** 16
mano **3** 13
manolesta **11** 1
manomesso **11** 21
manovra di parcheggio **5** 10
manovrare **2** 1

manuale **3** 18
manubrio **5** 1
manutenzione **5** 14
mappa **12** 16
marchese **13** 15
marcia **14** 1
marciapiede **5** 5
margine **4** 1
maritarsi **13** 15
maschio **7** 20
maschio (il) **12** 17
massaggiare **12** 16
masticare **9** 9
matematico **15** 10
maturità **6** 8
maturo **r** 3
mazzo **4** 4
mazzo di chiavi **1** 1
mèches **10** 4
medicina **12** 10
medicina tradizionale **12** 7
medicina ufficiale **12** 10
medico **12** 1
medioevale **2** 2
mediterraneo **2** 2
mela **7** 1
meno che **9** 1
meno male (che) **1** 16
mentalità **7** 1
mento **1** 4
meravigliarsi **9** 14
merce **7** 17
meridionale **3** 17
meritare **2** 1
meritarsi **14** 14
mese invernale **8** 14
meta **10** 1
metallo **1** 5
meticoloso **4** 1
metodo di cura **12** 10
metropoli **5** 14
mettercisi di picca **13** 15
mettere da parte **9** 5
mettere d'accordo **11** 12
mettere in ordine cronologico **3** 14
mettere in programma **9** 9
mettere le mani addoso a qn. **14** 5
mettere mano a ... **14** 1
mettere via **1** 10
mettersi a dieta **9** 1
mettersi a letto **1** 6
mettersi a tavola **1** 6
mettersi a ... **12** 15/ **15** 10
mettersi d'accordo **6** 13
mettersi in contatto **3** 4
mettersi insieme **6** 13
mezzo **5** 14
mezzo pubblico **8** 5
mezz'ala **13** 5
mezz'ora in più **8** 5
mi fa venire una nevrosi **4** 6
mica **9** 6
miglio **15** 10
migliorare **5** 14/ **8** 8

WORTSCHATZ

mignolo **14** 20
miliardario **8** 1
miliardo **10** 1
mimica **15** 16
minaccia **14** 1
ministero **3** 17
Ministero degli Esteri **6** 3
minorenne **7** 20
miracoloso **12** 2
miscela **15** 6
missione spaziale **8** 7
misura **8** 14
misurare **15** 10
mitilo **15** 10
mobilificio **3** 17
moda passeggera **12** 10
moderato **9** 14
modo di vivere **r** 3
mollare **8** 1
mondiali **5** 14
mondo **6** 8
monotono **3** 18
montare **11** 21
montuoso **2** 9
mordere **14** 6
morire **1** 10
morire di fame **8** 9
mostarda **12** 1
mostra **4** 17
mostrare **1** 1
motivare **3** 18
motivo **6** 1
motocicletta **5** 6
motore **1** 16
motorino **7** 17
mucchio **10** 13
mugugno **14** 1
mulo **1** 12
multa **1** 16
multato **5** 1
munire **8** 19
muovere la bile **13** 15
muoversi **1** 16
mura **2** 2
muratore **14** 1
muro **13** 4
musicista **6** 7
muso della macchina **5** 7
mutare **4** 17

n

napoletano **6** 13
narcisismo **15** 1
narrativa **4** 17
narratrice **10** 13
nascondere **11** 9
naso **r** 4
nastro **4** 13
Natale **1** 9
natura **2** 9
naturale **12** 10
naturopatia **12** 10
naufragare **15** 10
nausea **12** 6
nave **4** 1

navigare **2** 1
navigazione **2** 1
nazionale **4** 17
Nazionale Italiana di calcio **13** 5
nebbia **5** 18
negativo **9** 14
nei riguardi di qn. **6** 13
nel frattempo **14** 14
nemico **13** 15
nemmeno **3** 13
neo **14** 20
neologismo **15** 10
neppure **4** 17
neve **7** 17
nevrosi **4** 6
nevrotico **4** 1
niente da fare **1** 16
nobiltà **13** 15
noce **1** 3/ **1** 5
noioso **8** 17
noleggiare **10** 4
nome d'arte **15** 16
nominato **2** 1
non badare a spese **9** 1
non contare nulla **15** 10
non del tutto **7** 20
non è colpa sua **6** 7
non esserci da meravigliarsi **9** 14
non farci caso **13** 14
non fare (altro) che **1** 16
non farselo dire due volte **15** 10
non mollare l'osso **8** 1
non potere che ... **5** 14
non potere soffrire **13** 17
non poterne più di qc. **14** 11
non restare che **9** 13
non sapere che farne **13** 15
non volerne saperne di fare qc. **13** 14
nonostante **7** 17
nonsense **15** 16
norma **11** 11
Normanni **13** 4
nossignore **6** 13
notare **11** 16/ **12** 17
notizia **6** 13
notiziario **5** 18
noto **2** 15/ **11** 16
notte bianca **12** 1
novità **4** 17
nulla **6** 13
numero **4** 18
numero irrazionale **15** 10
numeroso **2** 9
nutrirsi **9** 1

o

oasi **2** 9
obbedire **7** 20
obiettivo **15** 6
oblò **r** 3
oca **11** 18

occasionalmente **r** 3
occhiali **1** 4
occhiali da sole **1** 5
occhio **r** 3
occidentale **3** 17
occorrere **2** 1
odore **2** 15
offendere **4** 9
offrire **2** 2
oggetto di valore **11** 9
oggigiorno **7** 20
ogni tanto **3** 13/ **7** 17
olivo **2** 2
oltre un milione **2** 9
ombrellone **7** 17
omeopatico **12** 10
omonimo **2** 1
ondulato **r** 4
onestamente **7** 12/ **13** 15
opera **11** 1
operatore **12** 10
operatore dell'informazione stampata e televisiva **15** 1
opinione **3** 18
opportuno **9** 9
ora di massimo ascolto **15** 10
orario di lavoro **3** 17
ordinato **1** 13
orecchietta **4** 1
orefice **3** 15
organizzare **8** 4
organo **12** 16
orgasmo **13** 5
orientale **3** 17
orginalità **8** 1
originario **5** 1
origine **2** 1
oro **1** 5
orologiaio **1** 4
orso **2** 9
ortaggio **9** 14
osare **4** 2
oscuro **15** 4
ospedale **5** 6
ospitare **2** 1
osservare **2** 9/ **5** 8/ **9** 6
osservatrice **10** 17
osso **8** 1/ **12** 16
osso sacro **12** 16
ostacolo **15** 1
osteopatia **12** 10
ottenere **8** 1
ottico **1** 4
ottimista **7** 9
ovvero **4** 17
ozono **8** 14

p

padella **7** 8
paese **4** 17
Paese **8** 1/ **12** 17
paga settimanale **7** 20
paglia **1** 8
palazzina **6** 7
palazzo **6** 13

palazzo nobiliare **10** 13
palese **14** 20
palla **6** 2
pancetta **9** 4
panchina **14** 12
pancia **9** 14
panino imbottito **15** 6
panorama **2** 2
pantera **11** 21
papà **7** 17
papavero **1** 11
paprica **12** 1
parabrezza **5** 11
paradossale **12** 1
parafango **5** 11
paragrafo **10** 14
paraurti **5** 11
parcheggio sotterraneo **8** 4
parchimetro **8** 19
parere **12** 14
parete **6** 5
pari a ... **12** 10
parlare per codici **15** 10
parlarsi **6** 13
parrucchiere **10** 1
parsimonioso **9** 1
parte **6** 8
partecipare **8** 7
partecipazione **10** 1/ **13** 7
particolare **14** 20
partire alla scoperta **2** 9
pasdaran **5** 14
passaggio a livello con barriera **5** 9
passarci sopra **9** 1
passare **2** 1/ **3** 2
passare a prendere **3** 11
passare guai **11** 21
passato **6** 7
passato di verdura **9** 14
passato remoto **10** 14
passeggero **2** 9
passione **2** 15
passo carrabile **8** 4
pastificio **3** 17
pastiglia **12** 8
pasto **9** 1
patente nautica **2** 1
patrono **5** 16
pattini **6** 8
pattuglia **5** 1
paura **1** 10
pauroso **11** 18
pavone **11** 18
paziente **7** 9
paziente (il) **12** 10
pazzesco **14** 14
peccato! **10** 11
pedalare **5** 1
pedale **5** 11
pedissequo **15** 1
pedone **5** 5
pelle **14** 20
pena detentiva **5** 10
pendolare **14** 1
penicillina **13** 4

pensiero **10** 13
per colpa di ... **8** 14
per farla breve **1** 16
per fortuna **1** 16
per forza **6** 13/ **7** 16/ **13** 9
per forza! **14** 5
per il resto **10** 13
per la cronaca **15** 10
per l'appunto **13** 15
per motivi di salute **9** 3
per motivi estetici **9** 3
per ora **3** 13
per prima cosa **8** 1
per quanto riguarda **4** 16
per quel che ... **3** 7
per rispetto di ... **7** 1
percentuale **8** 1
perciò **12** 1
percorrere **10** 13
perdere il controllo **5** 13
perdere il treno **1** 16
perdonare **4** 13
perfino **5** 14
permaloso **9** 7
permanente **10** 4
persona di fiducia **11** 9
persona laureata **4** 17
personalità **9** 1
personalmente **3** 2
pesante **10** 13
Pesci **9** 1
pessimo **1** 19
pestare i piedi **7** 19
pettine **4** 5
petto **5** 6
pezzo di ricambio **2** 7
piacevole **9** 9
pianeta **9** 1
piangere **1** 6
piano di sotto **6** 7
piano piano **5** 11
piano terra **6** 7
pianta del piede **12** 16
piantato davanti a qc. **7** 7
picchiare **7** 20
piede **5** 6
piegare **4** 1
piegarsi **5** 12
piegato **5** 1
pieno **2** 2
pigiama **2** 15
pignolo **1** 13/ **4** 1
pigrizia **7** 17
pila **4** 17
pioggia battente **5** 18
piombare **11** 1
piombare addoso a qn. **11** 16
piombo **14** 20
pioniere **9** 1
pipa **9** 15
pista **2** 9
pista ciclabile **5** 14
pistola **1** 1
pittoresco **2** 2
più a rischio **8** 14
più che altro **3** 13

più o meno **r** 3
piuttosto che **9** 1
pizzicotto **16** 17
pleonasmo **15** 1
poco dopo **2** 1
poesia **2** 15
Polfer (polizia ferroviaria) **14** 1
poiché **3** 4
polemica **8** 14
politico **15** 4
poliziotto **5** 1
polline **12** 6
pollo **11** 18
polmone **12** 16
polsino della camicia **3** 13
polso **5** 6
polvere **12** 6
pompa **5** 11
popolare **8** 14
porgere **3** 13
porsi le domande **8** 3
porta blindata **11** 9
portafoglio **1** 16
portare a stirare **7** 19
portare a termine **9** 1
portare via **14** 1
portasigarette **1** 1
porticciolo **2** 1
portiera **5** 11
portiere **11** 6
porto canale **2** 1
positivo **7** 12
posizione **4** 17
possedere **11** 5
possibilità di alloggio **3** 6
posteggiare **5** 14
poster **4** 17
postino **3** 15
posto di blocco **15** 1
posto montano **2** 9
potente **12** 17
potenziare **12** 17
potere **15** 10
poveretti! **8** 8
poverina! **1** 11
poverino! **12** 16
povero **9** 14
pranoterapia **12** 10
praticabile **2** 11
praticare **12** 10
praticare uno sport **13** 7
precedente **3** 17
precedere **14** 21
precipitarsi su **1** 16
precipitato **14** 20
precisione **9** 1
preciso **4** 1
pregare **1** 16
pregiato **11** 1
pregio **10** 17
pregiudizio **6** 10
premettere **r** 4
premio letterario **4** 13
prendere a ... **14** 1
prendere il largo **15** 10

prendere in affitto **2** 4
prendere la scossa **14** 6
prendere per ... **1** 7
prendere possesso **2** 1
prendere spunto **13** 4
prendere una decisione **1** 17
prendersela comoda **8** 13
prendersi cura **7** 20
preoccupante **11** 7
preoccupato **11** 1
preoccupazione **11** 15
preparazione **12** 17
prescrivere **9** 13/ **12** 1
presenza **15** 4
presepe **10** 13
preside **7** 1
Presidente della Repubblica **1** 16
presidiare posti **15** 1
pressione **12** 16
prestare **4** 5
prestigio **15** 10
prete **9** 4
pretendere **6** 9
pretesto **r** 3
prevedere **9** 3
prevenire **12** 10
previdente **8** 1
prezioso **2** 9/ **11** 16
prezzo di favore **5** 11
prezzo massimo **10** 1
prezzo minimo **10** 1
prima **8** 5
prima che **11** 7
prima del previsto **3** 11
prima di tutto **3** 18
primato **5** 14
principale **9** 14
principe **14** 20
principio di incendio **11** 8
probabile **2** 1
probabilità **15** 10
probabilmente **7** 16
processo **11** 21
procurarsi **11** 16/ **15** 1
prodotto **3** 4
produrre **13** 15
produrre un giro d'affari **12** 10
professionale **9** 14
professionista **11** 16
professore ordinario **4** 16
profondo **2** 9
programma **1** 3
programma di scrittura **7** 19
programmare **10** 13
programmatore **9** 1
proibire **12** 1
proibito **8** 1
promessa **3** 8/ **3** 10
promettere **5** 2
pronto **9** 14
pronto soccorso **12** 8
pronunciare **15** 1
pronunziare **15** 10
proposito **9** 14

proposta **2** 6
proprietario **7** 17
proseguire **2** 1
prospettiva **11** 1
prossimamente **3** 4
prossimo **14** 12
protagonista **r** 3
proteggere **11** 9
protesta **8** 14
protestare **7** 1
protetto **2** 9
provare **8** 1/ **10** 13
proveniente da ... **3** 13
provenienza **2** 13
proverbiale **7** 17
provetto **9** 1
provincia **5** 1
provocare **12** 16
provvedimento **7** 1/ **8** 14
provvisto di **11** 9
pub **11** 16
pubblica amministrazione **14** 12
pubblico servizio **14** 1
pugno **13** 5
pugno chiuso **13** 5
pulcino **1** 12
pulito **1** 7
pulizia **7** 19
punire **5** 16
punizione **7** 1
puntare **12** 10
puntare i piedi **3** 13
puntatina **2** 5
punteggio **12** 17
puntiglioso **14** 20
punto **12** 16
punto di vista **3** 18/ **10** 17
punto fermo **11** 1
pur di ... **7** 17
pura forma **14** 21

q

quadro **11** 6
qualcosa come **4** 17
qualcosa del genere **4** 6
qualità **8** 14
qualunque **9** 9
quanti ... in percentuale **4** 16
quantità a parte **9** 14
quanto a ... **12** 17
quanto me **1** 10
quattrozampe **11** 1
quel che passa il frigorifero **9** 1
Questura **11** 16
qui sta la base di ... **12** 1
quota **15** 1
quotidiana **12** 1

r

raccogliere **7** 17/ **8** 3
raccomandare **5** 1
raccomandata **3** 9

WORTSCHATZ

racconto **4** 1
raddoppiare **8** 19
radicato **r** 3
radunarsi **14** 14
raffigurare **5** 6
raffreddato **12** 1
raffrontare **3** 13
ragazza **7** 6
raggio **5** 11/ **11** 21
raggiungere **2** 1/ **3** 11/ **5** 1
ragionare **7** 8
ragione di sicurezza **10** 13
rallentamento **5** 18
rallentare **5** 8
ramanzina **7** 1
rammollito **5** 1
rapinatore **1** 7
rapporto **3** 13/ **4** 16/ **9** 9/ **12** 17
rapporto sessuale **12** 17
rappresentare **11** 1/ **13** 15
raro **r** 3/ **2** 9/ **11** 16
rassegnarsi **12** 1
rasserenarsi **10** 13
rassomigliare **10** 18
razionalità **9** 1
razionato **8** 14
razza **11** 1
re **9** 11
realizzare **5** 14
recapito telefonico **3** 7
recarsi **7** 1
recensione **4** 2
recessione **2** 15
recuperare **11** 16
reddito **4** 17
reflessologia **12** 10
reggere **11** 10
regime di vita **12** 1
regista cinematografico **10** 12
registrazione **15** 1
registro della multe **14** 1
regola **4** 13
regolabile **3** 13
regolamento **7** 1
relativo **3** 4
relazione **11** 16
rendere efficiente **8** 8
rendere famoso **11** 21
rendere gratuito **8** 19
rendersi conto **15** 10/ **15** 8
rene **12** 16
reparto **3** 5
represso a metà **14** 20
resistere **9** 1/ **11** 16
resoconto **r** 4
resoconto complessivo **3** 13
respingere **14** 20
responsabile **3** 17
restante **8** 1
restarci secco **14** 6
restare in attesa di **3** 4
restarsene **13** 9
restituire **4** 12
retribuito **r** 3

riallacciare **13** 5
rialzarsi **3** 15
riappacificarsi **6** 13
riascoltare **r** 1
riattaccare **4** 13
riattivare **12** 16
riavere **1** 16
ribelle **10** 12
ricalcato **15** 7
ricambiare **6** 13
ricambio **15** 1
ricavare **9** 1
ricavato **15** 7
ricavato (il) **11** 1
ricchezza **13** 15
riccio **r** 4
ricerca **8** 1/ **11** 1
ricettario **9** 1
ricevimento **10** 1
ricezione **3** 7
richiamare **3** 3
richiamare l'attenzione **3** 13
richiamo **14** 1
richiesta **3** 8/ **14** 12
ricominciare **r** 1
riconoscersi **9** 1
riconoscibile **r** 3
ricorrere **15** 1
ricorso **12** 10
ricoverare in ospedale **11** 1
ridare **5** 11
riderci sopra **1** 16
ridere **3** 13
ridotto **2** 9
riempire **4** 13
rientrare **3** 8/ **7** 20/ **8** 1
rifare il letto **12** 3
riferire **3** 7
riferirsi **2** 15
rifilare **15** 10
rifiutare **12** 16
riflettere **9** 14
riforma **15** 13
rifornimento **15** 6
rifugiarsi **10** 13
riga **4** 1
rigido **4** 7
rigoroso **9** 6/ **9** 13
riguardare **7** 16
riguardo a **2** 9
rilassato **12** 17
rilevazione **15** 14
rimedio **11** 15/ **12** 1/ **12** 14
rimettere **4** 12
rimettere in funzione **7** 17
riminese **2** 15
rimozione della vettura **5** 10
rimpiangere **15** 15
rimproverare **13** 1
rincorrersi **6** 8
rinfresco **10** 4
rinnovare **9** 5
rintracciare **3** 9
rinunciare **8** 1

rione **11** 16
riparazione **5** 6
ripassare **14** 1
ripensare **10** 7
ripetizione **5** 10
riportare **4** 2/ **15** 16
riportare alla luce **2** 11
riportato **2** 2
riposo notturno **9** 14
riprendere **10** 13
riprendere servizio **3** 8
riprodotto **2** 14
riprovare a telefonare **3** 11
riscaldabile **2** 1
rischiare **9** 1
rischio **9** 14
riscontro **3** 4
riserva **2** 9
riservato **1** 13
riso integrale **2** 7
risorsa **12** 10
risparmio **10** 7
rispettare **5** 16/ **15** 10
rispetto **6** 8
rispolverato **8** 14
rispondere a monosillabi **7** 7
rispondere di ... **14** 1
ristoro **15** 6
risultare **3** 7/ **15** 14
risultato **12** 16
ritardato **15** 10
ritelefonare **3** 1
ritenere **11** 11/ **15** 10
ritiro della patente **5** 10
ritrovare **9** 14
ritrovarsi **9** 6
ritrovarsi con le spalle al muro **8** 14
riunione **3** 1
riunione di condominio **11** 12
rivelare **4** 17
rivelare senso pratico **9** 1
rivelatore di metalli **1** 1
riviera del Brenta **2** 1
rivista **4** 3
rivolgere una domanda **8** 1
rivolgersi a qn. **12** 16
Rivoluzione Francese **13** 4
roba da matti! **7** 5/ **14** 1
roba in scatola **12** 6
Rocca Scaligera **2** 2
roccia **2** 2
rogna nera **11** 21
romanico **2** 2
romantico **2** 2
rospo **11** 18
rossastro **14** 20
rotaia del tram **14** 6
rubare **11** 1
rumore **1** 6
ruolo prestabilito **7** 20
ruota **5** 5/ **5** 11
ruota a terra **5** 5
rustico come un orso **13** 15

s

sacco a pelo **4** 5
sadismo **15** 10
saggistica **4** 17
Sagittario **9** 1
sala esposizione **15** 1
sala operatoria **11** 19
salato **8** 19
salita **5** 14
saltare la colazione **9** 14
salto **2** 9
salturiamente **9** 14
salume **12** 1
salute **9** 9/ **12** 17
salutista **9** 9
salvare **2** 15
sano **2** 7
sanzione **5** 10
sapere **4** 16
sapone **15** 6
saporito **2** 12
sbandare **5** 13
sbuffare fumo **14** 1
scala **14** 6
scambiarsi le fedi **10** 1
scampagnata **15** 1
scandalo **7** 1
scapolo **r** 3
scappare **1** 1/ **8** 1
scarso **8** 1/ **10** 13
scartare **5** 1
scavalcare il guard-rail **5** 1
scelta **10** 4/ **15** 9
scemo **6** 8
scena **4** 17
scettico **12** 16
schema **8** 1
scherzo **4** 7
scherzosamente **8** 4
schiamazzo **6** 8
schienale **3** 13
schiera **8** 1
schietto **2** 9
scienze naturali **10** 13
scioccare **12** 4
sciocchezza **5** 1
sciopero **1** 19
sciovia **2** 9
scippatore **11** 16
scippo **11** 16
scivolare **14** 6
scomparire **7** 17
scomporsi **11** 16
sconforto **15** 10
sconosciuto **11** 9
scontrarsi **5** 13
scoperta **2** 9
scoppiare **1** 6
scoprire **13** 4
Scorpione **9** 1
scorrere **14** 20
Scozia **1** 11
scricciolo **11** 16
scritta **15** 10
scrupoloso **4** 7

scuotere il capo **13** 5
scusa **9** 13
sé **r** 3
se no **2** 15
se stesso **r** 3
seccato **7** 16
secchio **6** 8
secolo **13** 15
secondo i principi **12** 16
secondo me **6** 9
sede **3** 1
sedentario **9** 14
sedurre **13** 15
seduta **12** 16
segnalare **12** 16
segnale acustico **4** 13
segnale stradale **5** 9
segnalibro **4** 6
segnare un gol **13** 5
segno **9** 1
segno zodiacale **9** 1
segreto **11** 16
seguire una dieta **9** 1
seguito **10** 14
sella **5** 11
selvaggina **12** 1
selvatico **2** 9
sembrare vergognoso **6** 8
seminare **14** 12
semplice **11** 1
semplificare **13** 6
senso di colpa **9** 9
senso di disagio **12** 17
senso vietato **5** 9
sensuale **2** 15
senti chi parla! **13** 8
sentimentale **4** 1
sentire **2** 15
sentire il bisogno **8** 18
sentire la mancanza **7** 17
sentirsi a proprio agio **4** 13
sentirsi in colpa **14** 20
sentirsi stringere il cuore **10** 13
senza alcun dubbio **12** 17
senza alcuna informazione **8** 7
senza far storie **7** 20
senz'altro **3** 7
separato **r** 3
serenità **12** 17
sereno **8** 5
serie **3** 13
serio **7** 5
serratura **11** 9
serratura di sicurezza **11** 9
servire **8** 5
servirsi **2** 2
servizio **8** 8
servizio pubblico **8** 4/ **8** 8
sete di soldi **7** 17
setta **15** 10
settentrionale **3** 17
settore **12** 10
severo **7** 1
sexy **8** 9

sfibrante **12** 17
sfogarsi **5** 14/ **7** 16
sfoggiare **11** 16/ **15** 1
sfondo **r** 3
sfuggire **9** 14
sgobbare **11** 21
sgranare gli occhi **5** 1
sguardo **5** 14
sguarnito **7** 17
shiatsu **12** 10
sibilare **2** 15
siccome **1** 16
sicuro di sé **11** 19
siepe **5** 7
significativo **8** 1
significato **15** 1
silenzio **2** 9
simile **5** 1
simposio **12** 17
simulare **11** 22
sin da ... **15** 1
sincerità **8** 1
sindaco **8** 7
sinfonico **9** 15
singolare **5** 5
sinistro **10** 13
sino a **11** 16
sirena **1** 1
siringa **14** 12
sistema **6** 13
sistema di allarme **3** 4
sistemare **9** 5
sito **15** 1
situazione **12** 17
sì, assolutamente **7** 20
slacciare **13** 5
smarrimento **10** 13
smettere **3** 18
sminuzzare **9** 1
smog **8** 14
sobrio **10** 13
soccorrere **5** 10
sociale **4** 17
socio-culturale **4** 17
soddisfare **12** 13
soddisfatto **12** 6
soffitto **3** 13
soggezione **4** 17
soggiorno di studio **15** 1
sogno **8** 1
soldato **15** 1
solidale **7** 1
solito **11** 16
solitudine **2** 9
sollecitare **12** 16
sollevare polemiche **7** 1
soluzione **5** 11
somigliare **8** 3
sommare **12** 17
sondaggio **8** 1
supportare **7** 9
sopra **6** 1
sopracciglio **1** 4
sopraffino **9** 1
sopraindicato **9** 10
sordo **9** 7

sorgente **2** 9
sorpassato **7** 1
sorpasso **5** 1
sorprendere **7** 1
sorpresa **1** 16
sorpreso **5** 1
sorridere **3** 13
sosta **2** 2/ **15** 6
sosta vietata **5** 9
sostantivo **1** 4
sostenere **1** 16
sostenere spese **10** 1
sostenitore **14** 12
sostituto **3** 10
sottile **r** 4
sotto **6** 1
sotto il profilo di **8** 14
sotto l'aspetto di qc. **6** 8
sottolineare **4** 1
sottostante **7** 8
sottrarre alla potestà **11** 16
spaesato **4** 17
spalla **5** 6
sparire **11** 1
sparito **4** 13
spaventare **8** 13
spaventato **1** 10
spavento **1** 10
spazio **2** 9/ **15** 9
spazio vuoto **4** 18
spazzola **11** 16
specchiare **r** 3
specchietto retrovisore **5** 11
specifico **8** 1
spegnersi **1** 16
spelarsi **2** 15
speranza **6** 13
spesa **9** 1/ **10** 1
spettare **5** 14
spettatore **13** 7
spezzarsi **5** 12
spiacente **12** 1
spina dorsale **7** 5
spingere **8** 19/ **14** 12
spingere qn. a qc. **8** 1
spioncino **11** 9
spogliatoio **13** 5
spolverare **3** 15
sporcare **14** 12
sporco **1** 7
sporgere denuncia **11** 1
sportello **5** 11
sposarsi **r** 3
sposarsi in comune **10** 5
sposo **10** 1
spostarsi **5** 17
spray **12** 6
spreco **9** 1
spupazzarsi **7** 17
sputare **14** 12
squadra mobile **11** 16
squillare **4** 13
SS. Trinità **2** 2
stabilire un 'feeling' **15** 1
staccarsi **7** 12

stadio **13** 5
stampare **4** 16
stancarsi **7** 13
stanco morto **1** 12
stare aggrappato a qc. **8** 8
stare antipatico **9** 13
stare per fare qc. **1** 2
stare su con la vita **1** 16
starnutire **12** 6
statistica **4** 17
Stato **3** 18
stato **10** 13
stato di ebbrezza **5** 10
stazionamento per auto pubbliche **15** 10
stazione sciistica **2** 9
stella **3** 15
stellato **2** 15
stendere **3** 13/ **6** 13
stendere i panni **6** 13
stenografare **12** 13
sterpo **14** 12
stile alimentare **9** 9
stilografica **4** 3
stimare **7** 16
stivaletto **1** 5
stomaco **9** 1
stop **5** 8
storcere il naso **10** 1
storia illustrata **11** 21
strada statale **2** 2
Stradale **5** 1
straniero **r** 2
strattone **11** 16
stress **12** 17
stressarsi **12** 17
stressato **12** 17
stringere la mano **3** 13
strisce pedonali **5** 8
strombazzare **14** 12
struttura ricettiva **2** 9
studente **11** 18
studiare lettere **3** 12
studio legale **10** 12
studioso **10** 12
stupido **1** 13/ **11** 18
stuzzicadenti **14** 21
stuzzicare **4** 2
su misura **8** 10
subentrare **10** 12
subire **11** 20
subire un cambiamento **11** 4
succedere **1** 2/ **5** 1
succedere il parapiglia **14** 1
successo **11** 21
sudare sette camicie **7** 17
suddetto **6** 13
suggerimento **2** 9/ **3** 9
suggerire **7** 17
sul piano di **10** 17
sul piano personale **9** 14
suonare **1** 2
suonare il clacson **5** 10
suono **6** 7
superare **5** 10/ **10** 1/ **12** 17
superburocrate **15** 1

WORTSCHATZ

superefficiente **12** 17
superficiale **5** 14
superiore **2** 6
superstrada **2** 1
supplichevole **4** 13
svelto **11** 16
svogliato **1** 13
svolgere **r** 3
svolgersi **11** 6
svolta **9** 14
svuotare **11** 9

t

tagliando **15** 1
tagliare **10** 4
tale **15** 10
talmente ... che ... **9** 1
talvolta **13** 17
tanto che **12** 17
tappa **2** 8
tapparella **11** 9
tardo-gotico **2** 2
targa **5** 11
tassa **r** 3
tasto **3** 13
tecnica di rilassamento **12** 17
telaio **5** 11
temere **11** 1
temperatura **15** 10
temporale **1** 6
tenda **4** 5
tendere **9** 1
teneramente **7** 1
tenere a qc. **4** 12
tenere con cura **4** 6
tenere custodito **4** 6
tenere il gatto **9** 12
tenere nacosto **6** 13
tenere occupato **9** 14
tenerezza **10** 13
tensione **12** 17
tentativo **14** 20
terapia **12** 7
tergicristallo **5** 11
termine **10** 13/ **15** 1
terrazzo condominiale **11** 6
terribile **12** 8
terribilmente **13** 15
teso **6** 13
tesoro **4** 6
testardo **1** 12/ **4** 1/ **11** 10
testardo come un mulo **1** 12
testimone **10** 1

tetto **8** 1
Tg2 **8** 1
ticchettio **3** 13
timido **1** 11/ **1** 13
timore **9** 14
tipo **3** 13
tipo duro **11** 21
tirare aria **11** 21
tirare giù **13** 5
toccare a qn. **7** 17
toccarsi **11** 16
toccasana **12** 1
togliere la multa **1** 16
tollerante **8** 4
tolleranza **6** 8
tornare indietro **1** 16
tornarsene **13** 10
Toro **9** 1
tosse **8** 6
tra l'altro **1** 7
traccia **9** 1/ **14** 20
tracollo ambientale **8** 14
tradire **15** 10
traditore **15** 10
traduzione **15** 17
tragitto **5** 14/ **14** 1
tramite **11** 1
tranello **9** 14
tranne **4** 17
tranquillità **2** 9
trarre **r** 3
trascinare **15** 10
trascurare **14** 12
trasgressione **9** 9
trasmissione radiofonica **1** 3
trasporto pubblico **8** 19
trattare **4** 12/ **13** 15
trattarsi **r** 3/ **9** 1
trattenimento **15** 1
travisato **15** 1
treccia **1** 4
trecentesco **2** 2
treno locale **14** 1
tribuna politica **15** 7
tribunale dei minori **11** 16
tronco inferiore **12** 16
trovarsi uniti **7** 1
truccato **11** 19
tubo di scappamento **5** 11
turgido **r** 3
turpe **15** 10
tuttavia **8** 1
tutti e due **1** 10
tutt'al più **12** 1

u

ubriacarsi **12** 9
ubriaco **1** 12
ubriaco fradicio **1** 12
uccello **3** 13
uccidere **9** 11/ **13** 4
ufficio commerciale **3** 17
ulcera **12** 17
ultimamente **12** 16
umile **2** 15
un attimino **7** 7
un giorno sì e uno no **10** 13
una maggioranza relativa **8** 1
unico **4** 16/ **9** 6
universo **7** 17
uovo al tegamino **9** 1
urlare **13** 5
usar tutta l'arte **13** 15
uscirsene **4** 17
uso **5** 14
ustionato **2** 15
utile **10** 1
utilizzare **4** 13/ **12** 10

v

vagabondo **8** 9
vagheggiato **13** 15
valere **4** 17/ **11** 1/ **14** 1
valutare **11** 16
vanitoso **4** 1
vantare **5** 14
vario **3** 17/ **12** 17
vecchiotto **7** 17
vegetazione **2** 2
veicolo **8** 19
veicolo privato **8** 19
veleno **8** 14
velocità **5** 6
vendere **13** 5
venire a trovare **9** 12
venire da ridere **3** 13
venire fuori **11** 21
verbale **11** 16
Vergine **9** 1
vergognoso **4** 17/ **6** 8
verificare **8** 1/ **8** 3
verificarsi **11** 6
vero e proprio **11** 1
vertigine **12** 6
vescica **12** 16
vespa **5** 12
vestirsi **8** 9

vetro **11** 6
vettura **5** 10
via ... **2** 1
via d'uscita **8** 15
viabilità **5** 18
viaggio di nozze **10** 1
viale di accesso **6** 13
vicenda **11** 1
vicendevolmente **13** 4
viceversa **8** 2
vicinato **6** 15
vietare **7** 1
vigneto **2** 2
villetta **8** 13
vincita al lotto **6** 13
vincitore **8** 1
violino **1** 4
vipera **11** 18
visita **12** 1
visitatore **2** 9
viso **r** 3
vistoso **1** 13
vitale **3** 17
vittima **5** 14
vitto **12** 1
vittoria **8** 1
vivace **6** 2
vivacemente **14** 20
vivere **9** 14
viziaccio **4** 6
vocabolario **7** 8
vocabolo **15** 1
voce **4** 13
voce per voce **10** 1
voler dire **9** 1
volgare **14** 20
voliera **3** 13
volpe **11** 18
volpino **11** 1
voltarsi **11** 16
volto **10** 12
volume **2** 15
vuoto **4** 13

z

zabaione **8** 10
zampa **11** 1
zanzara **2** 15
zigomo **1** 4
zoccolo duro **8** 1
zona **2** 9/ **12** 16
zona notte **2** 1
zona pedonale **8** 19
zone retrostanti **15** 10